MOOK 悦读

第四卷

主编 / 褚钰泉

一本关于书的书 阅读趣味尽在其中

4

二十一世纪出版社
21st Century Publishing House

图书在版编目(CIP)数据

悦读MOOK.第四卷/褚钰泉主编.-南昌:二十一世纪出版社,2007.7
ISBN 978-7-5391-3848-0
Ⅰ.悦… Ⅱ.褚… Ⅲ.书评-选集 Ⅳ.G236

中国版本图书馆CIP数据核字(2007)第113982号

悦读MOOK(第四卷)

主　　编　褚钰泉
责任编辑　熊　炽　张海虹
特约编辑　林　韵
美术编辑　徐　泓
出版发行　二十一世纪出版社
(江西省南昌市子安路75号　330009)
yuedumook@126.com
出 版 人　张秋林
经　　销　新华书店
印　　刷　南昌市红星印刷厂印刷
版　　次　2007年8月第1版　2016年3月第2次印刷
开　　本　730mm×1092mm　1/16
印　　张　12
字　　数　270千字
书　　号　ISBN 978-7-5391-3848-0
定　　价　15.00元

如发现印装质量问题,请寄本社图书发行公司调换　0791-86524997

卷首语

第四卷《悦读MOOK》和您见面了！您一定会发现，这一卷在内容和形式上又出现了一些变化。

是的，自创办以来，听到过不少赞许的话语。但我们有自知之明，这本MOOK还存在着许多不足之处，还需努力探索，使之更受爱书者的欢迎。感谢宁成春先生为这卷MOOK穿上新的外衣。在内容上，我们也作了些新的尝试。设法更“杂”些，更丰富多彩些。为此，我们特地把一组随笔放在首位，意在提倡广开思路，议论风生。

我们打的是“悦读”的旗帜，本书编辑经常冥思苦想：如何使读者在阅读中带来愉悦；在如今快节奏、令人浮躁的世界上，应该提倡读者读些什么，怎样来阅读？正巧，最近翻阅旧书时偶尔看到，著名教育家、出版家、胡适的英文教师王云五先生在半个多世纪前说过，阅读可分四种：闲读、精读、略读或速读、摘读。这正是我们想说的。对每个人来说，有的书应该细嚼慢咽，而更多的书是需要囫囵吞下的。前者可以结合自己的需要加以选择；而后者却浩如烟海，漫无止境，只有通过挑选，才能从中得到更多的信息，更多的知识，从而才会获得读书的快感。《悦读MOOK》就是想为读者闲读、略读或速读、摘读的过程中提供一些帮助。

说到底，编这本书，就是让爱书的人，多读点，多看点。举目方知宇宙宽。记得汉代桓宽在《盐铁论》中说过：“多见者博，多闻者智，拒谏者塞，专己者孤。”多读些书，总是有益的！

MOOK 悦读

一本关于书的书　阅读趣味尽在其中

目　录

Content

网上风景

书海巡游

养生之道

说真话难

◎ 陆谷孙

巴金老人提倡说真话。他老人家逝世后，众口哓哓一阵之后舆论界似复归沉寂。我却在这时读到德国剧作家布莱希特的小文《写真话的五种困难》，想放一通马后炮。

布氏陈述的第一难是勇气。等而下之分别是：识别真伪的能力、以真话用作武器的艺术（即我们所说的"春秋笔法"？）、发挥真话效应的胆识、在公众中散布真话的手段（亦即"话语权"吧？）。

毫无疑问，说真话需要勇气，极大的道德勇气。巴老曾自我批评在相当长一段时间里自己懦弱、胆怯。大人物尚且如此，遑论我们这些小八拉子了。我曾参与过举拳成林，狂呼打倒；也曾不得不助纣为虐，落井下石，最后落到唾面自干的下贱境地而终不敢咕哝一句真话。有人说这是外部环境逼迫所致，有人说是当事人本身缺钙。两说都有道理，但似乎又都不能完全解释勇气的缺失。真正要探索话语勇气，我看脱不了哲学思考的勇气：人的原初、存在/存在性、历史性、焦虑、关注、担当，当然最后还有湮没和死亡。一九六八年苦夏某个黄昏，我曾作为亲属去上海南市区某民办小学认尸并见证姑母自杀现场。那是一个空间逼仄、光线晦冥的小学生厕所，裸梁低矮，姑母即投环于此。要在这么一丁点儿的空间完成自杀动作，非有铁定的死亡决心和勇气乃至技巧不可。我的另一位亲属割断动脉，鲜血喷溅，染红隔离室墙头而死，也够惊心动魄。一位大学老师和师母因不堪剃"阴阳头"的凌辱，穿戴齐整，面对面相距咫尺悬梁自尽，屋里孤灯如豆，桌上翻开着一本《圣经》……死的勇气远远超过了说出真话（纵然缇骑们不予采信，甚至因此会来割了你的喉管）的勇气，这是当年大部分毅然以死抗争者们的共性。由此看来，真正的勇气来自对于如柏拉图在《智者篇》(Sophist) 中所提隽永问题"存在或虚空？"的大彻大悟。在完全看透虚伪话语专政的实质之后，深谙"不要和愚盲的人空作争论"（普希金语）之理，这些人如柏拉图所说，从原初的偶然性存在，飞跃而抵达绝对的虚空彼岸，无视救赎，不论来世，我视此为真正的大勇——尽管从古到今也有渺小无谓的自杀，尽管就在上述那个年代也有即便自杀后还留下遗书山呼"万岁"的。

说真话的勇气有时会伪装得很巧妙，貌似激昂，实为虚勇，在拥有话语霸权者那儿更是如此。记得有位大人物曾号召广开言路，提倡"五不怕"，我们当时听了觉得说话人确乎把话说到了极致，言辞逼真，勇气超群，由不得你不信。就连寻常头脑清醒的某位沪上翻译大家也为这言辞的真诚和勇气所倾倒，致信海外爱子时不忘赞颂。我敢说，说话的那一刻，说话者本人也已被自己的气魄所魅惑，口无遮拦地刹不住车了。实践是检验真理的唯一标准。后来的事实证明，那种话语勇气只是阵发性虚勇袭来时的信口开河，更何况“五不怕”并不适用于说话人本身，尽管高谈阔论无妨。虽则如此，恐怕说话人心灵深处也不无惧怕：怕别人觊觎，怕“众庶”聒噪，怕死后鞭尸……至于究竟怕什么，只有说话人自己知道了。

布莱希特提到识别真伪的能力，其重要性有时可能并不亚于勇气。想当年中国的红卫兵满口豪言壮语，你说他意识到自己就是在说假话？未必。至少其中有相当一部分是受了蛊惑，真伪不辨；直到把他们利用够了，一脚踢到穷乡僻壤去接受“再教育”，“修理地球”，顺便解决棘手的就业问题，这时大概才悟出当年“真话”之伪。但要他们说真话忏悔，对多数人而言，难莫大焉。当年参与打死过中学校长的什么“要武”小姐，今天稳做美国富婆，问她当年作为，不就讳莫如深了？

关于“春秋笔法”和话语权两端，其实是有关联的。近读某公回忆录对此尤有体会。因为拥有话语权，回忆录里那种说别人“放肆”、“轻佻”、“下贱”的谩骂，那种睨视一切的张狂，使人相信即使是过气人物，只要拥有话语权，何必用上“春秋笔法”？倒是在提到当年曾经以审查人身份如何霸占被审查对象老婆的本人“放肆”、“轻佻”又“下贱”的劣迹时，不敢说真话了，有点被迫“春秋”了，还拉虎皮作大旗，最好把别人的嘴也统统封住。有趣的是，把某公作品付诸枣梨的据说已被捉将官里去，写书的作者本人倒安然无恙，尽管继续骂娘连带着说假话无妨！

有识者称，即便是世所公认的大家，如写《忏悔录》的卢梭，读上去坦诚，实则含有不少虚假成分；欧内斯特·海明威自称钓到大鱼，却有人看到作家其实是潜入鱼肆买来的。由此是否更能证明说真话之难？

也许，人之初，性本“伪”吧？

补白

胡适谈毛泽东

1959年12月26日

中午，留胡颂平吃午饭。先生谈起《碑传集补》里收的“吕佩芬家传”说：“这是我的太太的外公。”又谈起杨昌济，他是毛泽东的丈人，在北大当过教授，教伦理学的。胡颂平因问：“毛泽东进北大图书馆工作，是他的丈人带进去的吗？”先生说：“不是。毛泽东在湖南师范毕业后到了北平，他和五个青年上书于我——这封信，我是交给竹淼生的弟弟竹垚生保管的。在抗战期间，放在上海，竹垚生怕生事，把它烧掉了。——当时北京有个工读辅助会，他先在辅助会工读，很苦。”胡颂平问：“是否先生介绍他进图书馆？”先生说：“不。当时章行严当北大图书馆馆长，李大钊当主任。章行严是湖南人，大概是章和李大钊两人把他介绍进去的。他管理报纸阅览室，每月八块钱，那时八块钱也可以过活的。”

（选自《胡适之先生晚年谈话录》胡颂平　编著　新星出版社）

读《论语》

黄永厚 图
陈四益 文

《论语》忽的又当红了，一本讲《论语》的书听说销售甚畅，可惜没有读过，不知是怎样的讲法。好在书橱里有几本销售并不很畅的《论语》，因为是薄薄一册，不像砖头那么厚重，躺在床上翻翻倒也轻松，而且字大，看着不费力，所以也找将出来，算是临老再趁一趟热闹。

这晚读到《季氏第十六》，说："天下有道，则礼乐征伐自天子出"，"天下有道，则政不在大夫"，"天下有道，则庶人不议"。读后真觉得孔老夫子不愧是至圣先师，看事情洞若观火。"礼乐"不是像今天某些"国学家"说的是要讲礼貌呀，有艺术鉴赏力呀什么的。如果只是见师长要磕头（或鞠躬）、要称"您"、要让座、要倒水之类，大概也犯不上一定要"自天子出"。"礼乐"是一种政治制度，在当时就是一种严格的等级制度，高低贵贱，等差有序，处下不得犯上。这样的制度要是天子不能控制，让大夫们或庶人们自行其事，岂不要天下大乱？"征伐"更不得了，大家动刀动枪起来，贵人们还能有太平岁月吗？

但是，为什么"庶人不议"就是"天下有道"呢？起初想想，也有道理。如果为政者事事办得妥帖，样样尽善尽美，无刺可挑，"庶人"们山呼万岁还来不及，有什么可议的呢？但再想想，孔老先生的思虑未必周详，因为这实在难以做到，或者说根本做不到。大底下哪里有尽善尽美的事呢？人的需求——物质的和精神的——不断在提高，食有鱼了，还要出有车；出有车了，还要有以为家，就像今天，填饱肚子，还要买车，还要买房，做不到，就要说三道四、发表意见，甚至骂娘。样样尽善尽美，二十一世纪的中国共产党都做不到，何况两千几百年前诸侯并起的时代！既然做不到，就会有"议"，这本不奇怪。怎么办？听着就是。有过必改，有错必纠。虽不能尽善尽美，也可以逐渐接近那"有道"的境界。

但孔老先生没这么说。中国的帝王们也不这样想。他们一个个牛皮烘烘，都想当有道的圣君，恨不得天天有人在耳边唱颂歌，决不肯承认自己治理的社会并不曾达到"天下有道"。何况孔老先生立了一根绝对化的标竿在那里，如果"庶人有议"，岂非"天下无道"？哪一个君王肯认这个账？

这样，孔老先生就给后世的君王出了一道无法解开的难题——又要做有道之君，又无法做到庶人不议。不过，中国的君主们都是乖角儿，他们能压倒一切困难而不被困难所压倒。眉头一皱，计上心来，于是想出一个妙着，把孔老先生的话稍作颠倒，变成了"庶人不议，则天下有道"。这一来，事情好像就容易得多了，只要让庶人"不议"，岂不就是"有道"的天下？让庶人不议的办法很多，最为简便的就是把庶人们的嘴巴封起来。从秦始皇开始，封嘴巴的办法无非两个：你若一定要"议"，就把你的脑袋砍掉——始皇帝时叫"弃市"——或关到牢里；你若要写（也就是书面的"议"），就把你写的书查禁或

者烧掉，可以因书废人，也可以因人废书。这办法一直沿用到清代也没有改变。现在被有些人吹到天上的《四库全书》，据说是一项伟大的文化工程。其实，那不过是老例的应用。《四库全书》编纂过程中禁毁、删改的书籍真要超过秦始皇一百倍，而酿成文字狱所砍的头颅也是始皇帝望尘莫及的。

两千多年了，为了封住庶人的嘴，一直沿用着这些老办法，如果细细道来，可以编一部煌煌巨著。不过，这个办法实行的结果实在很不理想。嘴巴封起来了，还可以“腹诽”，书烧掉了，还可以藏在墙壁里，还可以偷着印，一样地流播四方。而且因为“禁”，更增加了几分诱人的魅力。不是有“雪夜闭门读禁书”之说吗？这样的环境，读这样的书——够刺激。可以说，禁，正是书籍流通的助力。那时还没有互联网，如果今天还用那种老办法，更是“可怜无补费精神”了。君不见，那些并未遭禁的图书，一旦发行，聪明人也要找几个哥们儿出头在网上开骂，骂一个狗血淋头，然后作者再一通回骂，骂他个一佛出世、二佛涅槃。骂来骂去，骂得读者兴起，于是销量大增。若是政府再出面来禁，那雪夜网上读禁书就更不可免了。掌握权力的君王如果迷信这种封杀的权力，久而久之，自己也会除了封杀的权力，再没有说话的能力，因为说话能力是在交流、交锋中发展起来的。没有了对手，也就失去了自己。

这还仅是从流播着眼。若从社会的治理来说，把庶人的嘴都封起来，不但不能成就一个“有道”的治世，恰恰相反，堵塞了言路，只会使本来无道的社会更加无道。无道到了极点，就是社会的崩盘，即所谓“坑灰未冷山东乱”。所以历代的明白人总要苦口婆心地劝说为政者不要仗着手里那点权力企图塞尽天下人的嘴巴，而要在“有道”上着力，才是正途。魏征说“防民之口，甚于防川”；韩愈说“川不可防，言不可弭”；朱熹说“上无失政，则下无私议。非箝口使不敢言也。”这一劝，劝了一两千年，无奈始终劝不醒梦中人。所以一个一个王朝都灰飞烟灭了。一直到了“共和”，说是民主了，依旧在封人的嘴巴，只要看看所谓“图书审查委员会”的政绩和国民党政府那长长一串禁书的清单，就可以明白。所以，“民国”没有几十年也就灰飞烟灭了。永厚奇思妙想，画了一张“补锅匠改行”。补锅，补过也。做得不好，赶紧补过，补丁打得好，锅尚可用。把补丁打到了朱唇之上，也错得太过离谱。

《论语》读到这里，只有一声叹息。看来读《论语》，也未见得都能读出“高明”。读了几千年，这一句“庶人不议”，终于未曾读得明白。时至今日，还让小孩子傻傻呵呵地读什么“经”！

也谈“不须放屁”

◎ 郭启宏

夜来豪雨，燥热尽消。翻阅《三联生活周刊》今年第二十一期《回味无穷》一文（作者王泽清），忽然有话要说。

《回》文作者提起多年前“全国人民欣喜若狂迎来”的一首词里有“不须放屁”句，他在“庄严而虔诚地学习”的时候，隐约觉得“语挺特别”。后来在大学课堂上，作者的老师转述了当时一位文人赞颂这四个字“读来让人回味无穷”，老师“神色间溢着对那位文人的不屑和鄙夷”，显然认为“放屁”之类不能入诗。行文至此，作者似乎转了笔锋，次第列举三宗以“放屁”入诗文的大人物的行状或者无产阶级的革命豪情，原来作者对“挺特别”的“不须放屁”四个字甚为赞赏。

三例如下：其一，一九四八年“五一”节前，时任新华社负责人的廖承志发电报给周恩来，电文有云，“五一节快到了，中央有什么屁要放？”其二，朝鲜板门店谈判时，中方代表团高级顾问乔冠华给外交部办公厅主任王炳南发函催促寒衣，其中有诗谈及记者的辛苦，诗云，“又有新闻记，日日得放屁，放屁如不臭，大家不满意。”其三，“极端恶劣环境下的油田工人”战天斗地的豪言壮语：“你有线，我有衣，绑在一起抗天气；王张李，人心齐，雪是炒面风是屁。”三例过后，作者说他“对‘大俗即大雅’的判断又多了一层由理性而到感性的认识，且也相信有的‘屁’确实可以入文入诗，并且也可以使人回味无穷”，甚至是“爽耳”，是“回肠荡气”。

放屁可否入诗？似乎是个学术问题，却又不尽然。

考放屁入诗，前有古人。据宋普济编《五灯会元》载，苏东坡欲会佛印又不肯过江，作偈云“八风吹不动，端坐紫金莲”，佛印批了“放屁”二字，苏东坡怒而渡江责问，佛印笑道，“八风吹不动，一屁打过江”，苏东坡省悟复叹服。明赵南星的《笑赞》和清游戏主人的《笑林广记》，都有一首士人的《屁颂》，文字大致相同，曰“伏惟大王，高耸金臀，洪宣宝屁，依稀乎丝竹之声，彷佛乎麝兰之气，臣立下风，不胜馨香之味。”清张南庄的《何典》开篇一首《如梦令》，也意在“讽刺”，“不会谈天说地，不喜咬文嚼字。一味臭喷蛆，且向人前捣鬼。放屁，放屁，真正岂有此理。”又有无名氏的诗作，与之相类，“从来未识诗人面，今识诗人丈八长。不是诗人长丈八，如何放屁在高墙？”此外，清李百川的《绿野仙踪》里有《臭屁行》和《臭屁赋》，一诗一赋，颇具规模；《笑林广记》除了《屁颂》，还有《屁精》、《屁婢》、《屁香》、《医屁》、《忍屁》、《贼屁》、《吃屁》、《哭响屁》、《路上屁》、《桌面响》、《田鸡叫》、《不默》、《怕冷》、《錾头》、《祖师殿》等等小品或段子，简直是屁声洋溢，屁话连篇了。

这些屁诗屁文虽无大效，其间或匿禅机，或寄讽喻，或则假以游戏，意在言外，价值多少还是有一些的，何妨一笑置之？当然，这些诗文绝无可能得到“全国人民欣喜若狂”的恭迎，大概也不会有人去“庄严而虔诚地学习”。

只有伟人的“不须放屁”，一无依傍地

"横空出世"!《回》文作者的结论是,"大俗即大雅","有的'屁'确实可以入文入诗,并且也可以使人回味无穷"。搜索网上, 更有甚者,指天画地,危言激论,什么"文胆如天,超迈千古",什么"千古以来,谁敢说出口"? 其实网友应知,不就那四个字吗?除了"酸儒",孰无"文胆"?绿茵看台上高喊"牛×""傻×"的主儿,哪个不敢说出口?然而,这已经轶出学术研究的范畴了。

仔细想来,"回味无穷" 也罢,"回肠荡气"也得,关键在于话语权是否在握。正因为话语权在握,大千世界便是我的天地,山川任我驰骋,万物凭我安排,普天率土,唯我为尊,风樯阵马,舍我其谁?于是乎有一种前无古人的霸气荡乎胸臆,天低吴楚,眼空无物,顾盼自雄,说甚是甚,无人敢撄锋镝、批逆鳞,于是乎雅语说得,粗话也说得,言人所未言者是创造,言人所已言者是超越,呀呀,吐口唾沫一个丁儿!"不须放屁"句属此,廖、乔诸作也差近。

从意识形态上看,人们可以触摸到一个时代的思想脉络,从行为上的"左"到语言上的"假大空",其中一种思维模式被畸形地张扬着,这就是所谓"大老粗"精神。那是一个相当不短的特殊时期,革命人常常以"大老粗"自居,"大老粗"几等于革命,"大老粗"不以无文化自卑, 偏以无文化自恃,"大老粗"可以垄断"实践",掩饰无知,可以藐视文化人,君不见一个"酸"字(或"酸溜溜"之类)可以嘲笑、挖苦甚至骂尽天下文化人。于是"大老粗"的"粗话"行时了。倘若不那么健忘,谁都曾经遇到过这样的尴尬,一位职务、级别高于与会者的领导,常有如斯口头禅:"有话就说,有屁就放!"于是,我们看到《回》文所列举的事实,廖公、乔老爷也都相当自然地祭起"放屁"这类看来似乎很不符合党内大才子身份的粗话来。

当然,也还有一个语境问题。公堂还是私室?行文还是闲扯淡?何种环境?什么样对象?这些都影响着"放屁"能否入诗。我们的领袖是彻底的唯物主义者, 自然一无畏惧;廖公、乔老爷则至少还要看看对象的,假若他们面对的是党中央主席, 是一代伟人,恐怕"放屁"一词再有革命气势,再如何"回味无穷",也不好说出口的。至于战天斗地的油田工人,口无遮拦,豪言壮语张嘴就来,心里可都明白,"雪是炒面", 不能疗饥,"风是屁",也并不"爽耳"。

大俗就是大俗,放屁就是放屁,无须作学术上的"花式"论辩。前文说过,《回》作者"相信有的'屁'确实可以入文入诗,并且也可以使人回味无穷"。究竟什么"屁"可以?什么"屁"不可以? 又如何"使人回味无穷"? 作者没有指明,据鄙陋揣测,可以者该是帝王或者大人物吧?不可以者管保是庶人或曰草根了?而"回味"? 美食而后之余味吗? 语本宋王禹偁诗,"良久有回味,始觉甘如饴",呵呵,太深奥,莫测了!

我忽然想起两千多年前的一篇奇文——《风赋》。楚人宋玉为楚襄王献《风赋》,赋中楚襄王倒是老实承认,"夫风者,天地之气,溥畅而至,不择贵贱高下而加焉",而宋玉偏偏创造性地提出 "大王之雄风"与"庶人之雌风"的新概念。两千多年来,颇有些文史学家好心地用"讽骄奢"去粉饰宋玉辞赋的主旨。我拜读多遍,实在读不出宋玉有讽谏之意, 倒是读出文学侍从的弄臣本色, 愈读愈觉得实在明明白白一篇谄媚文字。呜呼,两千多年后,果有趋步者!那风既曰雄雌,这屁亦分香臭吗?

书生意气，天壤有别

◎ 虞非子

闷湿的黄梅天，读书解闷也难：忽而毒日当空，仿佛要将芸芸众生一并烤焦；忽而狂雨如注，仿佛要将整个世界冲刷得一干二净——却也枉然；更多的时候则是闷而湿而黏，窒息得连皮肤都透不过气来……闷气着也闲着，于是利用出汗与擦汗的间隙，翻翻篇幅短小的笔记掌故类读物。

手头有吴孟庆主编、上海辞书出版社出版的“《世纪》笔记掌故丛书”两种：《政海拾零》和《文苑剪影》，汇集了《世纪》杂志一九九三年创刊至二〇〇五年间的笔记掌故五百余篇，短则数百字，长则千余字，很适合随手翻阅。但就消暑解闷而言，“政海”多少有些深不可测（水深火热），还是“文苑”表面上多姿多彩些。

《文苑剪影》分为“文坛花絮”、“学林散记”、“艺苑钩沉”、“前尘留影” 等几部分，说的都是陈年旧事，或者说历史细节，虽呈现不出历史的脉络，但称之为历史的“毛孔”大体也是可以的。至于这些“毛孔”是“诱气”的管道，还是“憋气”的阀门，抑或只是“冒冷汗”、“渗血丝”的路径，则要视读者的“身体机能”情况而定了，仁者智者失忆者无知者无畏者无耻者等各色人等的感觉肯定是不同的。

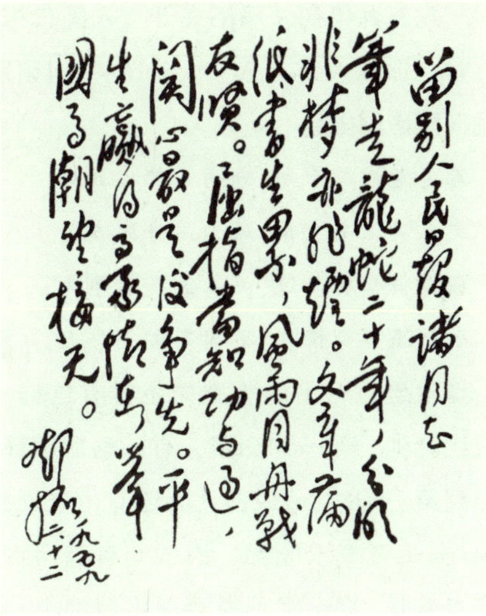

邓拓手迹

随手翻到《一方被误传的邓拓闲章》。作者周俊先生说，已故郑逸梅老先生曾言“邓拓刻一闲章：‘书生之气不可无’”，是“记错了”。“正确的印文应为‘书生习气未能无’。‘书生之气不可无’说得肯定、生硬；而‘书生习气未能无’则委婉、含蓄。”并进而论证说，“‘书生习气未能无’这句话其实出自苏东坡的一首诗《次韵刘景文见寄》……邓拓先生精于诗词，是不会用‘书生之气不可无’这句平仄不调的生硬的话人印的。”

作者的考证是有一定道理的，尤其是“‘书生习气未能无’则委婉、含蓄”一说更符合当时的历史氛围。

一九五七年春，邓拓“猝遭厄运”——毛泽东当众斥责他“书生办报”、“死人办报”，辱骂他“占着茅坑不拉屎”……

据袁鹰先生回忆，邓拓之所以惹得毛泽东大发雷霆，是因为他“对当时所谓‘引蛇出洞’的阳谋不甚理解或者不无反感，因而行动上有所踯躅”。但不管怎么说，“书生办报”等于“死人办报”之后，“书生”也就离“死人”不远了——邓拓先是被架空，担任名义上的社长，后又被调离《人民日报》……

一九五九年初，邓拓离开《人民日报》时，曾在报社大会上念了一首诗——《留别人民日报诸同志》：

笔走龙蛇二十年，分明非梦亦非烟。
文章满纸书生累，风雨同舟战友贤。
屈指当知功与过，关心最是后争先。
平生赢得豪情在，举国高潮望接天。

当时坐在台下的袁鹰先生曾有这样一段记述：“他一句一句念着，有的略加解释，如念到第三句时，他说前几天还有位老同志说他‘书生意气未能无’，语气间有点自责，也有点自信，却一字不提两三年前那个‘书生办报’的斥责。”

邓拓在大会上虽然只字不提“书生办报”，但解释诗句时冒出一句“书生意气未能无”，明白人应该都知道那是对“书生办报”的一种“回应”，一种不屈，即便是借“老同志”之口“委婉、含蓄”地说出，倘若没有一点“书生意气”，在当时恐怕也是断断不敢的。

周俊先生也认为，邓拓被批“书生办报”后，仍写出“‘文章满纸书生累，风雨同舟战友贤’，又以‘书生习气未能无’句见之于闲章，显然邓拓先生是承认有书生气但却以此为荣的。至于书生气的是与非那是另外一回事”。

但即便邓拓承认自己有书生气并以此为荣，“书生/死人办报”的斥责也一定迫使他对“书生意气”或者“书生气的是与非”有过很复杂、很沉重的思考，不然何以会有“文章满纸书生累”之叹？

“书生意气”原本是指读书人的意志和气概，是建立在“独立之精神，自由之思想”之上的“意气”，是读书人应该具备的品格，而绝非缺乏理智的所谓“意气用事”。毛泽东青年时代“独立寒秋”抒写的《沁园春·长沙》，其中的“书生意气”用的应该就是这层意思。

很可能令邓拓感到费解的是，这首《沁园春·长沙》首次公开发表，就在毛泽东当众斥责他“书生/死人办报”之前不久。那是一九五七年一月，《诗刊》创刊号发表了毛泽东诗词十八首，《人民日报》副刊迅即转载了包括这首词在内的“过去没有发表过的或抄得比较不广泛的十首”(《人民日报》“编者的说明”)，时任《人民日报》总编辑、又精于诗词的邓拓一定曾不止一次吟诵过“恰同学少年，风华正茂；书生意气，挥斥方遒……”甚至陶醉于“万类霜天竞自由”的诗境中……他一定不解为何到了是年春天，“书生”转瞬间成了“死人”，于是只有感叹“文章满纸书生累”了，再后来便只有“头颅掷处血斑斑”(邓拓题东林书院诗)了——一九六六年五月十八日凌晨，邓拓留下一纸遗书……

邓拓毕竟是书生，至死都没有明白“书生意气，天壤有别”的道理——从遗书最后的山呼“万岁”看，直到那时，邓拓“望接天”的“豪情”还在，只不过对最是关心的“后争先”已然绝望了。

2007年7月1日

可疑的空白

◎伊 人

孔子十九岁娶妻(亓官氏),第二年便有弄璋之喜。据《孔子家语》说,当时“鲁昭公以鲤鱼赐孔子。荣君之贶,故因以名鲤,而字伯鱼。”孔子以国君赐赠为荣,便给儿子取名为“鲤”以志纪念,字“伯鱼”正与名相关;“伯”一般是指男性排行第一, 假如生第二个儿子,字里就可能有“仲”或“叔”。但孔子只有孔鲤这么一个独养儿子。

在《论语》里说到孔鲤的不多,其中一则如下:

陈亢子问于伯鱼曰:“子亦有异闻乎?”对曰:“未也。尝独立,鲤趋而过庭,曰:‘学诗乎?’对曰:‘未也。’‘不学诗,无以言。’鲤退而学诗。他日又独立,鲤趋而过庭,曰:‘学礼乎?’对曰:‘未也。’‘不学礼,无以立。’鲤退而学礼。闻斯二者。”陈亢退而喜曰:“问一得三,闻诗闻礼,又闻君子之远其子也。”

陈亢是孔夫子的学生,他比孔鲤小二十来岁,在作如上对话时,孔鲤应该是年过“不惑”了。陈亢问孔鲤有何“异闻”,意思就是夫子有没有给你“开小灶”?孔鲤答以没有,仅有的两次“庭训”,加起来不过十八个字,如此而已。陈亢听后很高兴,说问了一个问题,而有三个收获,其中最关键的是“君子之远其子”——夫子对自己的儿子并不亲近而特别关照。

当然,我们不能因“远其子”一语,便率尔以为夫子和孔鲤爷儿俩关系疏远、淡漠。

不过,在对待孔鲤生子的问题上,却没有关于夫子为之表示关切的一星半点的记载,这就令人不无疑惑。《孔子家语》记有这样的事:孔子的学生梁鳣(有意思的是,他的字为“叔鱼”),三十岁还没有儿子,就想把妻子休掉;商瞿劝他不要这样做,说未必是他妻子的问题,还以自己为例:“昔吾年三十八无子,吾母为吾更取室。……夫子曰:‘无忧也,瞿过四十,当有五丈夫。’今果然。”这是说,商瞿到了三十八岁上,还没有一个儿子,他老娘着急,想给儿子另娶妻室;孔夫子对他们娘儿俩说:“不用犯愁, 商瞿四十岁过后,会有五个儿子。”后来果然如此。司马迁在《史记·仲尼弟子列传》中对此事也曾提及——孔夫子逝世后,门徒们共立相貌酷似孔子的有若为师,可也有些弟子(如曾参等人)不服气,便拿问题来刁难有若,其中一个问题就是:夫子何以知道商瞿四十岁后会有五丈夫?有若回答不出,于是从师座上被赶了下来。

据说,孔夫子是藉卜筮算卦,预测商瞿日后会有五个儿子的。夫子的预测如此灵验、精确,不能不令人佩服。然而问题也就来了:夫子既然为学生作了“当有五丈夫”的准确预测,那么是否为自己的儿子孔鲤也做过预测呢?若是做过,何以没有半个字的记录?而如果不曾做,又是为什么?

孔夫子第二次离开鲁国,率子路、颜回、冉求等弟子周游列国,这一年孔鲤已经三十有六,还没有“弄璋”的消息。后来的孟轲有一句名言:“不孝有三,无后为大。”孔夫子虽然没说过这样的话,但对于孔鲤的“为后之子”,也就是夫子的“为后之孙”,想必不可能不予以关切。孔鲤没有随夫子出游,临行之前夫子是否对儿子说过关切和安慰的话,也无从知晓。

夫子和门徒们这一去就是十三年。这期间虽曾短时出仕于卫、陈,却也经历了不少困苦险厄,如绝粮于陈、蔡,险遭谋杀于宋地……但不管怎样,夫子总有系念身在家乡阙里的亲人的时候吧。倘说孔夫子唯以“行道”为念,对独子孔鲤的状况以及是否有“弄璋”的消息,丝毫都不放在心上,这恐怕是难以让人起敬和相信的。夫子是人,是人不会这样。

鲁哀公十一年,应季氏之召,孔夫子和弟子们返回鲁国。此时孔鲤已四十九岁,仍然是膝下无子!相隔十三年之后,夫子与儿子重逢时作何感想,孔鲤对老父如何言对,没有任何记录。夫子心里一点不着急吗?或者他已有预测而成竹在胸?……同样也未见片言只语的记载。或曰:这是夫子自家的私事,不记也罢。可是,孔夫子做主把女儿嫁给公冶长,将侄女许配给南宫适,不是在儒家经典《论语》里都记上一笔了吗?

在孔夫子返鲁的第二年(公元前483年),夫子的“为后之孙”(孔伋)终于呱呱坠地!年近古稀的夫子必是喜不自禁,他的弟子们当然也不会无动于衷,可此事却偏偏吝于笔墨,亦付诸空白。也就在这一年,五十岁的孔鲤溘然去世。对夫子来说乃是一喜一哀。——但不知大喜大哀两件事,孰为先,孰为后?笔者唯愿喜事在先,因为这样的话,孔鲤可以含笑瞑目了。

据《孔氏祖庭广记》记载,孔鲤“学通儒术,鲁哀公以币召之,称疾不行”。这件事当在孔子出游期间。鲁哀公派人带了礼物召请孔鲤出仕,孔鲤没有应命;这里说是“称疾”(推托有病),但笔者以为,实情很可能是真的有病在身。孔鲤老来得子(古时的五十岁可以说“老”了),跟他体质较弱似不无关系。

孔鲤亡故后,他的妻子后来远嫁到卫国,留下年幼的孔伋与夫子相依为命。孔伋的母亲想必要比孔鲤年轻得多,至少不会是半百的妇人。关于这个女人,除了她死后孔伋曾为其哭丧之外,其他的便一无所知。这是当然的,在古代除了几个“节妇”、“烈女”之外,鲜有入于书册的。好在这个女人没有生在程朱理学家的时代,孔夫子没有说什么“饿死事小,失节事大”的话,来阻止儿媳改嫁;她死于异邦之后,远方还有个儿子为她哭泣。

贾宝玉与阮籍

◎ 徐缉熙

题目有点怪，这两个人，一个是小说中的人物，一个是晋代的大诗人，何以能挂上钩？

先从曹雪芹说起。曹雪芹自号梦阮，这个“阮”就是阮籍了。“梦阮”者，梦里都想着或真的梦见了他心仪的诗人。日有所思，夜有所梦，曹雪芹大概时时把这位大诗人放在心上，对他十分推崇，他们虽然相隔近一千五百年，可思想性情、品格十分相近。曹雪芹的好朋友常把他比作阮籍。敦诚曾用“懒过嵇中散(晋代与阮籍齐名的大诗人嵇康)，狂于阮步兵”的诗句赞美曹雪芹。他在另一首《赠曹雪芹》的诗中也用“步兵白眼向人斜”的诗句描绘曹雪芹。阮步兵即阮籍。《晋书·阮籍传》记载：“籍闻步兵厨营人善酿，有贮酒三百斛，乃求为步兵校尉”。原来是因为有好酒喝，所以主动要求去做这么一个不大的官。他是把酒看得比乌纱帽重要得多的。这和“卖画钱来付酒家”乃至“酒渴如狂”的曹雪芹何等相似！该传又说：“籍又能为青白眼，是礼俗之士，以白眼对之”，见到性情相投的人，才施以青眼。敦诚的诗句正说明，曹雪芹也同阮籍一样，对那些不入眼的卫道之士，就以白眼相加，阮籍曾作《大人先生传》，讽刺那些“服有常色，貌有常则，言有常度，行有常式”的所谓“君子”，而赞颂“与造物同体，天地并生；逍遥浮世，与道俱成”的“大人”。这“大人”当然是阮籍心目中的理想化的人物。“大人”，巨人也。无论是阮籍，还是曹雪芹，其实都是这种不屑于做“君子”的巨人！

清光绪间姚梅伯评本《石头记》石版插图贾宝玉像

阮籍和贾宝玉也有关联吗？有！我们在贾宝玉这一艺术形象身上，处处可以感受到阮籍的影子。

贾宝玉号称“绝代情痴”，“痴”是贾宝玉性格的最大特点。照脂评的说法，宝玉不但对一切有情事物都有一段痴情去体贴，而且对一切不情事物也有一段痴情去体贴。空房里挂着一幅美人像，他会想到她会不会寂寞，要不要去陪陪她，而且真去了，刘姥姥随口胡诌了一个美人的故事，他却信以为真，

阮籍像

硬逼着书僮茗烟去寻访。小丫头胡编晴雯死后成了芙蓉花神的鬼话骗他，他却认为这肯定是真的，不但“去悲生喜”，而且“衣冠整齐，奠仪周备”，诚诚敬敬地撰写了《芙蓉女儿诔》这么一篇新而又新，奇而又奇的祭文。诸如此类的“痴”的表现，不一而足。

曹雪芹塑造这位情痴，灵感的来源恐怕就是阮籍。《晋书·阮籍传》说：“当其得意，忽忘形骸，时人多谓之痴。”请看阮籍的种种“痴”的表现：兵家女才貌双全，未嫁而死。阮籍既不认识她的父兄，和这位女子也素无交往，却“径往哭之，尽哀而还”。邻家少妇长得美，当炉沽酒，阮籍常到她那儿去喝酒，醉了便“卧其侧”。这在封建社会称得上是惊世骇俗的行为。但“籍既不自嫌，其夫察之，也不疑也。”这位丈夫之所以不疑，就因为他了解阮籍人虽然狂放，却人品高尚。阮籍又常常一个人驾着车，不管什么路，任性所至，路走不通了，就“恸哭而返”。面对浊世，一腔悲愤，无处发泄。我们在贾宝玉身上，也可以感受到这同类的悲愤。《红楼梦》第三回两首《西江月》，对贾宝玉似贬实褒，似嘲实赞，词中有云：“无故寻愁觅恨，有时似傻如狂”，“行为偏僻性乖张，哪管世人诽谤。”这样的宝玉，与阮籍岂非形神皆似！

脂评曾说宝玉有三大病：一曰“恶劝”，即最讨厌那些劝他读书上进之类的话；二曰“重情不重礼”；三曰“情极而毒”，最终悬崖撒手，回归本来——一块顽石。这三“病”，够得上礼教的叛徒。《晋书·阮籍传》说籍“傲然独得，任情不羁”（宝玉恰恰也是“任性恣情”），“不拘礼教”，乃至“礼法之士，疾之若仇”。阮籍嫂嫂要回娘家，照“礼”的规矩，男女授受不亲，叔嫂不同席，他不应与嫂嫂相见和送别。他却偏要去见，偏要去送别。有人为此讥笑他，他毫不在乎，还说：“礼岂为我设邪！”这是公然表示对礼的蔑视。他同样是礼教的叛徒。

阮籍好发怪论。有次他听说“有子杀母者”，竟评论道：“嘻！杀父乃可，至杀母乎？”在坐的晋文帝责问道：杀父乃天下之极恶，岂是可以做的呢？阮籍回答道：“禽兽知母而不知父，杀父，禽兽之类也；杀母，则禽兽不如矣。”贾宝玉也好发怪论，诸如“女儿是水作的骨肉，男人是泥作的骨肉。我见了女儿便清爽，见了男子便觉浊臭逼人！”骂那些读书上进的人叫“禄蠹”，说只除“明明德”外无书，又说希望自己“有一日化成了飞灰——飞灰还不好，灰还有形有迹，还有知识。——等我化成一股轻烟，风一吹便散”。这些“怪论”，内容当然和阮籍不同，但其中包含的精神，是一脉相承的。

我由此想到，曹雪芹塑造贾宝玉的形象，一定想到了阮籍，或者说因为他心中存着阮籍的形象，因而有意、无意之间把他融进了他的主人公的形象之中。

同城两报

一九四六、一九四七年《大公报》、《文汇报》之比较

◎ 芳 菲

一

早期《文汇报》,曾有《大公报》的"儿子"之称。这主要与《文汇报》总主笔、创始人之一徐铸成先生出身自《大公报》有关。《文汇报》在上海创办时(1938 年 1 月 25 日),《大公报》、《申报》、《时事新报》等一批大报为抗拒日方检查,已陆续宣布停刊。《大公报》则同时迁往内地,与流亡而抗争的民族一起,开始创造它颠沛而光荣的历史。离开上海时,由于经济、前途未明等原因,大批人员包括徐铸成、萧乾等一批《大公报》名记者都在遣散之列。骤尝失业之苦的徐铸成,遇到有办报理想的商人严宝礼,延请其担任刚刚创办、挂英商名号出版的《文汇报》总主笔。这一相遇,一方面在风雨如晦的日占区挂起了坚持抗战的一盏明灯,为之后香火延续七十载的《文汇报》鲜血祭旗;另一方面,也谱写了徐铸成、严宝礼"管鲍遗风"佳话的开始。

沦陷期的《文汇报》只生存了一年多时间,受日方压力闭馆。此后徐铸成离开上海,回到《大公报》队伍之中。日本投降后,徐作为《大公报》特派记者,一九四五年九月三日随重庆新闻团一行飞赴南京参加受降典礼,随后来到上海,一方面筹办《大公报》在上海的复馆,同时受严宝礼的盛邀,兼任复刊的《文汇报》主笔。《大公报》上海版于一九四五年十一月一日复刊,而《文汇报》已抢先于九月六日出版。两张以"文人论政"为标榜的报纸,开始了短暂的同城共生与竞争的历史。

徐铸成一九四六年五月正式离开工作了十八年的《大公报》,专心经营《文汇报》。让这张报纸"像彗星一样"闪耀升起,以至徐铸成"一觉醒来,发现已名闻天下"。《文汇报》复刊不到一年,销量一路上升,跃居上海第四位,仅次于老牌报纸《申报》、《新闻报》、《大公报》(其中前两张报纸为国民党控制的"官报",大公、文汇为民间报),进入上海一线报纸行列。

《文汇报》与《大公报》有非常明显的亲缘关系。《大公报》有著名的"不党、不卖、不私、不盲"的办报原则,徐铸成对《文汇报》的精神也有近似阐释。《文汇报》复刊一周年之际,他写下《一年回忆》长文,发表了掷地有声的宣言:

第一,文汇报从来没有和任何党派发生关系,从创办到现在,没有受过任何方面一分钱的津贴。今后,我们必定始终保持这点清白,不论报馆或个人,必定始终守住报格和人格。

第二,个人对外有交际,但报纸对外却

绝对不许讲交情。文汇报的一切言论记载，完全根据我们的良心和新闻信条，决不以感情为左右。

第三，文汇报的同人，决不做官，或其他有给的公职；在政治未上轨道前，也决不应选什么民意代表之类。凡有任何政治活动的，立刻离开文汇报。

请读者根据这个坦白的指陈，来批判我们过去的报，看我们将来的报，有没有言行不符的地方。并希望我们敬爱的读者，随时纠正我们，指导我们，使我们始终站在人民的立场上，为国家的进步而努力。

这三点声明与《大公报》的原则可以说是同声相应、如出一辙。

徐铸成离开《大公报》，曾是上海新闻界的一条新闻，虽然外界猜测众多，但最真实的原因应该在徐给胡政之的辞职信中已坦陈无遗：

《大公报》为你们三位先生（指吴鼎昌、张季鸾、胡政之——本文作者注）苦心经营，我无权冒险。《文汇报》是我的一支笔"写"出来的，如遭不测，则我成我毁、于心亦安。请放手让我去试试……

二

也算一语成谶，《文汇报》果然就这样开始了它挣扎于"成"与"毁"之间的生命历程。

而虽然与《大公报》在办报理想上一脉相承，这个"儿子"很快也开始显示出对"父亲"的叛逆。在一个特定时期，作为文人论政的两个实践个案，两张报纸逐渐显示出知识分子群体对时代和前途判然有别的两种选择。

抗战胜利至解放前夕这三四年，是中国现代史上相当复杂混乱的一段时间，全民坚忍八年的胜利喜悦、对未来的纯真热切的希望，很快被现实打破和玷污，接收大员的贪卑、内战再起的烽火、停战与和谈的真与伪、政治专制的复归、经济秩序的崩坏，考验着每一个中国人的平常心、忍耐力和判断。报纸特别是民间报更是在这复杂的局面中艰难求生。《大公报》、《文汇报》两张报纸对时局和政府都有直议的勇气，无论是《大公报》的《莫尽失人心！》、《李公朴、闻一多案感言》，还是《文汇报》的《国大应该延期》、《接受警察局的挑战》，他们都站在民间与独立知识分子的立场，对专制当局发出强烈抗议。一直到一九四六年上半年，两张报纸虽选题上有区别，但根本主张方面尚未出现较大分歧。两者明显的分歧，戏剧性地从一个人身上开始，那就是七月归国的胡适。

胡适作为新文化运动的领袖，在国内文化界一直享有崇高威望。一九三八年九月起在抗战危局中出任驻美大使，一时"朝野均庆得人"。这一次归来，按余英时先生说法，正是胡适俗世声誉的顶峰。但与我们多难的民族一样，胡适没来得及享受胜利的荣耀，就进入到更为激烈的纷争与前途未卜的玄疑考验命运之中。

一九四六年七月四日，胡适经过一个月的海上航程，从美国归国抵沪到达吴淞口，五日从吴淞口到达上海市区。七日，《大公报》援引中央社电对胡适的归来发表平实报道："国立北京大学校长胡适博士上月五日由纽约乘塔虎脱总统轮启程返国，途中历程三十日，航程一万零七百海里，四日下午四时许抵达吴淞口外，五日下午五时十分市政府特派专轮载欢迎人员赴吴淞口外欢迎，胡氏偕欢迎人员于九时抵达海关码头后，即赴旅邸休息。据胡氏称，此次来沪不拟多做勾留,俟抵京后即赴平处理北大校务,对国内局势,胡氏以旅美九年,印象甚浅,不愿表示意见。"

而率众报之先,发表专稿的是《文汇报》。四日、五日《文汇报》已以简明新闻报道胡适的抵达。紧跟着六日就刊发了"本报记者王坪"的文章,看得出当年这张年轻报纸抢新闻的身段和速度。只是这篇报道颇不客气,眼睛也不眨地就对胡适发出了不满的评议。新闻标题是:"五四时代的老战士胡适之博士回来了 他殷念着他的太太 对于时事一概闭口不谈"。这篇报道为我们生动领会那个时代的氛围和《文汇报》的立场,颇有助益。特详细引征:

耸峙在苏州河畔的百老汇大厦里,多半住着洋人,只有最高一层是留给要人们歇足的。我在那里会见过叱咤风云的薛伯陵将军,和虽然想再教教书但仍然做着行政院秘书长的蒋梦麟先生。昨天,当人们正开始酣舞的傍晚,我又会见了曾经是中国新文化拓荒者的胡适之博士。周旋在胡博士左右的有教育部次长杭立武教育局长顾毓琇,副局长李熙谋等。吴市长虽没有到,但却来了个电话,说是等一个宴会散了立刻往访胡博士。

我去看胡博士的时候,一位摄影记者正准备为胡博士拍照,他没有穿外衣,米色条子的衬衫还高卷着两双衣袖。淡咖啡色的西裤紧裹着两腿,再配上下巴下面的一簇肥肉,无怪杭次长说他:"胖得多了!"

……我问他什么时候到南京去,他答了一句"还没有一定"后,竟扯上了"我的太太上个礼拜六从老家徽州到上海来接我,我的大儿子——刚才搬行李的那个就是我的大儿子——也到船上去接我的!"我问他太太的名字,他说叫"江冬秀。我有九年没有看见

工作中的胡适

她了!"胡博士这种对太太怀念之殷情,最初听来颇令人吃惊,后来一想:他是文人,文人的情感本来是丰富的,而且他又是外交家,可能在新闻记者面前规避正面的问题……

《大公报》的本报记者稿是晚于《文汇报》一周来到的,可见媒体的迟到有时不是迟钝,而是合作与尊重。胡适是《大公报》的"故人",胡适与《大公报》总编张季鸾、胡政之等人不仅有私交,两者在推广白话文这一进程中,更是互相鼓舞、共同战斗的兄弟。一九三一年五月二十二日,《大公报》创刊满一万号之际,胡适曾一面帮《大公报》做海外征文,一面亲自撰写《后生可畏》的祝贺文章。既对《大公报》的成绩进行肯定,又对报纸还使用文言记新闻、写评论提出意见,当天张季鸾就发出回应,表示现在就要开始学习用白话文。一九三四年一月七日,《大公报》的"星期论文"又发表胡适的《报纸文字应该完全用白话文》,这篇文章将已经形成的白话文浪潮又推向一个高峰。自此,《大公报》基本改用白话文,进而影响了全国的出版物。

一九四六年胡适归国,在上海逗留一周左右时间,到南京述职。一直到七月十三日,《大公报》记者才从南京发回了专电,留下了

与胡适在环境清幽的鸡鸣寺中央研究院晤谈的画面：

胡适博士十一日晨飞抵京，下榻鸡鸣寺中央研究院。这一所战前的建筑，环境清幽，现在依然保持完好。下午记者去访问他，给记者的印象和十年前的平时有点不同，头发掺白。但这一代文学大师谈吐之间，依然予人清新之感。他非常客气的说，出国九年，国内情形隔膜，谈话中他也曾向记者提询了若干事。他定二十日左右飞平，到北大视事。由于在沪一周的停留，使他明了国内物价的情形，他为教授与学生发愁，这种情形下，教育学术怎能向上？胡氏在他的临时宿舍中接见记者，明窗净几，微风吹拂，比起烦嚣的上海似乎使人更感到一些安适。在一起谈话的有傅孟真，李济，萨本栋诸先生。这是政治城内最不带政治气味的访问。谈话中萨本栋先生的公子特地近来要"看看胡先生"，使胡氏想起在沪时张菊生氏的孙公子也曾要求乃祖带去"看看胡先生"，可见中国少年人对胡氏的仰慕。

笔下气氛优雅喜悦，语气体贴，并特别点出"中国少年人"对胡的"仰慕"。

七月二十九日，胡适就任北大校长，举办了回国后第一次记者招待会。《大公报》刊发名记者子冈的长篇报道，并配以社评，隆重报道了胡适的第一次公开亮相。新闻题目为"胡适重返故都发已灰白但丰腴多了　北大要保持容忍精神"；社评题目为"胡适校长论大学教育"。胡适在这次记者招待会上，除回答记者提问外，主动表达的内容即是他要继承蔡元培"兼容并包"的精神办北大。《大公报》社评对这一表态给予了高度评价，它认为，虽然"一般青年对此或仍不免失望。惟自另一方面言，正惟其缄默，公众却可由缄默中体会出一个人之最基本的态度。扼要言之，必将一扫大学中近年流行之肤浅狭隘的思想，以及入主出奴是丹非素的见解……"

正值《文汇报》因刊登抗议上海设立警管区的系列言论，被停刊一周（七月十八至二十五日），胡适在这次招待会上，主动提到了这件事。在子冈的报道中有如下内容：

记者问及归国后观察国内的信仰思想言论自由如何，"局部小事不免，大体说是进步了。共产党报纸在京沪发行。董必武张君劢等年前在联合国会上和我朝夕相处，讨论问题，今晨在京也见到董。文汇报被罚停刊一周，如在美国，被压迫的报纸不服可以起诉，不要存马虎及怕麻烦心理。独立评论过去每被查扣必质问。试以历史科学家的看法，凡事要小题大做，勿大题小作。总之，进步是有，不要性急。"

在胡适回国不到一个月的时间内，国内相继发生了骇人听闻、政治上最倒行逆施的事件：李公朴、闻一多被害案。这一事件对当时的人心，尤其是知识青年的政治趋向，发生了重要的影响。用《大公报》时评的话说，也是"前方兵争，后方暗杀"，是"国家大乱的象征"。而胡适对时局却说出了"大局是进步了"的安泰之语，和"不要性急"的劝说，这固然是他一贯的乐观风格，但一般人是不是能听进去，刚被停刊的《文汇报》是不是能听进去，确实是有问题的。

两天之后，八月一日《大公报》再次发表"社评"《重建北平的高等教育》，对各高校恢复招生特别是胡适就任一事寄托期望，"地犹其地，人犹其人，北平的大学教育新生了！""北平各校，有一共同的风气，就是自由的学风。"这"是中国文化的瑰宝"，"特别值得爱护"。

八月十日，《文汇报》发表荆风文章《胡适老了》，对胡适的不谈国事感叹时间“带走了战士的武器，消磨了英雄的弘志”，五四时代的战士，转眼已成“下巴上挂着一箍肥肉的老人”。

两个月后，十月十日晨，北大在国会街农学院举办开学礼，校长胡适致辞达七十五分钟，这也是胡适归国后的第二次重要亮相。他在致辞中叙述北大历史，希望今后在学术方面大家要有独立的创建的研究。“政治思想应该有，但学校是求学问的地方，希望大家不要毁了学校，要使它成为一个没有党派的研究机关。”胡适又以“老大哥”的身份，向学生赠送了宋朝吕祖谦的话：“善未易明，理未易察”。

而从《文汇报》的报道中我们还得知，演讲堂外的壁报上，也有学生这样的大字：“打破士大夫阶级可怕的冷静，替老百姓宣泄几千年以来积压在统治阶级之下的苦情与怨愤”。

胡适在这个开学礼上的讲话，特别是“善未易明，理未易察”八个字，将成为被反复攻击的一个把柄。这点且先按下。

十月十六日，由回国仅三个月的胡适亲自担任主编并题写刊名的“文史”副刊在《大公报》推出，再次显示了两者之间不同寻常的故人之谊。在创刊号上，胡适作了以下的破题释义：

文史副刊是我们几个爱读书的朋友们凑合的一个“读书俱乐部”……我们用“文史”一个名词，可以说是泛指文化史的各个方面。我们当然不想在这个比较小的刊物里讨论文化史的大问题，我们只想就平日各人的兴趣，提出一些范围比较狭小的问题，做一点细密的考究，寻求一些我们认为值得的讨论的结论……文化是一点一滴地造成的……我们没有什么共同的历史观。但我们颇盼望我们自己能够努力做到一条方法上的共同戒律：有几分证据，说几分话。

这确实可以看做胡适归来对文化界发布的一份温文但也有所针对的宣言。

“文史”副刊创刊的第一期上，发表了胡适《考据学的责任与方法》，陈垣《书十七史商榷第一条后》，沈兼士《初期意符字发微》，余嘉锡《跋李文公集》凡四篇文章。

十一月一日，《文汇报》“人物志”专栏创刊，这是一个品藻人物的专栏。首篇就是静远的《关于胡适先生》，作者时为清华历史系学生，师从吴晗，并担任《文汇报》在北京的特约撰稿人。他用“我们这一代年青人”的口吻，对胡适做了一番打量和审视。他说：“我们这一代年青人对胡适的看法，不免要受鲁迅先生文字的影响。”文章认为，“真理是在鲁迅先生那方面，胡适先生是错误了的。胡适先生并没有预见到将要腐蚀中国的封建力量和买办力量。所以当今天民族资产阶级被外来的经济力量和内在的封建游资摧残到几乎无以自存时，我们的一点自由主义的教育和学术也就窒息得可怜。”文章体谅胡适在海外生活九年的特殊性，认为要胡适不满现实，一下子跳起来

胡适教授与出席泰戈尔画展的来宾在北大孑民纪念堂的合影

革命，是不可能的，况且他已经五十六岁了。而且文章也将他和林语堂及其他帮闲学阀区分开来，认为他是“他的环境中的一个善良者。对于各种思想的学生，他是一视同仁地帮助着的。”但文章的重点在有感于胡适在北大开学礼上赠送给学生的“善未易明，理未易察”八个字，与学生壁报上“打破士大夫阶级的‘可怕的冷静’”的对比，他说：

在这长幼二代之间，一面是说“不易辨是非”，一面是这样明确地有爱憎之别，不是“年青人浅薄”五个字所能解说的，这里所表现的是环境不同，时代精神的歧异，和在苦痛中长出来的青年在精神上向上的渴望。自由主义的知识分子就是在这样的状况中进步着，一代一代有着程度上的不同，甚至于有爱憎上的对立，这就是人类前进的现象吧。

三

一九四六年下半年，在对待胡适系列事件的报道上，两张报纸开始显示出不同立场。随着时间的推移，这种分歧更密集、也更激烈地显示在其他一些人物身上。集中体现这种歧见的人物，紧随胡适之后是傅斯年、沈从文。

胡适归国时，傅斯年是北大代校长。对当时正领导着复员的北大开展各方面艰苦工作的这位代校长，《大公报》语多慰劳和理解，如一九四六年七月十一日有报道“复员中教授的辛酸”：

教育复员，在文化故都已成为一凄凉悲壮之场面。教育工作者历八年来之茹苦含辛后，既不能从事“劫搜”于前，亦不能如地主、买办及亦官亦商者之复员于后，恢复其旧有荣华富贵。北大傅代校长为了教授们的辛酸，曾慨乎言之，“苦在肚子里”，不愿对外声张。

同样的一个傅斯年，出现在《文汇报》上，却是另一个样子。十月七日，《文汇报》“本报特派员黄裳”在南京发来文章《访傅斯年》，全文白描中蕴轻视，把傅斯年形容得像一个小丑，留下了傅“以那么胖的身体还有兴趣与记者捉迷藏”的谑语和典故。对于西南联大的复员，《文汇报》的评价一直要保守些。《大公报》与中国的高校，有一种忧戚相关之感，对其残破，不忍心加以指摘；而《文汇报》就尖锐多了。比如静远在他的《西南联大复员琐闻》(1946 年 11 月 17 日)中，会捕风捉影地写下傅斯年是山东人、杨振声是山东人，“很巧的人，有些山东人职位与人相同而薪水要高出别人”的传言。不久，黄裳又在《文汇报》“人物志”专栏著文《关于傅斯年》，对傅嬉笑冷嘲，说傅“好辩，好闲事”，“无论争论什么事，虽然激昂万状，以为真理在是矣，结果不免还是有问题……是一个‘为辩论而辩论者’”，“做学问也偏狭得可以”，“吃起东西来也渐可惊，当用人要将一盘将尽的菜移开时，他就从那人手里抢了回来，放在面前，说‘我还没有吃完哩！’”对于傅斯年领导北大复员的功绩，也是语含不屑：“他是一个能干的人。当抗战初起内迁之时，别人都弄得丢三拉四，他却将所里的全部藏书藏器安全地运到了内地。现在又要再一件件一本本地搬回来。能者多劳，这一次北大复员就又借重了他。果然不差，北大在北平不再穷而最阔了，傅先生的官气也随之而大长，血压也高起来，要出国养病去了。”黄裳现在以藏书家、散文家名世，在他新出文集里，还收有早年以记者身份写的这篇访问记，可见他对这篇文章的喜爱。应该说，综看傅的一生，大节无亏，但因其脾气性格的关系，留下的话柄也不少。不过傅斯年的血压高和出国养病的打算，在一年之前（1945年）就有，为了捱到胡适回国才苦撑，并不是复员"阔气"了之后才有的（参见《胡适往来书信选编》），这一点当时黄裳是想当然了。

一九四六年十一月，沈从文在他主编的《大公报·星期文艺》副刊上，发表了长文《从现实学习》。抗战期间沈从文在西南联大教书八年，没有加入郭沫若担任领袖的"中华全国文艺界抗敌协会"，还曾著文公开反对"抗战八股"，认为文学应在政治之外有自己的空间。这篇文章可看做是他回北京接任《大公报》副刊文艺版主编后，对文化界近二十余年状况的总评价和如何自处的发言。文中沈从文所集中批评的一种"现实"，即是种种以"纵横社交方式活动的分子"。"在朝在野的空气，就依然还是把作家放入宣传机构作属员为合理。凡违反这个趋势的努力都近于精力白费，不知现实"。他认为一种腐败正在毒害年轻人，那就是："一切如戏，点缀政治"。"国家所遭遇的困难虽多端，而追求现实、迷信现实、依赖现实所作成的政治空气和倾向，却应该负较多责任，当前国家不祥的局势，亦即由此而形成，而延长，而扩大。"文中他点名批评了一些现象，如以上海为中心的"杂文高于一切"的成就；也夸赞了一些人物和风气，如在北方，"在所谓死沉沉的大城里，却慢慢生长了一群有实力有生气的作家。曹禺、芦焚、卞之琳、萧乾、林徽因、李健吾、何其芳、李广田……"

一个月之后，从十二月二十一日开始，《文汇报》连续五天发表史靖的《沈从文批判》。全文总长度与沈文相当（15000字）。从报纸编辑的角度，这是一个非常惊人且罕见的安排。

傅斯年像

作者史靖是西南联大学生，后曾著传记《学者闻一多》。

对于沈从文不赞同文艺和政治发生关联的主要观点，作者联系中国近些年的现实，认为在愤怒中拿起笔把愤怒希望和理想表达出来，绝对不能算错。"如果一个人仅仅因为他有点判断和主张就不配做作家，仅仅因为对现实不满即有所控诉就被认为侮辱了文学的神圣，仅仅因为同情人们的疾苦而对黑暗有所暴露对光明有所歌颂便叫做'政治争夺'，呜呼文学：你还是毁灭了吧！你既如此清高，就莫继续停留在污浊的人间！"他说他同样尊敬沈从文所列举的那些京派作家，但中国决不仅仅只有那些作家值得尊敬；而在政治完全清明、社会还有不平的时候，杂文就当然还有存在的价值。

作为西南联大的学生，沈从文文中对昆明社会现实的描述（"短短时期中忽然成为民主的温室，到处都可听到有人对于民主的倾心，真真假假却不宜过细追问"）显然最直接地刺伤了他，他质问道："沈先生你知道你的责任吗？你的文章诬蔑了昆明八九年培植起来的圣洁"。文中还有一段围绕闻一多先生的争辩：

闻一多先生据沈先生说他是佩服的，

年轻时的沈从文

那么对于闻先生的死他怎样看呢？天呵，真要有猜灯谜的耐心才能在“从现实学习”里找到如下的叙述，叙述含混到连闻先生的名字都胆怯得不敢写出，而含混的叙述目的并不在表扬一个人的崇高，而在为他自己做比较的遁词。他尽量在玩弄着文字的技巧说：“对于能变更自己，重造自己，去适应时代，追求理想，终又因为愚人的一击而毁去的朋友，我充满敬意”。这位第一流的作家真会写呵，好一个“愚人的一击”！谋杀闻先生的仅仅是“愚人”一词可以遮掩的吗？沈先生，你为了讨好，真是煞费苦心了，你可知一个杰出的人才可就在你轻描淡写之下给“毁去”了吗？

在现在收入《沈从文文集》的这篇文章中，“愚人”一词确实改过了，改为“当权者爪牙”。

哪一个词更符合沈先生的原意呢？从用辞习惯上来说，前者似乎更贴切，也更可见沈从文的原始判断。

之后，郭沫若批评沈从文的《拙劣的犯罪》，静远的《关于废名》和唐弢的《过河小卒》，都是指名道姓地针对《大公报》上的文章而来。郭沫若的文章是相当傲慢的：

前几天因为文汇报的工友罢工，送报的人把大公报来代替，因此我得到机缘拜读了几天大公报。一月廿一日的附刊“图书周刊”上有沈从文“新书业和作家”一篇，我也仔细地拜读了。这篇文章和沈从文的其他一切文字一样，根本是有问题的。

他认为，沈从文把当前作家和文化的没有成就责难于书业和出版家，是充当了反动政治的帮凶。在今天这个“焚书不必用火，坑儒不必挖土的时代”，“沈从文之流”却“极尽了帮闲的能事”，甚至是“超越了帮闲的范围，而死心塌地的帮凶了”。郭沫若文章不长，但用语之刻薄严厉，再加上他本人的文坛身份，其批判的分量应该说不次于史靖的长文。文中他毫不遮掩地体现出文艺的阶级观、阵线观，他不是简单地把沈从文当做一介文人来看待，而是用必须站队的文化战士的标准来要求。在“人民”和“统治者”之间，他不认为有任何中间地带存在，任何企图在这之间找第三种原因、第三条出路的，都是“反动政治”的“帮凶”，是反动派。

四

一九四七年二月，围绕傅斯年那篇非常有名的《这个样子的宋子文非走不可》的凌厉纷争，值得专门一提。

傅斯年这篇指名道姓怒批国民政府行政院长宋子文的名文，是被中国自由主义知识分子公认为体现干政意识的杰出代表作，也是那些年间最能体现舆论力量的一篇文章。时值各地金融狂潮风起，金融秩序极度混乱，一九四七年二月十五日傅斯年文章发表在南京《世纪评论》杂志，轰动一时，《大公报》的立刻转载，更是让这篇文章如虎添翼，一时口口相传“国家吃不消他了，人民吃不消他了,他真该走了,不走一切垮了”。次日监察院就举行了全体监委紧急会议,立法委员群起质讯宋子文。

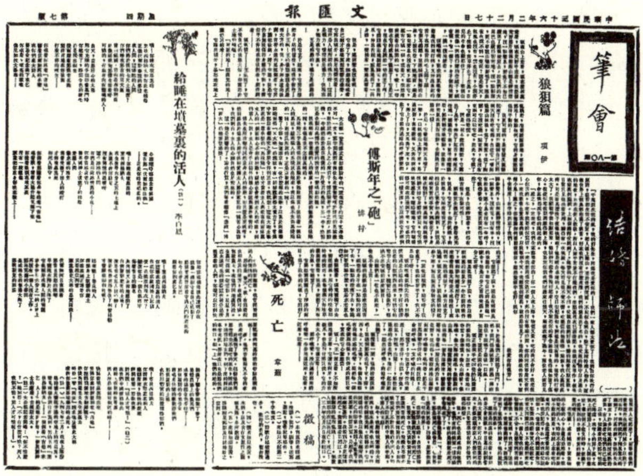
文匯報
筆會
狼狽篇
給睡在墳墓裏的活人
傅斯年之“砲”
死亡

《文汇报》1947 年“笔会”刊登《傅斯年之“炮”》的版面

但《文汇报》“笔会”二月二十二日却发表了悱村的《傅斯年之“炮”》,不提《世纪评论》,直接从《大公报》的转载谈起:

《大公报》一登出傅孟真即傅斯年的《这个样子的宋子文非走不可》一文,写字间里颇有几位先生震惊赞叹于傅氏的勇猛激烈,敢于放炮……以小人之心度君子,傅氏握管吮毫之际,那动机,一半诚然出于忠臣义仆的一片爱君的愚诚,另一半,恐怕正是企图以此博得老实的读者的一声喝彩的罢。

对这篇如此激烈批评国民党当局的文章,《文汇报》为什么还要有批评,其所批评的立场又何在呢?原来,是因为,它还嫌傅孟真的怒气是自家人的小骂大帮忙,是“出于为主人卸干系和爱护主人那份家私的一种苦心孤诣”,“这一炮是放响的了。论功行赏,我们等着瞧傅‘参政’傅‘国大’的袍笏登场罢!”

同日在头版的“编者的话”里,也有几句皮里阳秋的话:“傅斯年先生的一篇‘讨宋檄文’不能算不痛快;不禁令人想起了北伐以后内战时期的吴稚老。在舞台上这种角色是不可少的……”

三月五日(三月一日宋子文已辞职获准,行政院长由蒋介石兼代),“笔会”又以显著地位发表林凡杂文《焦大的悲哀》,认为傅斯年虽则打起贤达的招牌,充了一阵清客策士,但斥骂宋子文的文章中“时时处心积虑提起共产党”,用起“危言耸听的手法”,又“不免露出焦大的尾巴来”。而“宁国府的崩溃,远非一个奴才的嘴巴所能为之”。

傅斯年弹劾宋子文之举,被《文汇报》无情地奚落为焦大和奴才的苦心,但就其所影射的傅与蒋的亲密关系而言,也并非完全空穴来风。那一段时间,傅是蒋的座上客,蒋希望他能带信给胡适,希望胡适出来为政府做事,傅对宋的不满,曾公开在蒋面前表露过,说他弹劾的行动,是在蒋的默许授意下进行的,并非事出无因(参见《胡适往来书信选编》)。熟悉傅斯年年谱的台湾学者王汎森也认同对傅“御史”这一评价。也许两张报纸的对照阅读,能更有助于我们真实认识历史事件,在看待权威与知识分子的关系问题上,也可带来世故一些的眼光。

三月六日,《文汇报》再次就此事发表夏庄文章《宋子文胡适傅斯年》,一方面重复上文“忠臣义仆”、“马后炮”的看法,更对这三个人之间的关系、对傅斯年这篇文章的动机做了诛心的解释和说明。文章认为,傅斯年这篇文章,是在为至交胡适出气。因为胡适在抗战任驻美大使期间,与外长宋子文发生诸多摩擦，一方面是政见上的分歧，一方面还是“胡博士那目空一切的作风”，以致吃了不少苦头，两人“势不两立”，胡适心头藏了不少“旧恨新仇”，总想一吐为快。因此，“趁着TV宋因金潮而惹致众怒之时，素与胡博士有福同享有祸同当的傅氏，勇于‘道义’，瞄准了TV宋，放了几炮，果真，打得他头破血流，走开了行政院。炮是放响了，宋子文是走开了，胡适也可以心平气和了，论功行赏，新来的人，莫辜负了这位炮手吧！”

胡适与宋子文的摩擦，其中有没有是非？傅斯年与胡适的交谊，其中有没有大义？文章没有理会这些，所采取的手法是一概归之于私，并一概加以蔑视，这与前面所举的黄裳文章一样，是以小节来引申大义。显然，这已不是朋友或客观之道了，而是决裂的两个阵营之间的刻薄话。从另一个角度讲，这些今天看起来刻薄得有些异常的措辞与言论，也刊布流行，显然有支撑其合理性的环境。可以想象，那里有一个被愤怒、不信任、和完全对立情绪支配的广大人群。

新近由三联书店出版的曹聚仁作品集中，收有曹聚仁写于一九五〇年代的《采访外记　采访二记》，其中“二记”笔墨所及，正是抗战胜利以后到国民党政权全面崩溃那几年上海的新闻界，谈到当时的局势，也谈到当时的《大公报》与《文汇报》，这为我们回到那个时代提供了一个第三者的眼光。“动荡的大局，动乱的上海，人心惶惶，哪个不爱看乱说的消息？哪个不爱看乱道的谣言？因此，《大公报》利市百倍(曹按：在我眼里，《大公报》的报道是基本公平属实的)”，“有一时期，《文汇报》在学生群中的销路，直线上升，还在《大公报》之上呢；连《大公报》那么吞吞吐吐的论调，也不能满足青年的愿望呢。”“那年报纸的销路，只有《文汇报》是超过了《中央日报》、《正言报》、《东南日报》(这都是第二级的报纸)，赶上第一级报纸，天天在增加。它已经成为青年学生的共同读物，其锋芒之利，只有五四运动时期的《全国学生会日报》和民初的《民立报》可以相比。它在上海的销数，达四万份左右，和《新闻报》、《申报》相差不远了。这也可以看到文化教育界的趋向。”

五

进入一九四七年以后的《大公报》、《文汇报》，在文化观念上的争论，好像进入了阵地战。

《大公报》从战争期间的一大张四版已恢复为两大张八版，新闻之外，相继开辟了多种副刊，除前面提到的胡适主编的“文史”，还有沈从文、杨振声主编的“星期文艺”，“市政工程”，“新科学”等，多从建设性着手，格调平和。副刊的平和深厚，与《大公报》社论的尖锐泼辣相对照，可看出《大公报》在文化立场和政治立场两方面的立意与筹划。

一九四七年三月，《文汇报》同时推出了六种周刊：“新思潮”、“新文艺”、“新经济”、“新社会”、“新教育”、“新科学”。其中经济、科学、教育等是从原来的周刊改名而来，起关键和领头作用的，是“新思潮”和“新文艺”。这几种周刊请的社外编辑，其阵容相当堂皇。郭沫若主编“新文艺”，侯外庐、杜守素和吴晗主编“新思潮”。这些周刊鲜明地亮出了马克思主义的史学观和文艺观，高倡人民至上，用服务于人民和服务于权贵来分别知识分子人群。郭沫若亲自为首先面世的《新思潮》写刊首语，并特别针对胡适在《大公报》"文史"副刊上的宣言说话。文章的标题是《春天的信号》：

春天来了……我们欢迎幼稚，歌颂幼稚，歌颂人类的青春……

点滴主义者有一个漂亮的主张："有几分证据，说几分话。"

不错，这看起来相当漂亮，但其实是幌子。待合乎他的利益他要说话的时候，他可以不要任何"证据"；待不合乎他的利益他不敢说话的时候，所有的"证据"都丢进茅坑里去了。但我们也不要那么天真，以为那种漂亮的幌子就是真正的科学。真正的科学是更谦虚，然而也更勇敢的。它有时有十分证据只能说一分的话，而有时有一分证据却能说十分的话。

……我们欢迎青年，我们欢迎没有名流意识的真正学者，没有大师臭味的真正专家。这样的学者和专家也就是永远的青年。

同期侯外庐的《新思潮的障碍》，应该说在说理上更为痛切沉着，他说：要知道在关键处糊涂下去，扯什么"理未易察，善未易明"，以自解脱其认识真理与改变现实的责任，那是思想界的乡愿（伪君子）！……如果在最近五年间每年在主要关键来到时都说"理未易察，善未易明"，糊涂地抉择一个立场，或者在认识上发生自己一次一次地"君子可欺之以方"，那必一任"激"出一个悲剧的中国，绝没有顺当地"转"变为民主中国的前途。

他认为胡适一派学者，"惟知徇风气"，"不知持风气"，用新瓶装旧酒，只能加速"激"的危机，而取消"转"的正途。

陈白尘先生（当时他曾担任《新文艺》主编，郭沫若的助手）在事后回忆《文汇报》怎么会一下子推出这几个"新"字头的周刊的文章中说：

《文汇报》编辑会议为何作出这样的决定呢？依我估计，可能是国内政治形势使然。当此时也，伪国大召开，国共和平谈判破裂，解放战争已经开始，特别是中共代表团即将撤退了，不能不作的一种战略部署。即在文化阵线上集中优势兵力，开辟一个新的文化阵地。

但这六个周刊存在时间不到半年。一九四七年五月，随着《文汇报》的被第三次停刊，这些声音也消失了。

郭沫若是"没说过大公报一句好话"的人（王芝琛语），《文汇报》停刊后，包括他在内的一大批文化人、民主人士都迁移到香港。正是在香港，郭发表了产生巨大影响的《斥反动文艺》，文中更猛烈地将《大公报》称为"集御用之大成"的"反动堡垒"，起着"麻醉读者的作用"：

对于这种黑色反动文艺，我今天不仅想

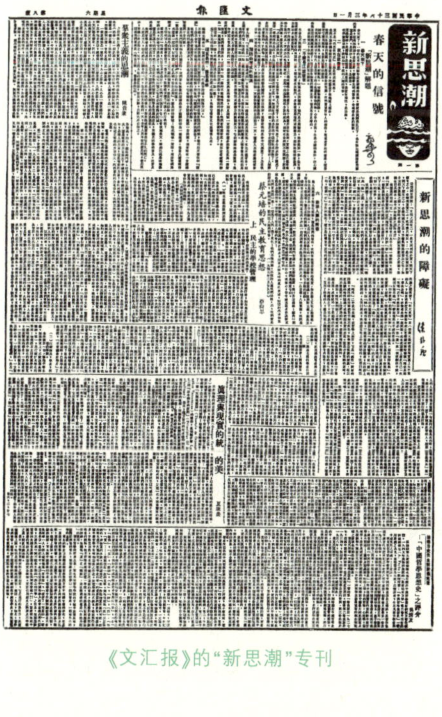
新思潮

春天的信號

新思潮的障礙

《文汇报》的"新思潮"专刊

大声疾呼，而且想代之以怒吼：

御用，御用，第三个还是御用，

今天你的元勋就是政学系的大公！

鸦片，鸦片，第三个还是鸦片，

今天你的贡烟就是《大公报》的萧乾！

当然，这样的怒吼并不是出现在《文汇报》上。不过可以想象，如果《文汇报》不停刊呢？

《文汇报》频频发起的对《大公报》文章、作者、编者的攻击，已经不能说是无意。所以，这也引动笔者的猜想，当一九四七年六月《文汇报》被第三次停刊后，《大公报》没有表达一点声援的意思（此点被储安平当时所诟病，徐铸成晚年回忆录中也流露不满），是不是表明事出有因，"大公"已经起了嫌隙了呢？

六

重新翻看旧报，纸上的云烟仿佛还是热的，有着烫人的温度……

《大公报》、《文汇报》的"左""右"之辩，已经在历史中各自遭遇自己的结局。种下的一切"因"，得到了各自的"果"。历史中哪里听得见人的喟叹！重温这一段同城两报的历史，也许可以让我们在认清来路中变得稍许深沉与缓进？所有关于文化与政治的问题，青年与老年的问题，今天仍然存在，而我们又将如何自处？

前文所提及的陈白尘的"估计"，是不是准确呢？可以肯定的是，从共产党一方，肯定已经在积极进行文化战线上的斗争部署，但从《文汇报》方面讲，却不能视作简单地接受任务。那个时候，不论《大公报》还是《文汇报》，编辑记者中都有不少共产党员，但他们的身份是保密的，报社的抉择，与他们对报社的影响，之间有主客之分，不能看作领导和被领导的关系。陈白尘文中所说，只能看成是在后来的历史时期，对当时状况所作的一个大而化之的"估计"。

今日之是非，不是当时之是非；当时的"左"与"右"，不是一九五〇年代的左与右，不是一九九〇年代的左与右，更不是今天的左与右；任何一个简单的选择可能都暗藏陷阱。

重温两张报纸"不党""不私"的报人宣言，重温那一代报人"不党""不私"的报人理想，其中尚有值得议论之处。

那一时期，《大公报》、《文汇报》其实有一个非常大的共同作者群，仅由副刊团结的文化人来看，陶行知、夏丏尊、巴金、李健吾、郑振铎、茅盾、叶圣陶、胡风、田汉、傅雷、臧克家、汪曾祺等都是两张报纸的共同作者，《文汇报》副主编柯灵也是《大公报》作者。鲁迅逝世十周年（1946年10月），两张报纸的副刊均连续发表纪念特辑，许广平先生的文章是给《大公报》的。

当时《文汇报》所发表的激烈文字，大多出于初出茅庐的年轻人之手，现今可考的静远（潘齐亮）是清华在读学生，史靖是西南联大学生，黄裳也不到三十岁。要看到这其中有一张年轻报纸的选择，这里有新报纸争取青年读者群的努力。

当时的左派，即使等于"共产党"，也是在野的身份，是受打压、冒风险的；更多的时候它不是党派概念，挑起战火的黄裳就不是中共党员。况且，那时他还可以一边写文章骂胡适，一边托静远去向胡适要手迹（见黄裳著《珠还记幸·张奚若与邓叔存》），而胡适呢？"据静远在信中得意地告诉我，胡适听后笑了笑，爽快地打开墨盒从容地写下了'有一分证据说一分话'九个大字，题了款并签了名。"这就是当时左与右！

对社会不公正的敏感，对民主的向往，

加上年轻的才情，挑战文化老人的勇气，以二十啷当岁自创与大人物平视的心理地位，是蕴涵于这些左派文字中的光与火；或许也是支持一切左派文字更深刻的生命要求吧？如黄裳在《旧戏新谈》的后记中谈到当年，“剑拔弩张，像煞有介事，‘忽发狂言惊四座’，这种快乐我是直至现在还可以记忆起来的。”而且也如胡适所说：“青年不左倾，谁当左倾？只要政府能维持社会秩序，左倾的思想文学并不足为害。”

“只要政府能维持社会秩序”，这句当年胡适在给苏雪林的信中加着重号的话，实在是重中之重，因为这顷刻间就变成非现实的梦想了，同城两报的历史也走到了它的尽头（一九四九年上海解放后《文汇报》复刊，之后两报还有一段同城共处的历史，但双方都因为在新的时代环境内丧失权威性与可依赖的读者群，因此乏善可陈，这段历史姑略去不谈。《大公报》上海版由于经营困难，于一九五二年底停刊）。

《文汇报》，这张鲜明地追求过左的理想，被国民党政府定性为“言论左倾”的报纸，被过来人评价为“老左翼的报纸、共产党的朋友”的报纸，在一九五七年“反右”运动中，却成为“右派”的渊薮，“反右”的重灾区，是全国新闻界右派人数最多的单位之一。包括总编辑徐铸成、副总编辑浦熙修在内共有二十二名编辑记者被错划为右派，有两人自杀，余多数被发配北大荒劳动改造。

徐铸成晚年回忆录中，曾忆及反右运动初起时的一个细节：他去北京参加全国人大，老朋友郑振铎设宴招待，席中谈及当前局势，徐铸成说：“如果我们也被打成右派，岂不令人寒心？万一有事，谁还敢挺身拥护党？”在座的宋云彬惨然笑曰：“天下已定，以后不会有什么万一了。”之后两个月，徐、宋均成为点名右派。徐铸成从此以后，也就完全退出了在《文汇报》的工作。

如果从“不党”“不私”的报人理想角度讲，徐铸成成为“右派”，以及《文汇报》成为一张“右派”报纸，又何尝不能被看做一种题中应有之义的赎回？徐铸成是以“报人”为人生目标的。《文汇报》当年之所以为“左”，隔年之所以为“右”，它在一九四六和一九五六两个年代的命运转捩，缘其有一报人的追求于其中，毕竟是一场悲剧，而尚不至于沦为笑剧。

董鼎山先生也是那个年代过来的人。在《文汇报》创刊六十周年庆典时，身处美国的他应邀写过一篇文章《两个名字》，纪念《文汇报》早期报人徐铸成和柯灵。文中有一段谈到自己的经历：

一九四五年抗战胜利后，各大报在上海复刊。那个夏季我刚从圣约翰大学毕业出来，考入《申报》当记者，其实我最高愿望是进入《大公报》或《文汇报》。当时的青年读者有一种成见：《新闻报》与《申报》是商贾市侩的读品，高雅的知识分子才喜爱《大公报》、《文汇报》。今天我可以把这种态度看做知识界的“势利”，但它也反映了这两份报纸对思想进步、知识青年的影响。

也许，董鼎山先生所表达的，才是一种轻柔的福音。它表达了一个年轻人在成长中被两份不同立场的报纸所带来的风雨所滋养。他的无分别心，是一份无意间表达出的对报人、对言论自由的感恩。也为我们理解当年的同城两报找到另一条可信赖的秘密小径。

2007年5月31日定稿

不悔与悔："戊戌第七君子"徐致靖

◎ 傅国涌

徐致靖(1844—1918)，字子静，江苏宜兴人。一八七六年进士，历任翰林院庶吉士、编修、侍讲、侍读学士等。一八九八年六月八日，他上疏主张效法日本，力行新政。六月十三日又上疏保荐康有为、谭嗣同、梁启超、黄遵宪、张元济等五人。长期以来，说到戊戌变法，世人往往只知道康有为、梁启超，而不清楚同样重要的人物如陈宝箴、徐致靖等。如果没有徐致靖的上书，光绪皇帝能不能下决心明定国是，进行维新，会不会那么快认识到康、梁、谭等维新人物，都还是个未知数呢。历史是合力，这些角色缺一不可。

"徐徐云尔；陈陈相因"

"徐徐云尔；陈陈相因。"

"礼部侍郎，兵部侍郎；徐氏父子，陈氏父子。"

戊戌变法失败后，有人以这样的对联嘲讽被革职查办的陈家父子和徐家父子。陈家几代人杰，徐家是"父子三翰林"，徐致靖和儿子徐仁铸、徐仁镜都是翰林，还有侄子徐仁录是举人，康有为的学生。

自从一八九七年徐仁铸于南下长沙，接替江标出任湖南学政，陈家与徐家的命运就已经呼吸相通，密不可分。徐仁铸与陈宝箴、陈三立父子合力推动湖南新政。他父亲徐致靖对于整个百日维新有着很深的关系，他曾上折子保举过六个人，包括康有为、梁启超以及袁世凯，他之所以获罪，主要罪名就是举荐康有为等五人，乃至差一点成了刀下鬼，但他终生不悔。对于保荐袁世凯，他则一生悔恨不已。他的余年，就是处在这样的不悔与悔之间。

一八九八年九月二十八日，谭嗣同等六人在北京菜市口就义，史称"戊戌六君子"。鲜为人知的是慈禧太后最初要处斩的不是六个人，而是七个人，第七位"君子"就是当时官至二品的礼部侍郎徐致靖。刀下仅存，所以他晚年在杭州别字"仅叟"。

刀下何以仅存？

徐何以能不死？"七君子"怎么成了"六君子"？

九月二十一日戊戌政变发生，九月二十四日，九门提督署来徐府抓人，正值徐致靖外出，夫人说："徐大人回来即自行投案，无须追捕。"他一回家，就到刑部投到，并无惊慌失措。

他入狱之后，自以为必死，他的官职比军机四卿高，又保举了康、梁、谭等，还上了许多变法改制的奏折。九月二十八日知要处决一批犯人，他穿好官服等候上路。他的家人准备带上棺材在菜市口等候(徐仁录去路上接长沙北来的仁铸,徐仁镜呆了,不能说话,只好让他在家门口等棺材。徐仁铨到菜市口)。

“菜市口人山人海,纷纷谈说:差使出来(按为当时口语,即处决人犯的官卒),头一辆车一定是徐致靖。霎时间,听炮声,远望顺治门洞里,涌出一支人马,街上人喊道:差使来了。又听见有人喊道:很奇怪,怎么头一个斩犯是谭大人呢?”

只见第一辆囚车上是谭嗣同,第二辆是杨深秀,第三辆是杨锐,第四辆是林旭,第五辆是刘光弟,最后一辆是康广仁。

等差使走了,徐仁铨目睹大刀王五收了谭嗣同的尸。人散了,也没有见伯父绑出来,只好把棺材先寄存在原来的店中。回了家,见仁镜还瞪着眼呆立在门口,把他拉进家,告诉他今天没有事。

这一无前例的惊天大案刑部不敢审,奏请派大臣会审,结果突然下旨处斩,越过了所有法律程序,刑部的官员都很惊讶,连大清律例都不顾就杀人。

结果由“斩立决”改为“斩监候”,原来是经过李鸿章“重托荣禄”,“才保住了徐子靖的性命”,徐、李两家渊源很深,外人不知。

徐幸免在狱,读书养性,做了《祭六君子文》、《续正气歌》的腹稿,到杭州住下,才写出来。他在狱中,没有后悔卷入了维新运动,对前去探监的侄婿言謇博说:“我们主张变法改制,效法明治维新,可谓对症下药,虽然没有成功,但我相信,将来还要走此路,这是大势所趋,少数人阻挠不住的。”他精通中医,常为犯人治病,救活了不少人。在狱两年,八国联军进京,释放全部犯人,他不愿走,“我是大清国的犯官,判我绞监候,现在外国人开监放囚犯,我不能听他们的命令。”一直到监狱伙食都停了,他才肯出来,并请刑部上述贵恒代奏请命,两个月后,得到西安来的赦旨,才经天津航海南下,定居杭州姚园寺巷。房子是徐仁铸在戊戌事败母亲病故,扶柩南归后的定居之所,这年八月等父亲出狱南下,他已肺病去世,“徐徐云尔”,父子终于未能见面。当时有人集一联:“不孝男徐仁铸,罪孽深重,不自殒灭、祸延显考;昧死臣谭嗣同,末学新进,罔知忌讳,干冒宸严。”

徐致靖晚年常说:“我应该跟六君子一起走,留下我有什么意思?”

徐何以不死?长期是个谜。戊戌事发,徐被捕当天,李鸿章在院子里转圈子,最后决定找荣禄帮忙,他对荣禄说“年侄徐子静,是个书呆子,好唱昆曲,并不懂新政,你给讲个人情。”荣禄表示为难,因为徐是要犯。李再三重托“保住他的性命”。第二天,荣禄见慈禧太后,看到判罪名单,第一名就是徐,“斩立决”,下面是谭嗣同等六人。荣禄进言“太后英明,这些人都是罪有应得,不过徐致靖听说是个书呆子,整天在家里唱昆曲,吹笛子,他并不懂新政,恐怕是上当受骗。”慈禧太后面带怒容说:“徐致靖不是好东西,他离间我母子,你为什么袒护他?”荣禄忙跪下说:“奴才不敢,不过据奴才知道,徐致靖升了礼部右侍郎后,皇上没有召见。”太监奉命去查档,三个月内光绪都没有召见过徐,她这才辞色缓和了,对荣禄说:“看你的面子,叫他老死狱底吧。”动笔把“斩立决”改为“绞监侯”。荣禄为表示这费了很大力才保住徐的性命,所以对李说得很详细。这是李的后人告诉徐的后人。至于光绪帝为什么三个月没有召见过徐?乃是因为徐“耳朵重听”,贵为皇帝,还不得不防隔墙有耳。

李鸿章为什么要着力求荣禄保徐致静?原来,李鸿章与徐致靖的父亲徐伟侯一八四七年同时在考棚应考,李得疟疾,文章未完成,徐去隔壁探病,李叹息“今科无望,完了”。徐问:“你做了几篇?”李说只誊清一篇,还有两篇是草稿,来不及修改就病了,拿笔哆嗦,无力完篇。徐说给我,我代你整理抄写,递进去试试。结果一举中了进士。两家的渊源非同寻常。日后李鸿章平步青云,位极人臣,徐总是当个知县,但交情之深,非外人所知。至于荣禄为什么会买李鸿章的账,在复杂的时局中,他也离不开懂洋务、会办外交的重臣李鸿章支持、帮助。他对陈宝箴也是保的。还有值得一提的是,他出任直隶总督,奉旨推荐人才,开列了一个三十一人的名单,其中就有陈、有黄遵宪这样的维新派,还有袁世凯。

不悔的《密保人才折》

徐致靖的父亲徐家杰(伟侯)同榜中进士后,虽一直在山东等地做知县,晚年任北京金台书院山长,但因为受了洋务派影响,“主张开铁路、种牛痘,和李提摩太是朋友,向他打听英国何以能够富强的道理。他教育子弟,着重研究中国历史,还主张研究外国历史”。徐致靖“少受庭训,治经学、史学之外,留心洋务及经世之学”。一八九五年,他父亲病故,回宜兴住了二十七个月,“看到外来侵略频繁,政府官吏贪贿成风,非常气愤,常说要出几个张江陵(居正)、海刚峰(瑞),才能扭转风气,不打算再做官。”急公好义、有乡望的叔叔徐憩泉劝他,身为翰林院侍读学士,可以专折奏事,“当国家危急之秋,应该有所建树,岂可倦勤。”他受到鼓励。

年轻的光绪帝在甲午战后,励精图治,试图有所作为,朝野内外志士主张变法维新,挽救危亡。徐致靖与重气节、通达时务的御史杨深秀曾共商上疏光绪“明定国是”,一八九八年(光绪二十四年)六月八日,他以翰林院侍读学士(正四品)身份,率先于上《守旧开新请明示从违折》,也叫“请定国是疏”,提出“外侮方深,国是未定,开新守旧,两无依据,请乾断特申,以一众心而维持时局”(原件藏中国第一历史档案馆)。此件是百日维新前夕军机处上呈慈禧太后的重要折片。

三天后,即一八九八年六月十一日,光绪帝颁布《定国是诏》,宣布讲求时务,变法自强。在一百零三天中他至少上过六个重要的折子,对变法进程都有或大或小甚至关键的影响。其中最有名的当然是他六月十三日上的《密保人才折》,荐举康有为(工部主事)、黄遵宪(时为湖南盐法长宝道兼署湖南按察使)、谭嗣同(湖北巡抚谭继询的儿子、江苏候补知府)、张元济(刑部主事)、梁启超(广东举人)五人,“苟欲变法,必广求湛深实学,博通时务之人而用之,然后旧习可得而革,新谟可得而成”,建议光绪帝将他们“或置诸左右,以资顾问;或进诸政府,筹措新政”。

光绪帝当天就下旨,三天后预备召见康、张。六月十五日,康有为、张元济还有开缺回原籍的协办大学士、户部尚书翁同龢一起吃晚饭。十六日,康有为第一次见到光绪帝。据翁同龢日记,五月二十六日光绪帝曾向他索要康有为的“所进书”,他回答与康不往来,光绪问为何?他说“此人居心叵测”。问他以前为何不说,他说最近看了《孔子改制考》才知。

同时,光绪下旨召黄、谭进京,安排梁在

各国总理衙门查看。康、谭等能直接参与新政，徐致靖功不可没。也正是这一折子导致他入狱几乎丧命，一门三翰林统统革职。

政变发生后，徐仁铸请代父囚，具折陈情，说：

"臣父一生忠厚笃实，与康有为素不相知。臣去岁入湘以来，与康有为之门人梁启超晤谈，盛称其师之品行才学。臣一时昏聩，慕其虚名，谬谓可以为国宣力，当于家信内附具节略，禀恳臣父保荐。臣父溺于舐犊之爱，不及博访，遂以上陈。兹康有为获罪，臣父以牵连逮问，推原其故，皆臣妄听轻举之所致也。"

徐仁铸为父开脱，要代父入狱，其情可嘉，他说的既有事实，又非全是事实。当时，他对任湖南时务学堂中文总教习的梁启超十分器重，认为梁的《幼学通议》"切实晓畅，实为蒙养之要"，"梁书当于《湘学报》分期刊出"。黄遵宪、谭嗣同与徐仁铸在湘共同协助巡抚陈宝箴推行新政。徐仁铸幕僚周善培回忆也说，徐仁铸"与谭嗣同、梁任公、黄公度最为投契"。推荐康有为则是因为谭嗣同在他面前的称道。湖南新政因受保守势力的反对，阻力很大，他有"改变方针向中枢发展"的想法，他寄给父亲康、黄、谭、梁的简历，由此推动了这份《密保人才折》。胡思敬《戊戌履霜录》卷四说：徐仁铸"密疏梁、谭及康有为、黄遵宪"，"求父致靖荐达于朝"。徐致靖与康有为其实并非"素不相知"，而是早有所知。康有为自编年谱说：

"吾以开会，由金顶庙迁至上斜街，与徐宅相望，日夕过从。徐君老而好学，乃至请吾说《春秋》，侧座听之，近古所无也。"

汤志钧认为，徐致靖的《请定国是疏》也很可能是康有为草拟、经徐致靖修润的，除"康有为自编年谱"记其事外，梁启超《致夏曾佑书》也言其事。一八九八年康有为在北京发起保国会，参与其事的李盛铎曾对徐称道康的才识。徐仁镜、徐仁录都参加了保国会。保举人才折奏上去后，康有为住到徐家附近，一天三次到徐家谈维新变法的计划，徐还听他谈《春秋》、《公羊》，"非常投契"。徐仁镜告诉外甥说："康主张君主立宪，效法日本明治维新，与你外祖的意见相同，所以很谈得来。"

九月四日，由礼部主事王照上书言事受阻，引起光绪罢免六堂官，王照赏三品顶戴、以四品京堂候补。第二天，徐致靖升礼部右侍郎（二品）。谭嗣同等四人赏四品卿衔在军机章京上行走，参预新政事宜。这是百日维新的最高峰，也是转折点。此举对旧大臣、慈禧太后的刺激都加速了戊戌变法的失败。

在危机日迫之时，康有为、谭嗣同除了推动徐致靖上述光绪，保举在小站练兵的袁世凯，还建议光绪开懋勤殿，用顾问官十人，请王照和徐等具折保举，徐保的人以康有为为首，王保的人以康广仁为首。九月十二日宋伯鲁《拟开懋勤殿以议制度折》，九月十三日，宋伯鲁《选通才以备顾问折》、九月十四日，徐《遵保康有为等折》、王照《遵保康广仁等折》，都是康有为所拟。当天，当光绪第十二次去颐和园请安，请示开懋勤殿议新政，被严厉驳回，这是启动变革以来前所未有的。这才有了光绪向军机四章京等问计的那份密诏，其中并未提及康有为的名字。

新政风雨飘摇，慈禧与光绪矛盾开始激化。九月十七日，光绪明发上谕命康有为迅速出京，去上海办报，不得迟延。（早在七月三十一日，光绪帝就命他到上海办《时务报》，他曾具折谢恩，却迟迟不愿离开变法旋涡的中心北京)当天,康到徐家吃饭,座中除维新党人外,还有器重梁启超、将堂妹嫁给他的礼部尚书李端芬,大家都劝康南行,癖好昆曲的徐还唱了《长生殿·弹词》一折,苍凉感喟,康说有变徵之音。很多年后,徐和少年外孙叙述往事,还有"风萧萧兮易水寒"的感慨,"虽然知道新政已败,大祸将临,却都慷慨激昂,没有畏缩之态。但谈到光绪帝处境,则相对流涕,一筹莫展。"

很多年后,他和康有为劫后余生,在杭州重逢,抱头痛哭,时在一九一四年春天,离戊戌已近十六个年头。他外孙见到的康有为是一个头戴方顶缎帽,红结子,身穿蓝宁绸袍子,方面大耳黑须的中年人。康进门时,徐不在,等徐进了大厅,两人眼光一对,康抢先几步,跪倒在地,徐也跪下,两人抱头痛哭。康自称小侄,说杭州的当道朱瑞是袁世凯的人,明早即回上海,怕隔墙有耳,建议笔谈。康从戊戌年得英国军舰保护安全抵达香港说起,再谈海外流亡岁月。徐谈的是六君子被杀,刑场的情况,并写道:"在狱中得年侄乔茂萱的照顾,可以读书养性,曾作《祭六君子文》、《续正气歌》等,是腹稿,下次来时,抄给你看。"说到出狱抵杭州时,仁铸已逝。康写道:"研甫年兄是我党通达时务的杰出人才,与谭复生可称双杰,如他在京,当不致如此惨败。"康说,戊戌年海外误传年伯被害,曾遥为祭奠。庚子年,听说年伯获释,曾托人带银奉赠,并有几首怀念诗,回上海后,当抄寄。徐写道:"钱未收到,诗颇思一观。"

接下来两人谈到光绪之死,在谈到辛亥革命时,两人渐有分歧,康留恋清室,徐则认为满人多昏庸贪贿,不亡何待。

一刀"尺白纸",两人手谈了八十多张。临睡前,康把纸全烧了,还怕烧不透,用铜尺检查全是黑灰才罢。是夜,康有为与徐外孙一起睡。以后,康从上海来信,日本手卷式的信纸,每封信就像一个手卷,书和文都很精彩,平均一个月有四五封。有便人来,还托带广东腌鱼、香肠、鲜荔枝等土产。有一次派人送来了当年为徐写的四首诗,其中有徐在狱中时写的:"愁云惨雾何时解,正气歌成壮更悲。"有徐获释"喜而泪下"时写的:"冤狱两年悲党锢,维新元老纪新猷。"另两首有句:"黑劫飞灰历几年,当时同补女娲天。""万年青史纪维新,功罪如何说党人。"徐要外孙送到店里去装裱,并一直挂在外孙书房。

一九一六年夏天,袁世凯死后,浙江督军吕公望、警务处长夏超迎康有为到西湖避暑,住在刘庄,康邀徐同住。第二天酒席上,康对吕、夏说徐老是度曲名家,今天大家可以一饱耳福。结果唱了《骂曹》,康看着曲文不断叫好,欣赏唱腔,而且琢磨徐文长原著的词意。那天,徐兴致特别高,就说:"坐在小划子(西湖的小船)里唱曲,更为清越好听。"于是大家分别上船,在湖心荡漾唱曲。盛夏之时,游船很多,闻声靠拢,听曲,直到十一点,才曲终人散,尽兴而归。康带了女儿康同壁和女婿,徐带了两个外孙。在刘庄一住一个月,是他晚年最愉快的一段日子。"天旋地转沧桑变,世异时移流水悠。"徐做了一首七古长诗《七月既望夜宴刘庄酒后狂歌为南海寿》送给康有为,倾诉十九年来的政变风云,悲且忧,壮怀激烈和流亡入狱之苦……其中有"贼臣卖主终卖国,甘心湛沉吾神州"之句,"贼臣"就是他曾密保、后半生耿耿于怀的袁世凯。

在刘庄过夏天让康有为生出了住在杭州的念头,在当地军阀、政客的帮助下,一九一七年他买下了西湖丁家山一带三十多亩地，耗银四五万两，历时四年，在一九一二年建成了“一天园”，杭州人习惯叫“康庄”，正是在这里，年过花甲的康有为娶十九岁的农家女张阿翠为六姨太，成为茶楼酒肆的谈资。他自题“康庄”联曰：

割据湖山少许，操鸟兽草木之权，是亦为政；

游戏世界无量，极泉石烟云之胜，聊乐我魂。

附近的山崖上题词，现在看到的“蕉石鸣琴”等都是他的手笔。一九二七年康在青岛去世，“康庄”逐渐衰败。

当徐致靖上折子保举谭嗣同时，谭因病，迟迟未能进京，徐去电催促，到农历七月才姗姗迟来，从那时起，他几乎天天到徐家商量变法的事，他还喜欢听昆曲，常请徐唱《长生殿》的《酒楼》一折。康有为则喜欢听《单刀赴会》“大江东去浪千叠”。

变法事败，康有为出走，谭嗣同和梁启超、徐仁录一辆骡车到了日本使馆，谭与日本参赞笔谈，写道：“梁启超君应避死，留为大用，托君重义，使之不死”。自己则“义不应避死”，“谭浏阳侃侃而谈，神态坚定”。

“与谭最投契”的徐仁录说：“他是一位言必信、行必果、重然诺、明大义的豪杰，联袁乃知其不可为而为之。”被捕前一天，八月初八，谭去看林旭，林问：“你走不走？”他回答：“我不走。”林说：“我亦不走。”再到徐家，徐致靖留他吃饭、喝酒。他说：“变法维新失败了，任公我已托日本使馆掩护他到津，由海道赴日，贼党追捕康先生甚急，吉凶未卜。”徐问：“你作何打算？”他用筷子敲了一下头：“小侄已经预备好这个了。变法、革命，都要流血，中国就从谭某开始。”

徐后来告诉他外孙：“谭先生在临危时，谈笑自如，慷慨激昂，真豪杰之士。”并自责：“我对不住谭浏阳，如不保他内调，不致被害。”

垂老之年，他向外孙解释谭嗣同的绝命诗时，还禁不住“流下了眼泪”。

黄遵宪因徐的保荐，八月十一日以三品京堂候补，出使日本（此前曾任驻日使馆参赞）。光绪被幽禁，他在上海被捕，因日本抗议，两天后获释，从此隐居著书写诗，留下了《日本国志》、《人境庐诗草》等。他对徐当年的举荐难以忘怀。《人境庐诗草》中有十四首《己亥怀人诗》，第一首陈宝箴，第二首就是徐致靖：

纷纭国是定维新，一疏惊人泣鬼神。

寻遍东林南北部，一家钩党古无人。

第十一首是徐仁铸，其中前两句为：

臣罪当诛父罪微，呼天呼父血沾衣。

说的就是徐仁铸上书愿代父入狱的事。

徐致靖保荐的五人中，他与梁启超关系最远。光绪也没有召见过梁，他后来解释其中原因是由于梁“粤音太重”。他外孙回忆，进入民国，继康有为来杭州看望徐之后，梁启超也来了，身穿黑缎团花马褂，蓝缎团花袍子，头戴美式呢帽，手拿文明棍，坐的是四人抬的绿呢大轿，还有四个警察保护。那天也是他不在家，等他一进门，梁就下跪，他把梁扶起来，让座交谈。话题从徐仁铸说起，梁启超问及他有没有回宜兴故乡，看看亲友，他的声音提高了，很激动地说：“戊戌变法我们失败了，无面目见江东父老。”梁启超说“年伯何必如此，我们都是为国家，不能以成败论。”语气中有点窘。梁启超临走前，拿出一把扇子，请徐写些近作，留为纪念，说会派人来取。送走梁，他还自言自语：“梁卓如前呼后拥，跑到这里来摆架子，刚才我一句话说得他脸都涨红了。"第二天他作了七律一首写在扇子上,后面还有跋:"任公年世兄自京来杭,别十余年矣,不胜沧桑之感,因赋俚句,留作纪念。"

徐仁铸与梁启超关系要密切得多了,徐任湖南学政,为时不过一年,但创获不少,包括请梁启超到时务学堂就是在他任上,他起草的《颁发湘士戒条》曾传诵一时,他要将梁启超的文章颁示学官。受守旧势力反对。幕僚周善培认为徐有真知灼见,是维新派中杰出人才,长才未展,非常痛惜。徐是青年翰林中熟悉时务的后起之秀,受李鸿章的欣赏,更是翁同龢得意门生,可以直接进书斋,不须投帖的。以翰林院编修出任湖南学政,也是翁的推荐。他被革职后北上,曾说:"保袁最为失策,此人居心叵测,如不保袁则维新变法虽失败,六君子或不致全部被害,一着错,满盘输。"又说林旭有见识,曾言"本初健者莫轻言"。

一八九七年,徐仁铸在湖南祁阳县游历时,曾写过两首诗,其中有"流涕中兴业,艰难一遇之",及"路转云深处"等句子,对前途的艰难、曲折深有忧虑。他最后的绝笔是一首五言述怀:

颇志万方略,而抱千古悲。凝情叩丹府,俯仰将安为。江湖摇落处,跌宕高莫窥。堕地得此生,追怀涕如縻。欲从世尊法,解释诸苦危。一发钧所系,片云雨之基。悠悠尘世名,耿耿罔极思。歌成孰告哀,终夜三嘘欷。

其中弥漫着壮志未酬的隐痛。

一九一五年梁启超有过一次杭州行,在杭州淹留十日之久,当地官僚殷勤招待,超过了广东故乡。六月十一日,他在杭州给女儿梁令娴写信,说自己在西湖边不忍离开,"一半勾留是西湖",他信古人之诗不虚。他住在刘庄,"粤人刘某费十万金构筑者,精洁为西湖冠,园主人即前次放火焚《新民丛报》谋杀我者,园今为公产。""西湖四时皆宜,惟夏较劣,今发大愿,誓欲以八九月之交来住两月,闻钱塘潮壮观不减畴曩,而自钱塘江泝富春江二百余里,皆丹枫乌栖,红叶之艳,世界所无。西溪之芦,葛岭之桂,皆以万株计。"钓台对岸有晚唐诗人方玄英的隐居地,地价每亩一元,他曾托当地县令帮他买上千百亩,他也想在西湖边买十多亩地,种茶、种乌桕,躬耕自得,做个"千户侯"。实际上这一切当然都做不到,当时袁世凯称帝在即,"筹安会"即将出笼,他还要挥动如椽大笔横扫千军,去写《异哉所谓国体问题者》等雄文,躬耕西湖的梦终究没能做成,倒是他热衷复辟的老师康有为在西湖刘庄边上的丁家山曾"割据湖山少许"。

悔之晚矣的"密保袁世凯折"

一八九八年九月,百日维新朝夕不保之际,康有为、谭嗣同等曾想依赖小站练兵、手握新建陆军,对新政表示支持的武人袁世凯,先让康门弟子徐仁录去小站看操(因为其哥哥仁铸与袁算是"口盟兄弟")。由仁铸推荐在袁幕府的言敦源回忆,徐仁录到天津,袁盛宴招待,看操时他就坐在袁的身边,"词锋甚利,口若悬河"。回京后,他盛赞袁的治军才能,康、谭主张由徐致靖上密折保袁,这就是九月十一日上的《密保练兵大员疏》:

臣窃见督办新建陆军直隶按察使袁世凯,家世将门,深娴军旅,于泰西各国兵制及我国现在应行内治外交诸政策,无不深观有得,动中机宜。臣闻新建陆军之练洋操也,精选将弁,严定饷额,赏罚至公,号令严肃,一举足则万足齐举,一举枪则万枪同声……

这才有光绪两次召见袁，赏侍郎候补的事。调袁进京，招慈禧太后之忌，一也；袁不可靠，二也。徐致靖谈起此事，“非常悔恨，似乎是终身遗憾”。当时，徐仁镜曾劝他们要慎重，“交浅言深，是一种轻举妄动。因为袁是荣禄的部下，虽小站所练新军，博得称誉，但人数不过七千。袁是个看风使舵的人，他曾赞成办新政，那是趋时。”徐仁录后来也承认：“欲倚靠袁之兵力救光绪、诛荣禄，乃谭浏阳、康南海与我合谋，诚为孤注一掷。”可惜徐仁铸当时远在湖南，他如果在京，也许会力阻，毕竟他“深知袁之为人”。“六君子”之一林旭有诗：“本初健者莫轻言。”对袁也是有警觉的。

一九一六年六月七日早，徐致靖远在杭州闻袁世凯死讯，脸上露出了十八年来从未有过的笑容，前来姚园寺巷报信的人络绎不绝，出现了前所未有的热闹气氛。他说：“我垂暮之年居然赶上这一天。”他预备酒菜，对亲友谈了自己从未讲过的一席话：

戊戌政变，屈指算来，已经十九年了。维新派在中国积弱的局面，想要变法图强，可是没有清楚当时的局势，操之过急，以致昙花一现，终于失败。我们觉得光绪帝在甲午战败后，有变法图强的意思，想依靠他实行君主立宪。而慈禧是一个阴狠毒辣的暴君，光绪四岁登基，是她的傀儡，后来表面上归政，实际大权还在她手里，在这种恶劣环境中，我们的想法是太天真了。至于想借用袁世凯的兵力保护光绪，扭转垂危的局面，则是病急乱投医的举动。我是密折保袁世凯的人，徒然给他一个出卖维新、扶摇直上的机会。

他还说，“戊戌变法，因袁世凯告密，而慈禧再垂帘，囚光绪，捕杀维新党人，成为千古奇冤。”好在打倒袁世凯家天下的蔡锷，是当年徐仁铸办的时务学堂学生，梁启超的得意门人，戊戌党人不仅参与了这一重大历史事件，而且报仇雪恨，终于吐出了多年郁积于胸的怨气。他希望中国从此能上下一心，建立起名副其实的共和政体。

所以当一九一七年他知康有为参与张勋复辟，六月他愤怒地写下一封长信力劝康离京，信中表示：“戊戌变法虽然失败，但我们变法维新的主张是对的。我们对清政府的腐败贪污，表示不满，所以要除旧布新，这一点也是站得住脚的。”“我们对光绪皇帝有知遇之感，是因为他能够听我们的条陈，进行变法，而不是因为他是清朝皇帝，所以捧他。我们主张君主立宪，并不赞成专制，宣统我们毫无所知，岂可跟着别人胡闹。”他听说康即将出任弼德院副院长，院长是袁的死党徐世昌，“你做他的姨太太，我替你难受。”原信未保存下来，这是他外孙记忆的要点。复辟十二天就完蛋了。他为此痛心不已，认为康有为此举有损维新派的声誉，心中愤懑。经此刺激，到第二年春天，徐就在杭州一病不起，七十五岁而终。病中他还在打听康有为下落，为这位曾共患难的老友而惋惜。

开吊之日，康有为寄来挽联，沉痛亲切。他外孙多年后遇到康女同璧，说她父亲一生最敬重徐子静先生，“有知己之感”，还告诉他一件事，当年慈禧太后派兵舰飞鹰号追重庆轮，追捕康有为，中途油不够，开回天津，舰长以办事不力被监禁。后来才知这位舰长刘冠雄（后担任民国海军总长）是故意放走康有为的。当时有识之士赞成变法，对康有为抱有同情。

史学界一直有一种说法，戊戌政变的发生起源于袁世凯的“告密”。也有史家根据袁世凯的《戊戌日记》，认为“政变与袁世凯告密无关”,袁乃至荣禄都是想保全光绪的。这一日记直到袁死后十年(1926年)才公布于世,可靠性受到质疑。无论从毕永年日记《诡谋直记》,还是徐家后人许姬传的《戊戌变法侧记》来看,袁都难逃告密的嫌疑。前者是当事人当时的记录,后者是当事人的口述回忆,是可以相互参证的史料。当然,即便袁不告密,慈禧太后的势力照样要发动政变、中止新政。

“我不是遗老”

一九〇〇年,徐致靖出狱后去见李鸿章,李的第一句话“你是忠厚之报啊”。他答以“国事如此,万念俱灰”。李问他有何打算?他回答:“劫后余生,并无打算”。始终不开口求人什么。李后来托人给他找了个书院山长的位置。

辛亥革命后,徐致靖不仅让外孙、孙子剪了辫子,而且自己也剪了辫子。上海租界的遗老见他剪辫,很是惊讶。一位军机大臣的儿子问:“年伯世受皇恩,是遗老,何以剪辫?”他回答:“我不是遗老,也不拥护满清朝廷,但我非常怀念光绪皇帝。因为他和我们志同道合,主张维新变法,可惜被慈禧和狡猾昏庸的大臣折磨致死。我认为慈禧是中国的罪人,也是满洲的罪人。请你们以后再不要称我为遗老。”

李鸿章说他整天唱昆曲,他的性命可以说是昆曲保住的。他晚年在杭州尤其以此消遣,把归庄嬉笑怒骂的《万古愁曲》谱成了昆曲《懊恼歌》,不但能度曲,而且精通宫调,能作曲。他在昆曲方面下过工夫,有很高的造诣。他去世后,十九岁的外孙到天津,与唱《长生殿》中的《弹词》出名、称为“恽弹词”的恽兰生对门而居,恽自称是徐的弟子,仅仅是早年在苏州听徐唱弹词,受了启发:“徐子静先生那天唱了《弹词》的‘一枝花’、‘五转’、‘七转’、‘九转’和‘尾声’,他的口齿沉着,出字收音讲究,纯用丹田气,最难得的是音节的苍凉感叹,他经历过戊戌政变的国难家仇,借此发泄胸中不平,真是唱出了曲情。我从那次听曲后,就用心琢磨徐老的唱法。”

徐致靖晚年在杭州,以课孙读书、唱昆曲为乐,下午常到茶馆,与茶友唱昆曲、下棋。慈禧太后从西安回京后,天津严修打算邀集顺天、直隶同乡京官,为他谋开复,他写信婉拒。当年他曾在河南任乡试主考,河南的绅士酝酿要为他官复原职,他也谢绝了。他说:“我不能伺候那拉氏,虎口余生,等死而已。”

他对《红楼梦》有许多独到的见解。辛亥革命后,有一天,应陈苍虬之约,在西湖陈庄“苍虬阁”的几间平房里,他和陈三立、俞恪士等前朝名士(都是他的晚辈)有过一次雅聚,他大谈《红楼梦》,颇有新见。说到曹雪芹的诗,他笑说:“曹雪芹如看见诸位,恐怕要甘拜下风呢!”尽欢而散,坐划子月夜归途中,对少年外孙说:“《红楼梦》虽是白话,但叙事细致,行文简练,起承转合,眉目清楚,得到太史公的笔法,你可以下工夫阅读。以后的文体,白话文恐要流行,熟读红楼,必定有用。”

前些年,有人在杭州的收藏品市场找到过“谭嗣同赠徐致靖”的墨宝扇面,南山公墓有徐致靖女儿、女婿的墓,墓志还是梅兰芳的手迹,梅是一代京剧大师,留下的墨迹很少,也有珍贵的史料价值。徐致靖于一九〇一年南下,一直住在杭州姚园寺巷,改名徐仅叟,可惜这位戊戌变法的重要人物、“戊戌第七君子”的故居,杭州在修建火车站时被拆毁,早已无处寻觅。

帕斯捷尔纳克像

从《日瓦戈医生》作者看俄国知识分子

◎ 蓝英年

一九五八年十月末，我在青岛崂山山麓李村劳动锻炼。在当时来说，这是知识分子改造的一种手段，一九五七年在“反右”斗争中表现得不积极的大学教师，不能再上讲台，得通过体力劳动，改造自己，以观后效。一天，我们在山坡上挖地瓜，公社通讯员把十月二十四日的《人民日报》送到山坡上。记得那天《人民日报》头版登载了郑振铎等人乘坐的飞机失事的消息。第二版刊登了苏联作协开除作家帕斯捷尔纳克的长篇报导。这是我第一次听到帕斯捷尔纳克的名字。说来惭愧，我是中国人民大学俄语系的毕业生，听过一年苏联(包括俄国)文学史课，并且是苏联专家讲授的，竟不知苏联有个著名诗人帕斯捷尔纳克。开除他是因为他在西方出版了“反动小说”《日瓦戈医生》。这本小说引起我的好奇。那时年轻，做事轻率，立即给在纽约联合国工作的叔叔写了封信，请他在纽约替我买一本《日瓦戈医生》。我叔叔是上世纪二十年代留法学生，后在法国定居，一九四六年从法国考入联合国，担任翻译。由于我父亲的关系，一九五〇年回过国。那时中国在联合国没有自己的人，有关部门请他从美国寄新出版的科技书，并同邮局打招呼，他寄的书一律免检。为了稳妥，把书寄给我，他们再到我家来取，并允许我与叔叔通信。叔叔并不知道《日瓦戈医生》是本什么书，便到纽约苏联书店去买，遭到苏联售货员的申斥，但很快便在密西根大学买到了。他把小说同科技书一起寄给我。我假期回北京时便看到《日瓦戈医生》，封面是一棵果实累累的苹果树，树下燃烧着熊熊烈火。我翻了一下，没大看懂，就放下了。一九五九年《世界文学》第一期上发表了批判《日瓦戈医生》的文章，标题是《市侩、叛徒日瓦戈医生和他的‘创造者’帕斯捷尔纳克》，把帕斯捷尔纳克骂得狗血喷头。我断定这是一本反动的书，不看也罢。“文革”期间我被打成牛鬼蛇神，红卫兵随时会来抄家。我担心书会被抄走，烧了又舍不得，干脆把这本书与俄文版的马列书籍放在一起，摆在最显眼的地方。红卫兵看见封面上的火，就认为是革命烈火。《日瓦戈医生》就这样保存了下来。

一九七六年，“文革”结束前，我为人民文学出版社译书，翻译的第一本书是特里丰诺夫的《滨河街公寓》。后又翻译库普林的《阿列霞》等小说，渐渐同编辑们熟了。那时编辑与译者的关系是朋友关系，路过出版社进去喝杯茶，闲聊一会儿，是经常的事。一次闲聊时，一位编辑说世界上根本没有原文版的《日瓦戈医生》，各国的译本都是从意大利文转译过来的。他说得非常肯定。我说有，同他争论起来。他说你见过，我说不但见过，我还有原文版《日瓦戈医生》。大家听说后，都瞪大了眼睛。著名翻译家蒋路对我说："你真有？"第二天我把原文版《日瓦戈医生》带到编辑部，这回他们真傻眼了。蒋路当即拍板："翻译！你来译！"我没想到这本书竟变成编辑部的译书选题，并让我翻译。我知道这本书难译，一个人难以胜任，便提出找合作者。蒋路说："你自己找！"这样我与蒋路便开始翻译《日瓦戈医生》。

诗人写的小说最难翻译。俄国和西方的很多评论家都称赞帕斯捷尔纳克善于描绘俄国大自然，确实如此，而这正是最难翻译的地方。我们越往下译越叫苦，怎么也表达不出原文的美。出版社一直催我们，可到了一九八四年，清除"精神污染"运动开始了，出版社担心《日瓦戈医生》无法出版，不再管我们，我们也就不译了，松了口气。一九八六年春天，人民文学出版社一位副总编辑带着三位编辑来到我家。副总编辑进门二话没说，就在日历上画了一道线，告诉我，这天必须交稿。原来清除"精神污染"运动过去了，出版社又想起这本书。于是我们就像上了弦似的干起来，一天工作十几小时。译得就比较粗糙，交稿后一个月出版。后来漓江出版社再版时，我又做了一次小小的加工，但译文仍不理想。

所谓俄国知识分子是指俄国人文科学知识分子，即学者、诗人和作家等，自然也包括苏联知识分子。苏联作家可以粗略地分成两大类：一，一九一七年十月革命前业已成名的作家；二，十月革命后从工农兵中涌现出来的作家。每类作家的情况又不相同。十月革命是列宁领导的暴力革命，布尔什维克以武力夺取政权，实行无产阶级专政，首先是对有独立思想的知识分子专政。苏维埃政权建立后，第一批被镇压的党派领袖都是知识分子。一九一九年九月列宁在致高尔基的信中写道："您何必说这种恶狠狠的气话呢？为防备立宪民主党人和亲立宪民主党分子闹事，把他们几十位（或者几百位）在监狱里关几天有什么了不起？……自称民族头脑的知识分子是资本家的奴仆。其实知识分子不是民族头脑，而是大粪。"对待知识分子的态度是列宁与高尔基的重大分歧之一。高尔基认为俄国是落后国家，国家发展主要靠知识分子。高尔基在《新生活报》上发表激烈抨击十月革命及其领袖们的文章，这些文章收入《不合时宜的思想》一书。普列汉诺夫在一九一八年留下的《政治遗嘱》中，极其尖锐地抨击列宁及其专政，把十月革命称为十月政变。一九一九年罗莎·卢森堡牺牲前，在《论俄国革命》一书中也尖锐地批评列宁的专政。"只给政府的拥护者以自由，只给一个党的党员（哪怕党员人数很多）以自由，这不是自由。自由始终是不同思想者的自由。"这是罗莎·卢森堡经常被人引用的一段话。普列汉诺夫、罗莎·卢森堡和高尔基皆非等闲之辈。普列汉诺夫是俄国马克思主义之父，罗沙·卢森堡是早期马克思主义者、第二国际领导人，高尔基是革命的"海燕"、列宁的朋友。他们都不接受十月革命和无产阶级专政，遑论绝大多数非无产阶级出身的俄国知识分子了。接受十月革命和无产阶级专政的是极少数，也许马雅可夫斯基勉强可算一个。反对的作家又可分两类：坚决反对并发表言论的和心里反对却缄口不语的。坚决反对并发表言论的或流亡国外或被遣送出国。

缄口不语的则留在国内苟且偷生。前一类以布宁、梅列日科夫斯基、吉皮乌斯和苔菲为代表，他们坚决反对布尔什维克，但热爱俄罗斯。他们都是世界知名的大作家。后一类作家以阿赫玛托娃和帕斯捷尔纳克为代表。布宁是第一位荣获诺贝尔文学奖的俄国作家，他的不少作品已被介绍到中国来。梅列日科夫斯基著作等身，最著名的是《基督和反基督》三部曲，其中《诸神复活》和《诸神死了》已译成中文。梅列日科夫斯基有与德国法西斯合作的污点，有几分像中国的周作人。苔菲是幽默大师，果戈理的嫡派传人。由于苔菲坚决反对布尔什维克，被苏联定为反动作家，所以苏联文学史从未提到过她，中国更没人知道她了。我一九八九年才读到她的作品，立即为之倾倒。我年轻的时候迷恋过果戈理，读苔菲的作品，自觉对她迷恋的程度不亚于当年对果戈理的迷恋，可我早已过了迷恋某个作家的年龄了。苔菲讥讽的是俄罗斯民族的劣根性，写得睿智而深邃。她的短篇小说《毅力》可谓代表。小说描写俄国人伊万到医院看病，医生说他肝脏不好，喝酒喝的，不喝酒就好啦。医生鼓励伊万："戒酒对您不过小事一桩，因为您有毅力。"伊万心想："我确实有毅力，病很快就能好。"他从医院回家经过商店，看见橱窗里摆着酒，想买一瓶带回家，放在橱柜里不喝，反正他有毅力。伊万把酒买回家，放在柜橱里。吃饭的时候，伊万想把酒瓶摆在桌上，看着不喝，反正他有毅力。伊万看着酒瓶，心想："干脆打开不喝，反正我有毅力。"酒瓶打开后，伊万又想："我喝一杯酒不喝了，反正我有毅力。"伊万喝了一杯，想道："我再喝一杯酒不喝了，反正我有毅力。"就这样，伊万最后醉倒在桌子底下。区区几百字极为生动地揭示出俄国人身上的劣根性。苔菲又是个颇有性格的作家，西蒙诺夫在回忆录《我们这代人眼里的斯大林》中谈到一九四六年五月，西蒙诺夫和爱伦堡访问巴黎。临行前，斯大林对西蒙诺夫说，尽量动员布宁和苔菲回国，能动员他们当中一个人回国便立大功。斯大林的动机无法解释，因为三个月后就展开对阿赫玛托娃和左琴科大张旗鼓的批判。而苔菲是货真价实的反苏作家，有许多反苏言行，比阿赫玛托娃和左琴科可"反动"多了。动员她回来接受批判？但从另一个角度看，斯大林知道这两位作家的价值以及他们在西方的影响。一九四六年欧洲人民食不果腹，俄国侨民更是饥肠辘辘，早已不知道肉排的味道了。西蒙诺夫和爱伦堡从苏联带去很多美味，在大使馆招待自己苦难的同胞。为了饱餐一顿，俄国侨民作家都去了，包括布宁和苔菲。西蒙诺夫站起来举杯致辞，请大家为伟大领袖斯大林大元帅干杯。除布宁和苔菲外，大家都站起来与西蒙诺夫碰杯，苔菲趁大家碰杯的间隙拼命大嚼黑鱼子。等西蒙诺夫请大家品尝时，这道美味已被苔菲"消灭"得差不多了。西蒙诺夫此行未能完成斯大林交办的任务。

十月革命后从工农兵当中涌现出的作家，与上述作家完全不同。他们坚决拥护十月革命和无产阶级专政，大多数人本身就是布尔什维克。他们成立了无产阶级文学团体拉普，领导核心是阿维尔巴赫、基尔雄和法捷耶夫。这三个人的命运都不好。前两人被清洗，法捷耶夫一九五六年自杀。无产阶级作家中有颇具才华的作家，如法捷耶夫，他的小说《毁灭》和《青年近卫军》流传至今。也有靠吹捧和打棍子起家的作家，最典型的是潘费洛夫和巴巴耶夫斯基，他们的作品《磨刀石农庄》、《金星英雄》和《光明普照大地》就是肆意粉饰现实的拙劣宣传品。上世纪五十年代中国翻译出版的多数是这类作品。

《日瓦戈医生》的作者帕斯捷尔纳克和阿赫玛托娃等人都属于十月革命前成名，留在苏联苟且偷生那类作家。他们不接受十月革命和无产阶级专政，但没有公开反对。

帕斯捷尔纳克出身于艺术之家。父亲是著名画家，托尔斯泰请他为小说《复活》画插图。母亲罗扎利亚是著名钢琴家，鲁宾斯坦的学生，在欧洲各地巡回演出时，永远伴随着鲜花和掌声。托尔斯泰喜欢听她演奏，把他父母请到自己庄园。他们有时带小帕斯捷尔纳克去，帕斯捷尔纳克小时候见过托尔斯泰。他们一家住在莫斯科美术学院宿舍。彼得堡画家经常在莫斯科美术学院举办画展，父亲带他参观，给他详细讲解，并把他介绍给自己的朋友，著名画家谢罗夫。帕斯捷尔纳克见过自己一生最崇拜的奥地利诗人里尔克，还收到过他的一封亲笔信。帕斯捷尔纳克曾到德国马尔堡大学学哲学，哲学没学好，却学好了德文。帕斯捷尔纳克精通德文和英文，他翻译的莎士比亚的《哈姆雷特》和《安东尼和克列奥帕特拉》，歌德的《浮士德》，至今仍是最好的俄译本。帕斯捷尔纳克深受东正教的影响，他舅舅就是还俗的教士。爱他人、为他人牺牲的教义，深入他的灵魂。像他这样的人如何能接受暴力革命和无产阶级专政？像他这样具有深厚文学艺术修养的人如何能融入革命后的苏联文学？在国内战争中成长起来的工农兵作家又怎么会看得起他？帕斯捷尔纳克孤芳自赏，不与革命文学家交往，但也没有反苏言行，对政权不构成威胁，所以斯大林没触动他。

如不了解当年苏联的恐怖气氛，就无法评价帕斯捷尔纳克的人格力量。斯大林大权独揽后，不经审讯就逮捕、关押、枪毙人是家常便饭。一九三四年五月，诗人曼德尔施塔姆被逮捕。逮捕的原因说法不一：有的说是讲了不满意农业集体化的话；有的说是打了阿·托尔斯泰一记耳光（犹太人竟敢打斯大林宠信的俄罗斯作家？）；有的说是因为他写了一首讽刺斯大林的诗。帕斯捷尔纳克听说曼德尔施塔姆被捕心急如焚，马上找《消息报》主编布哈林，商议拯救的办法。其实，曼德尔施塔姆与帕斯捷尔纳克关系并不密切，谈不上是朋友，但帕斯捷尔纳克十分看重曼德尔施塔姆的诗才。布哈林让帕斯捷尔纳克给斯大林写信求情，布哈林在信上附加了几句话：其中有“帕斯捷尔纳克知道曼德尔施塔姆被捕十分不安”之类的话，把信转交给斯大林。几天后，斯大林给帕斯捷尔纳克居住的公共宿舍打电话。电话设在走廊里，斯大林与帕斯捷尔纳克的谈话住户都听见了。斯大林告诉帕斯捷尔纳克曼德尔施塔姆的案件在审理中，“一切都很顺利。”斯大林问帕斯捷尔纳克为什么不找苏联作协或他本人？又说如果他是诗人，他的朋友落难，他会不顾一切营救他自己的朋友。帕斯捷尔纳克回答道，作协自一九二七年就不管这类事了。如果他不奔走营救，斯大林未必知道这件事，但曼德尔施塔姆算不上他的朋友，只是位大诗人而已。帕斯捷尔纳克想同斯大林见面，探讨一个重要的问题。斯大林问什么问题，帕斯捷尔纳克说生与死的问题。斯大林挂上电话。

斯大林给帕斯捷尔纳克打电话的事很快传遍莫斯科。作协上下对帕斯捷尔纳克的态度一下子变了。此前他进出作协餐厅无人理睬，现在服务员替他脱大衣穿大衣，他请人吃饭作协付账。帕斯捷尔纳克趁机请不少穷朋友吃饭。不久,曼德尔施塔姆获释,迁往沃罗涅日市。但好景不长,一九三八年曼德尔施塔姆再度被捕,病死于海参崴二道河子劳改营。

一九三五年秋天,阿赫玛托娃的第二任丈夫普宁和儿子列夫同一天双双被捕。阿赫玛托娃从列宁格勒赶往莫斯科向帕斯捷尔纳克求助,她确信从不过问政治的丈夫和儿子无罪。帕斯捷尔纳克把阿赫玛托娃安置在家里,又给斯大林写了一封求情的信,亲自送到克里姆林宫警卫室。阿赫玛托娃返回列宁格勒几天后打来电话,告诉帕斯捷尔纳克丈夫和儿子都释放了。是斯大林给帕斯捷尔纳克面子还是一种偶合?给国家领导人写信,替自己朋友申辩,在法制国家是平常的事,但在苏联敢这样做就得做好牺牲的准备,是英雄行为。帕斯捷尔纳克拯救的几个人,都是他认识的人,而对待陌生人命运的态度,更能体现出他身上的"爱他人、为他人牺牲自己"的宗教精神。

一九三七年夏天,大清洗高潮中,作协的一辆汽车开到帕斯捷尔纳克家门前,来人奉命请他在一封信上签名,这封信强烈要求苏维埃政权判处图哈切夫斯基、亚基尔和埃德曼死刑。这三位都是国内战争时期的传奇人物。图哈切夫斯基是苏联五大元帅之一,副国防人民委员,屡建战功,并对改进红军技术装备起过巨大作用。亚基尔是十月革命的参加者,内战期间担任过重要职务。埃德曼在西伯利亚领导十月革命,担任过集团军司令。帕斯捷尔纳克对来人说:"我了解他们干过什么事才能签名,可我对他们一无所知。他们的生命不是我给予的,我也无权剥夺他们的生命。"这正是他想同斯大林探讨的生与死的问题。这时他妻子已怀身孕,她怕拒绝签名会带来可怕的后果,劝他为未来的孩子着想,签名算了。帕斯捷尔纳克听了大怒,说道:"如果孩子是持另一种观点的人生的,我宁愿不要这个孩子。"作协书记斯塔夫斯基知道帕斯捷尔纳克不肯签名后,非常恼火,把他叫到作协训斥:"您这种托尔斯泰式的装疯卖傻何时到头?"第二天《文学报》发表了作家集体签名的信,上面竟有帕斯捷尔纳克的名字。帕斯捷尔纳克看了非常生气,立即找斯塔夫斯基质问,斯塔夫斯基说编辑弄错了。帕斯捷尔纳克要求更正。当然不会更正。斯塔夫斯基担任作协书记期间,迫害过不少作家,但他在卫国战争中牺牲,人们很少提他,把过错都栽到他的后继者法捷耶夫身上。

帕斯捷尔纳克的妻子季娜伊达·奈高斯在回忆录中披露了一件事:一九三三年帕斯捷尔纳克应邀到乌拉尔参观访问工厂和农庄,以便向全国介绍乌拉尔。一九三三年农业集体化的恶果已充分显现,哀鸿遍野,饿殍载道。帕斯捷尔纳克夫妇在州委会食堂用餐。季娜伊达写道:"州委会餐厅饭菜非常好,供应煎包子和黑鱼子酱。当天就有农民到我们窗下讨面包,我们把面包揣在兜里,溜出州委会宾馆送给他们……"此情此景令帕斯捷尔纳克非常气愤,周围人都快饿死,他们却在州委会餐厅大吃大喝,他怎能昧着良心说假话呢。帕斯捷尔纳克立即返回莫斯科,对作协说,他一个字也不能写,因为他目睹了骇人听闻的悲惨景象。他亲眼看到一列列火车载满被赶出家园的农民驶往西伯利亚,火车站周围聚集着快要饿死的农民,伸手向行人为子女乞讨,可州委会餐厅却供应大鱼大肉,对比太强烈了,他的神经受不了。帕斯捷尔纳克的良心驱使他真实地反映苏联的现实，人民的遭遇，特别是知识分子在革命狂潮中的命运。他写了小说《日瓦戈医生》。

谈起《日瓦戈医生》的创作过程，不能不介绍一下轰动一时的《日瓦戈医生》事件。

帕斯捷尔纳克有过两次婚姻，一九二一年他与女画家卢里耶结婚。卢里耶个性过强，嫉妒心太重，不会理家，十年后两人离婚。他们有个儿子叶夫根尼。一九八九年叶夫根尼出版了《帕斯捷尔纳克传记材料》，是研究帕斯捷尔纳克的重要参考书。同年他代表帕斯捷尔纳克全家到斯德哥尔摩去领取诺贝尔文学奖章。帕斯捷尔纳克第二任妻子季娜伊达·奈高斯是著名钢琴家奈高斯的妻子，奈高斯是帕斯捷尔纳克诗歌的崇拜者，帕斯捷尔纳克对他的演奏技巧也十分赞赏。两人成为朋友，但帕斯捷尔纳克很快就爱上朋友的妻子季娜伊达，爱得死去活来，差一点喝碘酒自杀。季娜伊达被帕斯捷尔纳克的爱情打动，奈高斯只好把妻子让给他，但两个男人仍是好朋友。季娜伊达和帕斯捷尔纳克在惊涛骇浪中相濡以沫三十年。一九四六年帕斯捷尔纳克又爱上伊文斯卡娅，家庭出现裂痕，但始终未破裂。

帕斯捷尔纳克和伊文斯卡娅是在大型文学刊物《新世界》编辑部认识的。伊文斯卡娅是个极为不幸的女人。她结过两次婚，与第一任丈夫生了女儿伊琳娜，丈夫在大清洗期间上吊自杀。卫国战争期间有人揭发她母亲议论过斯大林，她被捕入狱。出狱后再婚，与第二任丈夫生了儿子米佳，丈夫不久病逝。伊文斯卡娅是帕斯捷尔纳克的崇拜者，见到心仪已久的诗人异常兴奋。帕斯捷尔纳克非常同情她的遭遇，把她视为红颜知己，两人很快坠入爱河。伊文斯卡娅在帕斯捷尔纳克后半生中所起的作用超过季娜伊达。她是帕斯捷尔纳克出版事务的委托人，是他作品的第一个读者。《日瓦戈医生》的出版就是她联系的。季娜伊达发现他们之间的关系后，采取睁一只眼闭一只眼的态度。伊文斯卡娅渴望结婚，但帕斯捷尔纳克始终下不了决心与季娜伊达离婚。他们三人的关系就像小说中日瓦戈医生与东尼娅和拉拉的关系一样。

帕斯捷尔纳克一九四六年秋天开始写《日瓦戈医生》，一九五五年完成。这是一本用生命写成的书。帕斯捷尔纳克经常给朋友朗诵小说的片断，谁都可以来听。帕斯捷尔纳克写《日瓦戈医生》的事很快便流传开，传到上面便成为帕斯捷尔纳克在写一部反苏小说。为阻止帕斯捷尔纳克写《日瓦戈医生》，一九四九年当局逮捕了伊文斯卡娅，罪名荒谬绝伦：与《星火》画报副总编辑伪造委托书。他们想借此恫吓帕斯捷尔纳克，让他放弃写《日瓦戈医生》，因为帕斯捷尔纳克说过，伊文斯卡娅是他的缪斯，没有她便不能创作。伊文斯卡娅被关进卢比扬卡（克格勃总部）。克格勃审讯她与“犹太佬”（帕斯捷尔纳克是犹太族）的关系，帕斯捷尔纳克的反苏言论以及反动小说《日瓦戈医生》创作的动机。伊文斯卡娅受尽折磨，但没有说过一句对帕斯捷尔纳克不利的话。帕斯捷尔纳克得知伊文斯卡娅被捕的消息悲愤不已，但无力营救，便把全部精力投入创作中。一九五三年斯大林去世后，伊文斯卡娅获释。四年的牢狱生活并未改变她的外表和内心：容貌依然楚楚动人，对帕斯捷尔纳克仍然一往情深。他们的关系更加亲密了。

一九五六年，赫鲁晓夫在苏共二十大上作了揭发斯大林罪行的秘密报告《个人崇拜及其后果》，震动了全国，苏联开始了解冻时期。同年，《新世界》发表了杜金采夫的小说《不单是靠面包》。小说猛烈抨击苏联官僚体制，在国内外引起极大反响。帕斯捷尔纳克受到鼓舞，叫伊文斯卡娅把《日瓦戈医生》手稿送到《新世界》编辑部。帕斯捷尔纳克不明白，杜金采夫是在肯定体制的前提下批评官僚主义，而他则通过革命后知识分子的坎坷命运反思革命从而否定革命。西蒙诺夫壮着胆子发表了杜金采夫的《不单是靠面包》，却绝不敢发表帕斯捷尔纳克的《日瓦戈医生》。西蒙诺夫那一代作家，不仅不敢发表，内心也不会接受。西蒙诺夫对伊文斯卡娅说不能发表全文，删节后才能发表。帕斯捷尔纳克等了一年仍无动静，渐渐不耐烦起来。他不明白所谓“删节后发表”就是不发表。

苏联作协对帕斯捷尔纳克的态度忽然变坏了。帕斯捷尔纳克起初并不知道原因。原来他被诺贝尔文学奖委员会提名为一九五八年度文学奖候选人。他的提名刺激了苏联许多作家，他们在苏联多次获得奖项，作品选入中学课本，可西方却不知道他们，只知道帕斯捷尔纳克。他们齐心协力封杀帕斯捷尔纳克，所有刊物一律不发表帕斯捷尔纳克的诗作。帕斯捷尔纳克只能靠翻译养活两个家庭：自己的家庭和伊文斯卡娅一家。这时，在莫斯科广播电台工作的意大利共产党员安捷洛拜访帕斯捷尔纳克，对他说想读《日瓦戈医生》，帕斯捷尔纳克便把手稿交给他。伊文斯卡娅知道后吓坏了，感到帕斯捷尔纳克干了一件天大的蠢事。如果小说在国外出版，必定招来大祸。可是此时帕斯捷尔纳克已经看出小说不可能在国内出版，能在国外出版也好，一切后果他已在所不惜。安捷洛果然把手稿转交给意大利米兰出版商、意共党员费里蒂涅里。费里蒂涅里大喜过望，决定马上翻译出版。

一九五六年五月，莫斯科广播电台意语广播报道了一条信息：帕斯捷尔纳克完成小说《日瓦戈医生》，并即将出版。但未说明在国内还是在国外出版。一石激起千重浪，苏联舆论界为之哗然。帕斯捷尔纳克成为众矢之的，但他并不理解面临的险境，坐过牢的伊文斯卡娅却十分清楚。她找到苏共中央文化部部长波利卡尔波夫，向他汇报围绕着《日瓦戈医生》所发生的事。部长说必须先在国内出版，才能在国外出版，并给苏联文艺出版社社长科托夫打电话，建议出版《日瓦戈医生》。科托夫是帕斯捷尔纳克的崇拜者，当然乐意出版。但作协书记、前拉普干将苏尔科夫坚决反对。出版社从属作协，不能不听书记的话。此前米兰出版商与苏联文艺出版社达成协议，如苏方迟迟不出版，他们就先出版。现在苏联无意出版，米兰出版社必先出版。苏联作协急了，命令帕斯捷尔纳克以修改为由索回手稿。米兰书商认为信是被迫写的，不代表作者的本意，拒不退稿。双方僵持不下。苏联意识形态最高指挥官、有“灰衣主教”之称的苏斯洛夫亲自出马。他飞到罗马找意共总书记陶里亚蒂，请他管束自己的党员。但意共不是苏共，没有严格的纪律。米兰出版商抢先退党。总书记找他谈话时他已不是党员，陶里亚蒂爱莫能助。苏斯洛夫空手而归大丢面子，把一肚子火气撒在帕斯捷尔纳克身上。一九五七年十一月，《日瓦戈医生》意文本在米兰出版，接着又出版了英、德、法、西班牙、葡萄牙、捷克和波兰等二十多种文字的译本。原文版仍未出版。苏联认为西方利用小说反苏，奋起反击，掀起批判帕斯捷尔纳克第一个高潮。舆论工具开足马力痛斥帕斯捷尔纳克，但尚未出现不文明的举动。

一九五八年十月二十四日，瑞典科学院宣布：授予苏联作家帕斯捷尔纳克本年度诺贝尔文学奖，以表彰他在“现代抒情诗和伟大的俄罗斯叙述文学传统领域取得的重大成就”。由于不久前出版了《日瓦戈医生》，苏联舆论认为他获奖是因为小说《日瓦戈医生》。也许确实如此。帕斯捷尔纳克向瑞典科学院发了感谢电报：“无比感谢。激动、自豪、惊喜、惭愧。”国外各界纷纷给帕斯捷尔纳克拍来贺电，苏联只有老作家伊万诺夫和楚科夫斯基到他家祝贺。第三个来的是与帕斯捷尔纳克有三十多年交情的费定。费定是作协主席，因小说《初欢》和《不平凡的夏天》获得过国内多种奖项。他一进门便对帕斯捷尔纳克说：“我不是来向你祝贺的，而是来通知你，必须拒绝接受诺贝尔奖，还要向他们提出抗议。”帕斯捷尔纳克说他刚向瑞典科学院发了感谢电报，怎能又拒绝。费定失去他固有的西方绅士派头，粗暴地对帕斯捷尔纳克说：“这件事已给作协造成很多麻烦，你不拒绝后果不堪设想。”说完扬长而去。

事情正如费定所说的。十月二十五日《文学报》发表了一九五六年九月由西蒙诺夫和费定五人签名的《新世界》杂志给帕斯捷尔纳克的退稿信。同一天《真理报》发表了社论《围绕着一株毒草的反革命叫嚣》。高尔基文学院组织学生到帕斯捷尔纳克住宅前游行，高呼“犹太老滚出苏联！”砸碎了帕斯捷尔纳克家的窗户。全国各报纸转载了《真理报》的社论，给帕斯捷尔纳克扣上“反动作家”、“叛徒”、“国内白俄”的帽子。十月二十七日作协开会批判帕斯捷尔纳克，作家个个义愤填膺，痛斥帕斯捷尔纳克，并把他开除出作协。老诗人吉洪诺夫宣布一致通过时，女作家阿利卢耶娃——刚从集中营获释的斯大林的妻妹，站起来说：“谁说一致通过？我就没举手。”表决时很多作家在大厅外面吸烟，不参加投票。毕竟不是斯大林时代了。帕斯捷尔纳克被开除出作协。帕斯捷尔纳克没参加会议，送去书面发言，大意是：任何力量也无法使我拒绝给予我的荣誉，但奖金我全部捐赠给苏联保卫和平委员会。我知道你们必将把我开除出作协，我并未期待你们会公正对待我。你们可以将我流放，枪毙我，你们什么事都干得出来。我预先宽恕你们。但你们记住，几年后你们不得不为我平反昭雪。帕斯捷尔纳克在巨大的政治压力下并未屈服。

两天后莫斯科召开庆祝共青团成立四十周年大会，赫鲁晓夫等党政领导人都出席了。团中央第一书记谢米恰斯特内在报告中破口大骂帕斯捷尔纳克，说他连猪都不如，猪不在自己睡觉的地方拉屎，可他却在家里拉屎。这样的人应当到资本主义天堂去。如果他想去领奖，苏联方面绝不会阻拦。赫鲁晓夫带头鼓掌。《日瓦戈医生》事件达到高潮。也在这一天，帕斯捷尔纳克给瑞典科学院拍发拒绝接受诺贝尔奖的电报：“考虑到这个奖对我所属于的社会造成的影响，我必须拒绝我本不配获得的奖，请不要因我的自愿拒绝而不快。”接着又给党中央发电报：我已拒绝诺贝尔奖，请恢复伊文斯卡娅的工作。帕斯捷尔纳克知道伊文斯卡娅已失去工作，担心她再次遭到迫害，在爱情面前屈服了。赫鲁晓夫在《回忆录》中谈到《日瓦戈医生》事件。他说这都是苏斯洛夫搞的。政治局委员谁也没看过这本书。苏斯洛夫也只看过别人写的摘要。他到罗马碰了一鼻子灰，丢了脸，加倍报复帕斯捷尔纳克。赫鲁晓夫说如果他看过，处理也许就不同了。这是后话，怎么说都可以。

帕斯捷尔纳克拒绝领奖，但苏联当局仍不甘罢休。报刊的辱骂和学生的游行仍未停止。伊文斯卡娅只好又去找苏共中央文化部部长波利卡尔波夫。部长说，帕斯捷尔纳克必须给赫鲁晓夫写封公开信，表明他绝不出国，同时还要给全国人民写信，公开认罪。这两封信由伊文斯卡娅起草，帕斯捷尔纳克签名。这时帕斯捷尔纳克身心憔悴，万念俱灰，一切都无所谓了。国际舆论对苏联对帕斯捷尔纳克的迫害越来越关心，很多名人和团体向苏联政府提出抗议。印度总理尼赫鲁亲自给赫鲁晓夫打电话，表示如果苏联不停止迫害帕斯捷尔纳克，他将担任保卫帕斯捷尔纳克委员会主席，并把他接到印度去。尼赫鲁来电后，对帕斯捷尔纳克的迫害才停止。一年后，一九六〇年五月三十日，帕斯捷尔纳克与世长辞。但苏斯洛夫怒气未消，把余气都撒在伊文斯卡娅身上。伊文斯卡娅和女儿一起被捕，罪名是向外国人传递手稿和领取巨额稿酬，一直关到赫鲁晓夫下台。伊文斯卡娅一九九六年去世。她与帕斯捷尔纳克相爱十二载，两次怀孕，受尽折磨，什么也没得到。她不是妻子，没有名分。季娜伊达不允许她向帕斯捷尔纳克遗体告别，不允许她送葬。一九八九年帕斯捷尔纳克长子叶夫根尼赴斯德哥尔摩领取诺贝尔文学奖章，其实最合适的人选应是伊文斯卡娅。伊文斯卡娅把这段甜蜜与苦涩交织的经历写进她的回忆录《时间的俘虏》。

小说《日瓦戈医生》的主要人物的命运都十分悲惨。日瓦戈医生是正直的俄国知识分子，深受东正教的影响。他热爱祖国，反对压迫，主张人人平等，对沙皇政权的腐败十分憎恨。最初欢迎十月革命，他说："多么了不起的手术！巧妙的一刀就把多年发臭的烂疮切除了。"但他接触现实后态度变了。他见到红军和白军互相杀戮的惨象。俄罗斯大地上弥漫着血腥味。他觉得"这不是生活，而是一场从未见过的荒唐梦！"他被游击队俘虏后，看到红军的残暴，游击队领导人形同土匪，并且吸毒。他开始仇视革命，但并没有反对苏维埃政权的行动，当然也没有投靠苏维埃政权。日瓦戈医生是优秀的医生，文学、艺术造诣很深，是位有才华的知识分子，本可以为祖国人民做出很大贡献。但革命把他变成只顾个人温饱的凡夫俗子，四十岁猝死在莫斯科街道上。

女主人公拉拉有如普希金笔下的塔季扬娜，屠格涅夫笔下的叶琳娜，身上集中了俄罗斯妇女的美德，天生的贤妻良母。她爱丈夫安吉波夫，但丈夫离她而去。她爱日瓦戈医生，但无法与他结合，却被她所仇恨的人骗到远东共和国，在那里受尽折磨。她到莫斯科寻找女儿，却意外闯进停放日瓦戈医生遗体的房间。她的满腔悲愤只能向死者哭诉。她的结局是苏联妇女劳改营。她的丈夫安吉波夫也是优秀的知识分子，后参加红军，作战勇敢，并具有指挥天才，很快成为红军重要领导人。他与白军作战的地方，正是他妻子女儿居住的地方。他不顾他们死活，向他们居住的方向的白军开炮。安吉波夫把白军打得落花流水，为布尔什维克立下赫赫战功。红军击败白军后，安吉波夫成了危险的敌人，因为他不是布尔什维克，并且知道的事情太多，必需把他消灭。他在布尔什维克追捕下无处藏身，被迫开枪自杀。

（此文系作者根据二〇〇七年四月二十日在浙江大学外语学院的演讲稿整理而成）

看这两棵树

◎ 钟叔河

《夏日傍晚》是郑宝雄最近出版的诗画集，翻阅一过，在三十至三十一页的《两棵树》这幅画和它的题诗前，我的目光停留的时间最久。

苍褐色树杆上纠结的纹理，那是树的纵的年轮，看来它们确实是老了。枝柯交错，互相输送着力量，彼此搀扶支撑，它们就这样站在一起，真不知道承受过多少烈日严霜。只有飘零在黄土地上的片片落叶，还有树梢上残留的那些，也许还记得晨曦给过它的温存，轻风给过它的爱抚。

于是我陷入了深深的忆记……

画家自己的题诗（自画自题本是中国文人画家的传统，不知从什么时候起已经少见了）也打动了我，尤其是这几行：

也许有一天

一棵会死去

那另一棵

还会陪伴它的枯枝

看着看着，我的心忽然悲伤起来，眼睛也模糊了。我想，这恐怕就是这诗和画的力量，也就是人们常说的“艺术感染力”吧。

当然，此与我现时还没有完全从丧妻之痛中“逃脱”出来的心境也有关系。如果朱纯还在，恐怕我便不会如此软弱了。

其实我是一个不会欣赏画和诗的人。读小学时，因为唱歌分不清多(1)梭(5)，跳舞要人搬脚，即被老师和同学们公认为缺少艺术细胞。从此自知不行，凡属艺术问题，一直敬谢不敏，怯于发表意见，也因此省掉了不少麻烦，正所谓塞翁失马。这次翻阅《夏日傍晚》，居然引起了这番感觉，还写下了这些文字，连我自己也不能不感到意外，也是郑宝雄的画与诗确实有感染力的证明了。

六十年前过湘江坐划子，即一种靠人划双桨的小木船。那时的江水还是清的，夏天坐在船舷，将手伸入江中，清凉的水从皮肤上轻轻滑过，通常都是觉得很快意的。可是有一回，不知是否刚读过义山诗还是《茵梦湖》的缘故，心中充满了一个十六岁少年的惆怅，这感觉所引起的思绪却是：我的生命，还不是会和这江水一样，一刻也不停地流过去，流过去，什么痕迹也不能留下么？竟然感到十分痛苦，回家后一夜无眠。

此次的情形，在触景生情这一点上，与那一回有些类似。我想，能够将此情此景用笔表现出来的，恐怕只有艺术家。至于我们普通人，尤其是像我这样缺少艺术细胞的，有机会看一下，体会一下，也就差不多了吧。

（《夏日傍晚》，湖南美术出版社出版）

讴歌爱情的性灵之书

——冒襄：《影梅庵忆语》

◎ 躲　斋

十多年前，刘梦溪先生曾经向青年读者推荐《浮生六记》，认为是一部“启发悟性”的书。与之并举的有古代的《老子》，当代的《将饮茶》（杨绛著）。（见《中国图书评论》1990年第4期）《浮生六记》是我爱读的一本书，能不能启发悟性，没有体验。只是在青年时代，涉世不深，阅历浅薄，于三白所写的闺情与坎坷，所感不切。待到中年以后，这才不忍释卷，欷歔感叹。那时，书似乎略略多读了些，欷歔者还不止于《浮生六记》，还有冒襄的《影梅庵忆语》。

冒襄的《忆语》，是这类以家庭生活情事为主的散文的开创者，写他与董小宛的生死爱情。其感人处在于情真，在于作者和着血泪抒写了自己的真实性灵。作者敢于歌赞地位低下的姬妾，称之为“文人义士难于争铸也”，实为古代文人中的鸡群之鹤，超世绝伦。掩卷之后，一位青楼女子的杰出才华、智慧、贤淑，俱在眼前，栩栩如生。同时作者和董小宛的那种美而不奢、处处是清新自然怡淡雅致的文人生活，又跃然纸上，无限深细。如赏菊一节：

（董姬）秋来犹耽晚菊，即去秋病中，客贻我‘剪桃红’，花繁而厚，叶碧如染，浓条婀娜，枝枝具云罨风斜之态。姬扶病三月，犹半梳洗，见之甚爱，遂留榻右，每晚高烧翠蜡，以白团回六曲，围三面，设小座于花间，位置菊影，极其参横妙丽。始以身入，人在菊中，菊与人俱在影中。回视屏上，顾余曰：‘菊之意态尽矣，其如人瘦何？’至今思之，淡秀如画。

这真是诗一般的境界，百年之后犹令读者欣羡不已。

《忆语》最好的笔墨，当然不仅止于此，而是对董小宛的种种刻画。且不说董小宛是如何地一往情深，舍命相从；即以其身处姬妾的卑位，九年之久，却能与冒襄正妻“不一言枘凿。至于视众御下，慈让不遑，咸感其惠。”这岂是容易的！一位青楼女子，能够“却管弦，洗铅华”，“不制一宝粟钗钿”，去世时“一身之外，金珠红紫尽却之，不以殉”，这又岂是容易的！至于冒襄五年之中，三次大病，董昼夜侍侯，“凡我意之所及与意之未及，咸先后之”，已非常人能及；而当冒襄因“病失常性，时发暴怒，诟谇三至”，董竟“色不少忤，越五月如一日。”这种对久病失常的理解，对爱的真挚、深沉，与殉道般的牺牲，更是令人敬佩不已！

《忆语》不仅写了董的善解人意、贤淑素简，而且写了她在甲申之变中随夫颠沛流离，以及佐助冒襄汇编《全唐诗》“稽查抄写，细心商订，永日终夜，相对忘言”和读诗常“出慧解以解之”等等情景；凡此种种，作者无不写得纤毫毕现；而字里行间，又处处流露深情，从而使董的智慧、才华鲜明地突现在读者眼前，不禁为其早逝惋惜长叹！

这样一位光彩照人的女性形象，若求之于中国古代散文，实不多见。有之，即冒襄的后来者沈复《浮生六记》中的芸娘，蒋坦《秋灯琐记》中的秋芙以及陈裴之《香畹楼忆语》的紫湘，但也仅寥寥数人，且蒋、陈俱不足以与冒襄比肩。

七十多年前，《影梅庵忆语》曾为林语堂一再引用于《生活的艺术》，亦见于潘光旦《性心理学》的译注。但时光流逝，如今似乎已少有人提起。关于此书在散文文体史上的价值以及在文化史和明代士人社会研究方面的价值，我想自有史家会注意和论述，毋需我来绕舌。我只想提醒今天的读者：这实在是一部敢于大胆描述纯真美好的爱的境界而“不缘狎昵”的性灵之作。在冒襄之前，中国古代散文史上还从来没有过，所以不妨一读，值得一读，应该一读。

中医的信仰

◎ 梁 捷

我前几年就听说了刘力红医生的大名，还有他的《思考中医》，网上也有流传他的讲座录音。可书店里总是断货，图书馆里这本书的状态终年“借出”，所以等我买到这本书时，那已经是第三版第二次印刷了。

在中医日趋萎靡的今天，刘力红的《思考中医》逆势而行，洛阳纸贵，背后必然有他的道理。我想，这个道理也许就是他的“中医原教旨主义”吧。从研习经典到辨证施治，从病理阐释到开方用药，刘力红所迈出的每一步都植根于中国传统，没有受到西医的半点污染。

要知道，西方的医学和科学在近代取得巨大的成功，势不可挡，几乎消灭了国内中医存在的基础。目前网络上正在展开新一轮中医存废的争论，背后折射出的危机大大超过上世纪二十年代那场中医存废争论。毕竟在那个时代里，与中医相关的文字、经书、数术、食物药物的性质等知识都还广为人知。现在这些基础都没有了，传统断绝了，刘力红激进的原教旨中医理念却因此显现出一种陌生感，神秘感，给很多重症病人以信心。

事实上，刘力红所秉持的理念还是中医中极古老的一端，以东汉名医张仲景的《伤寒论》、《金匮要略》以及更早的《黄帝内经》为最高经典。这种对原始经典极端信任乃至崇拜的态度在宋元以后已经逐渐开始消解变化。所谓的“金元四大家”对《伤寒论》之类的古籍下过极深的功夫，但是他们为了应用，逐渐抛弃了繁琐的“辨证施治”、“对症下药”，研制出很多成药，归纳出多类简便易判的病症，与西医类同的分科也产生了。中医从“辨证”走向“看病”，中药从“经方”走向“秘方”，这个过程大大推广了中医在民间的应用，却也使得中医逐渐丧失根本性的哲学理念。

失去形而上学基础的应用型中医，在西医进入中国以后就节节败退。按照杨念群的说法，鼎革以后，西医依仗它在对付大规模传染病方面的巨大优势，彻底打败了中医。现在的医院体制都是按照西医的科学理念设置。所谓“中西医结合”，背后的诊疗逻辑也全是西医的，只是把中药当作一种“有危险又有好处”的治疗手段，用西医严密监控起来使用。

可是西医毕竟很难完全挤出中医。在大城市以外，在医疗保障体制以外，中医以其便宜的特性和显著的疗效，顽强地生存了下来。刘力红一再强调这样的观点，并不是中医效果不好，而是我们没有完全按照中医的理念和办法去实践。还没看病之前，我们科学主义的头脑已经对中医产生层层怀疑，只要它能实现“头痛医头”的效果，就上上大吉了。现在连绝大多数中医医生自己都不信，那又怎么可能治好病人？

刘力红把中医与传统文化密切联系在一起，寻找建立在阴阳五行上的普世规律。我们严格地从知识细节拷问，可以找出书中很多牵强附会的地方。但是刘力红对中医和传统文化的虔诚态度，着实令人感动。我们从刘力红身上可以领会到，中医绝不止是一种工具或者技术，也一定是一种虔敬的精神信仰。

补白

胡适谈齐白石

1959年3月5日

去年十二月六日借给齐良怜的《齐白石年谱》，她已看了寄还。附了一封信，说谱中没有记载她的出生，补了一条。

先生指着齐良怜的信对颂平说：“齐良怜自己补的一条完全照我的格式，我已把它补入年谱了。她是在齐白石六十五岁时生的。齐白石要我编年谱时已是八十岁，他只把一捆一捆的材料交给我，大概是年老了，没有想到良怜的出生，决非有意的；居然她能完全照我的格式拟好一条！”先生说到这里，放低声音笑着说：“这位齐老先生七十八岁还生儿子；良怜之后，还有好几个子女呢！”

（选自《胡适之先生晚年谈话录》胡颂平　编著　新星出版社）

能不忆江南？

——评《江南场景：社会史的跨学科对话》

◎ 常建华

“上有天堂，下有苏杭”，江南的美景，使大诗人白居易吟诵出“日出江花红胜火，春来江水绿如蓝”的千古名句。其实江南受人赞美和眷恋，还有她浓浓的乡土风韵。如著名画家丰子恺的写实漫画，就是二十世纪三十年代江南民间千姿百态的画卷。不仅是艺术家、历史学家也深深地关注着江南这片神奇的土地。上个世纪下半叶在讨论资本主义萌芽的带动下，江南社会经济史研究留下了数量庞大的论著。然而以往的江南研究由于关注点与方法论的局限，远远未能深入普通民众的日常生活。小田先生近日出版的《江南场景：社会史的跨学科对话》（上海人民出版社 2007 年 2 月，以下简称《江南场景》）一书，则以社会史范式演绎出令人耳目一新的区域历史场景。

新兴的社会史追求历史的的整体性。在整体性范式下，社群世界中普通民众的日常生活及其民间文化受到研究者的特别青睐，并以此形成与传统史学明显不同的特色。说到“社群”，令人联想到“社区”一词，费孝通先生在其《乡土中国》中有一个经典的定义：人们生活的时空座落。“社群”一词将“社区”中的“区”变换为“群”，也将地理的意象转换成了人群的意象，我们不妨将“社群”概括为：时空座落生活的人们。虽然两个概念都包含区域因素，但是强调的重点有所不同。

人们越来越相信历史的整体性存在于较小的地理单元里，所以就空间要素而言，江南不仅仅是中观意义上的区域概念，还是微观意义上的实际社群。作者对浙江湖州南浔社群的考察表明，诸多文化要素，或是物质文化遗存，或是民众观念象征，或是寻常生活琐细，彼此耦合，纵横结构，在社群生活的流程中，日积月累，散发出极具个性化的亚文化气息；各种亚文化的共性便构成江南区域文化的底色。“社群视野”既是社会史从事社群研究的理论先导，亦是实证考察的理论凝结。作者认为：“重构某个时段内的社群生活图景，总是社会科学家工作的基础和起点。”

二十世纪上半叶的新史学重视国民，马克思主义历史学重视人民群众在历史上的作用，强调研究物质资料生产者的历史，劳动群众的历史。但是长期以来学者研究并未能深入到民众日常生活的实态；出入于《江南场景》中的大多不是传统史学关注的政治要人、思想精英，而是下里巴人、乡村妇女、稚气儿童等。在这里，小田先生的勇气不在于理论的突破，而在于将一个早已被人们认可却由于种种原因没有付诸实践的理论贯彻到社会史的写作中。

底层劳动群众的作为，自然不会是惊天伟业，而只能是衣食住行、婚丧嫁娶、家长里短。这与传统史学将社会经济结构的矛盾运动作为主要叙事内容的做法迥然不同；依据唯物史观，《江南场景》为日常生活中进行的辩护，显示出真知灼见，充分阐明了日常生活在社会生活中的重要地位，同时也就表明了它在社会史中的独特性。相关的理论在该书“结语，暨后记”和“田野工作”部分有比较集中的说明。

就史学范式的意义而言，社会史新维度的更新应该是一种整体行为。在社会史的主体、领域以及空间中的焦点转移，势必引起资料类型、观测角度和考察方法等方面的变化。“竹枝词”、“民间传说”和“写实漫画”等材料因其本来身份与固有特征，历来被排斥在史料范围之外。这些具有文学艺术性的资料，反映基层社会与民间文化，与民众的日常生活密切关联，该书对其浓笔重彩，给予深入论说。小田先生不但对另类素材进行了史料学的研究和处理，更重要的是，面对包括传统文献在内的所有素材，借鉴上述学科的诸多理论和方法，改变传统史学的提问方式，转换视角，从而在我们面前展现了一幅清新独特的旧时江南场景。

小田先生多年研究江南区域史，出版了《江南乡镇社会的近代转型》、《在神圣与凡俗之间——江南庙会考论》等著作，与他以往的江南研究不同，《江南场景》从中观进入微观，深入民间，复活了江南民众日常生活。这些既是作者治学历程的转变，或许也标志着我国社会史研究的趋向，作者呈现的江南场景实在令我难忘。

库斯托夫斯基(乌克兰)画

愿一切灵魂都有安居的家

◎ 知北游

听，风水流转，草木舒展，虫鸣唧唧，有人哭泣，还有你的声音。
看，晨曦青光，坦荡月光，烈烈日光，有灯泛黄，都是你的目光。
与我一起飞翔，同我一起安眠。
做我不能是的我，几乎就是自己。
愿所有的你都知道每个你的存在。
愿一切灵魂都有让自己安居的家。

“要聆听，必先静默。”/《地海巫师》

“看我们，看我们，要倒了，要倒了，要倒了，要倒了，我们大家要倒了，倒在一起！”/阿苏努人的童谣，《变化的位面·静默》

“导者友善意，引我深幽处。紧紧趋从之，步履轻无痕。我辈身后土，了无足迹印。”/阿卡星古诗，《倾诉》

没什么传奇从未发生，没什么故事从未讲述。

如今只知《哈里·波特》的孩子若碰巧翻开《地海》，一定会讶异地尖声说：妈妈！这本书抄袭！是吗？它里面也有魔法学校，主人公脸上也留有一道伤疤，他同样一直遭遇恐怖的黑影，而我们最终会发现，那就是另一个他自己。年轻的母亲走过来说：这是我少年时的《哈里·波特》。如非经历那么多风雨，脸上布满沧桑和悲悯，那位真名“格得”的少年不可能成为大法师。

据说宫崎峻强烈反对儿子导演动画《地海战记》。宫崎峻当然记得，多年前为《地海》着迷的他曾写信给比他年长十二岁的厄休拉，满心希望获得《地海》的动画改编权。可惜的是，幻想文学大师厄休拉那时只知迪斯尼动漫，而且并不喜欢，于是拒绝了。及至后来厄休拉看了《龙猫》成了“宫崎峻迷”，转身与宫崎峻联系，并最终授予吉卜力工作室改编权时，已成为“大师”的宫崎峻已经无力无暇导演《地海》了。这样阴差阳错，两位大师终究未能相遇。不过，又有什么关系呢？

重要的是他们讲述的理念是相通的：在这个繁复如斯的世界，该如何与自然、与他人相处？少年格得问：“师傅，这草有什么用途？”答道：“这我一无所知。”故事的开始，世界的平衡被破坏了，迷茫的主人公携带着自己的黑影踏上寻真的路。然后，文字或者影像流水般地铺陈开来，自然也好，人性也罢，美好纯真也好，丑陋邪恶也罢，不停地让我们心痛。大龙猫举着伞唤起闪烁着月光的树苗，小爱虫公主的手中幼王虫蠕动着无助的身躯，没了头的山兽神庞大身驱汩汩漫溢出毁灭之岩浆。刀子切开大树，精灵落地枯萎。最后，没有答案。

如果有，也只是一种静默。若阳光继续照耀，若时间仍然运转，又一个百万年，山谷会重新养育风和水，风和水会让草木重新生长，草木将让鸟兽重新衍生。至于人自己，则反身直面黑影，让黑影回到自身。

除了深得《道德经》的精髓，厄休拉的故事还带有典型的人类学叙事模式。在《变化的位面》中，几乎就是厄休拉本人的叙述者旅行于各个大千世界，寄回了一篇篇神奇的游记或者说人类学考察报告；在《倾诉》中，一个受过良好人类学训练的地球女子穿过漫漫光年前往阿卡星，她的任务也正是考察记录阿卡星社会的方方面面。但，对外部世界的观察绝无纯粹客观，它们最终总是要反诸自身的。回望过去，是为了知道现在；观察外部，是为了发现自身。更何况，这些世界早已彼此交融在一起，日益成为一个世界了。而这一个世界，在厄休拉的理念中，绝对是一种灾难。

变化的位面

因为，如果没有了他乡，马可·波罗根本就不必旅行，铁木真也就听不到他讲述路过的诸多城市了，而当时他暗自想念的威尼斯又如何显现它的美好。没有他乡，也就没有家乡。甚至，故事都要没有了。阿卡星上的诉真者默念道：“二源归一，花分两枝。”万物从一而来，世界之美妙却在于万物的参差多态。在不同世界的交往和交换中，绝不应该只有一种磨灭另一种的结局。即使讲述同一个故事，也一定要讲出许多不同的版本，这才足够有趣。

倾诉

■《变化的位面》/[美] 厄休拉·勒奎恩 著/梁宇晗 译/新星出版社/2007.04

■《倾诉》/[美]厄休拉·勒奎恩 著/姚人杰 译/新星出版社/2007.06

■《地海六部曲》/[美]厄休拉·勒奎恩 著/蔡美玲、段宗忱 译/台湾：缪思出版社/2007.01/再版传说的可贵之处在于纷歧又细节不同的各种版本中，仍享有共同的基础架构。而此一共享的基础架构，是社会不断地透过此一结构性的记忆来承载共同的过去。/《隐藏的祖先》

“当你猎杀山羊时，要善待它们的尸体，因为它们是人。不要射杀母羊，它们曾是你的妻子并将为你生儿育女；不要射杀小羊，它们可能是你的后代。只猎杀你的姻亲兄弟——公羊。杀它们时不要惋惜，因为它们不会死并能安然回家。”/印第安人山羊神话中猎杀山羊的规则，《猞猁的故事》

隐藏的祖先

《隐藏的祖先》讲述的是滇西那个地方的故事。作者以“知识考古学”为手段，以传说为材料，试图重构一个已经消失的古老社会的面貌。在众多的传说中，最早最核心的主题一定是来源和祖先，这在最初是人类对自身来源的根本性探求，到后来则往往被涂抹被制造，以为某些人的现实身份寻找一种神圣来源。当部落社会时，这种神圣来源是一种神兽比如龙，及至佛国时代，则必是佛或观音。而这种人与神的连接，一定是赖于母亲的受孕。

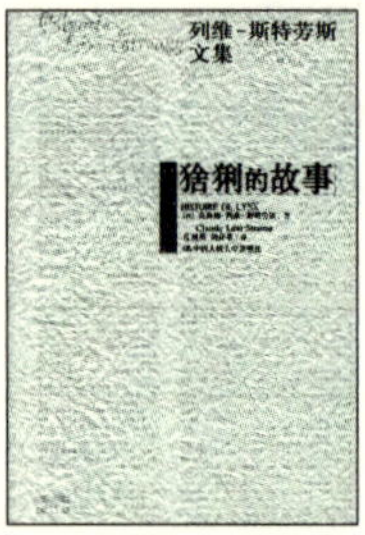

猞猁的故事

有关母亲感于神灵而受孕的故事，滇西的版本是这样的：“有妇人名沙壹，居于牢山。尝捕鱼水中，触沈木若有感，因怀妊。”（《后汉书·西南夷列传》）其他的版本很多，兹举两例如下：“马利亚已经许配了约瑟，还没有迎娶，马利亚就从圣灵怀了孕。”（《新约·马太福音》）“姜源出野，见巨人迹，心忻然悦，欲践之，践之而身动，如孕者，约期而生子。”（《史记·周本纪》）

有关意外受孕，列维-斯特劳斯还有个很好的故事。这个故事共享于印第安人的某些族种中，它的主角是一只猞猁（又叫野猫、狸猫）。每个族种的版本都略有不同，随便说说，可以是这样的：猞猁又老又丑。猞猁向睡熟的村长女儿的嘴里吐了一口唾沫。村长女儿怀孕了。孩子生出来后，大家来想做他父亲，尤其是强大又有心计的郊狼。众人轮流抱哭泣的婴儿，只有猞猁抱他时，他才安静下来。于是，猞猁有了妻子和儿子。大家嫉妒猞猁，把他暴打一顿，并且集体离开村子，只留下猞猁和妻儿。猞猁把自己关在屋子里用蒸气疗伤，他的皮肤变得光滑细腻，只有眼睛周围的皮肤还是皱巴巴的。他妻子性急太早进门了，使他来不及变好这最后的一块皮肤。猞猁成了一个英俊年轻的小伙子，他是一个很好的猎手，因此很快富裕起来。猞猁使用浓雾法术在迫害者的村子里制造饥荒。猞猁不计前嫌，接纳了迫害者的归来。猞猁成了村长。

猞猁有变化的本事，这个实在有趣得很。有关狸猫变化的故事，最淋漓尽致的发挥和最富现代寓意的阐发当属动画《百变狸猫》。这个故事说的是：人类开发新居住区破坏了狸猫生存的山地和森林，狸猫们奋起自救，用变化的本领来装神弄鬼，希望借人类对鬼神的敬畏使工程停止。小打小闹不济于事之后，狸猫们倾力而出举行了一场声势浩大的百鬼夜行抗议活动。在那个场景中，传说中的种种神怪一个个地出现，真正上演了一场日本民俗的绝佳表演。但狸猫们还是失败了，因为人类，已经不再对自然鬼神心存敬畏了。会变化的狸猫以人的样子居住在城市中，而不能变化的狸猫则走向灭亡。

久而久之，变化为人的狸猫会不会忘记自己是狸猫？不会。《百变狸猫》中说，狸猫必须有足够的精力才能保持人的模样，疲惫的狸猫人会先出现“熊猫眼”（黑眼圈，或者皱巴巴的眼部皮肤），如果再不补充能量或者休息，就会变回狸猫。那么，疲惫地睁着双眼的人会否记起自己曾经是只狸猫，或者一只山羊？好像也不会。

■《隐藏的祖先：妙香国的传说和社会》/连瑞枝 著/三联书店/2007.05

■《猞猁的故事》/[法]克洛德·列维-斯特劳斯 著/庄晨燕、刘存孝 译/中国人民大学出版社/2006.01

■《百变狸猫》(动画)/高畑勲 导演/日本：吉卜力工作室出品/1994

在落居之地圆满地生活，度过一生——这是身为一个人所面临的人生课题，社区营造运动正是其中的一部分表征。/《再造魅力故乡》

“在美国，一个人建一所房子在里面度过晚年，他要在屋顶还在时把它卖掉；他开辟一个花园，任由树随便长，他开垦一块地，却让其他人收割稻谷；他从事一种职业，又放弃了；他在一个地方安家，之后很快又离开，带着他渴望改变的心情去另一个地方。”/引托克维尔的话，《布尔乔亚的恶梦》

作者西村幸夫对《再造魅力故乡》的中文版既忐忑又自信。他先是担心这书讲述的日本的保守的历史保护和社区营造的故事，正生活在快节奏中的中国读者不感兴趣。继而又说自己相信它会打动中国读者的心，因为：“对自己出生的故乡、自己成长的地方，或者是你所选择生活的城镇的热爱，无论在世界任何的地方都应该是相通的。”

但并非所有的故乡都山明水秀、人杰地灵。有那么多的穷山恶水，不宜人居。如何热爱故乡，绝对是个问题。一九八七年，一首《我热恋的故乡》唱了起来，之后唱了多年：“我的故乡并不美，低矮的草房苦涩的井水，一条时常干涸的小河，依恋在小村周围，一片贫瘠的土地上，收获着微薄的希望，住了一年又一年，生活了一辈又一辈，故乡故乡，亲不够的故乡土，恋不够的家乡水，我要用真情和汗水，把你变成地也肥呀水也美。”这首后来被视做“西北风”经典的作品，逻辑转换却有点牵强。试问，难道因为住了一年又一年，便只好这样继续住下去？难道只要有真情和汗水，就能立即地肥水美？

杨继绳在《邓小平时代》里讲了这么一个故事：一九七八年夏天，有几万人涌向深圳，都在这里等待外逃的机会。有关部门为了防止烈日下中暑，只好把剧院打开，让大家进去休息，并且发饼干，做工作，买车票动员大家回家。但送走一批又来了一批。在香港，那边被抓获的偷渡者，男人光着上身，满身污秽；女人被撕破了衣衫，裸露出乳房，像牲畜一样挤在卡车上，一车又一车地遣送回来。

再造魅力故乡

为什么？因为“我们这边整年没日没夜地劳动，还是没吃没穿；逃到那边去的人，只干一年就什么都有了”。中国在近三十年的时间里进行的人口大迁移是难以想像的规模宏大：从农村到城市，从小城市到大城市，从大陆到海外。如今，还有多少中国人安居于他们生于斯长于斯的故乡？要过更好的生活，就到更好的地方去。似乎十分简单的逻辑，推至极端来问：我们最后去哪里？不及最后，你就先遭遇了自己的黑影。

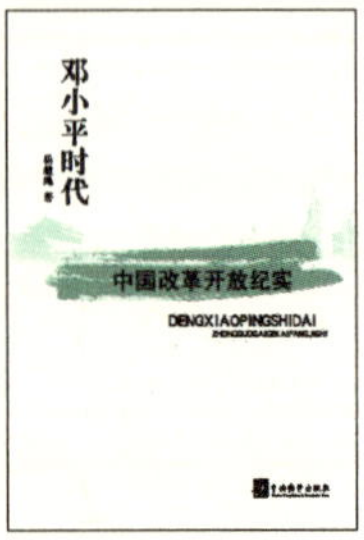

邓小平时代

《布尔乔亚的恶梦》讲述了美国城市郊区如何成型的故事。中产阶级渴望在城市的周围建造起他们的乌托邦，在这个乌托邦中，居住的都是像他们一样的白人，从事一样体面的工作，信仰一样的宗教，谈论一样的话题。开发商制定了详尽无比的限制性保护条款，以确保了不被欢迎的他人不会搬进来。但恐惧并未消失，一旦有新的更好的选择，或者有一笔足够好的买卖，好邻居会卖掉房子搬走，继而那里就会建造起烦人的商店、酒馆、加油站、甚至工厂。因为他们知道，如果他们处在同样的处境也会那么做。他们恐惧的，正是自己。

当一切可以交换和选择之后，家乡无复存在。我们不过寄居于这地或那地，随时都可以离开。即便地球也可以只是一个寄居地吗？只要找到一个有氧气和太阳的新星球，我们就可以毫无顾虑地用光它，用完它。但那些古老歌谣仍在一遍遍地吟唱，简单而重复：乐土乐土，爰得我所。一个家乡就好像是一个真名，它未必是你出生时父母给你的那个。人必须有勇气认定一个，全力地去热爱它，否则人就会失却自身的价值。

只有硕鼠才流窜无家，我们都要回到自己的家。

■《再造魅力故乡：日本传统街区重生故事》/[日]西村幸夫 著/王惠君 译/清华大学出版社/2007.04

■《布尔乔亚的恶梦：1870-1930 年的美国城市郊区》/[美] 罗伯特·M·福格尔森 著/朱歌姝 译/上海人民出版社/2007.05

■《邓小平时代：中国改革开放纪实》/杨继绳 著/中央编译出版社

世界上有爱者，也有被爱者，这是截然不同的两类人。往往，被爱者只是爱者心底平静地蕴积了好久的那种爱情的触发剂。每一个恋爱的人都多少知道这一点。/《伤心咖啡馆之歌》

我要孕育腹中的胎儿（她是那么多对我施加强暴的人的女儿，也许是米格尔的女儿，但主要是我的女儿），等待美好的时光的来临。/阿尔芭，《幽灵之家》

点菜，点了一个菜泡饭，然后就是一阵沉默。小姐说，你不点点儿菜？我说，菜泡饭里面有菜。小姐说，你们来点米饭吗？我说，菜泡饭里面有米饭。小姐说，你们点汤吗？我说，菜泡饭有汤。/《小时候》

幽灵之家

《伤心咖啡馆之歌》的封面上，麦卡勒斯皱皱的眼睛从夹着烟的手上方望出来，像极了狸猫。李文俊的译笔显然加速了唤起某个阅读记忆的过程，那种奇怪的悲哀又温暖的感觉顿时就涌了上来。美国南方的小镇突然下起了雪，怪异的老妇人藏着一个惊人的秘密，敏感而脆弱的心灵优雅地布置着自己的毁灭之路。无法同情、难以排解，因为或者你就在外面，或者你就在里面。每一个恋爱过的人都或多或少知道这一点。

在这个中篇小说中，三个主人公都在爱情里面，只是那里有三个不同的爱情，且每个爱情里都只有一个爱者：比男人更高大更健壮更能干的爱密利亚小姐爱上了驼子李蒙表哥；然后，矮子精灵般的李蒙表哥迷上了强盗马文·马西；而在前两个爱情之前，本地最俊美的男子马文·马西爱上了比他还高一英寸的爱密利亚小姐。爱者的眼睛里“流露出温驯、渴念和恍恍惚惚的神情”，最终却被爱者的冷酷无情折磨成强烈的复仇欲望。马文复仇成功了，他和矮子一起打败了爱密利亚，捣毁了她的家，把她一个人“孤独地撇在镇上”。

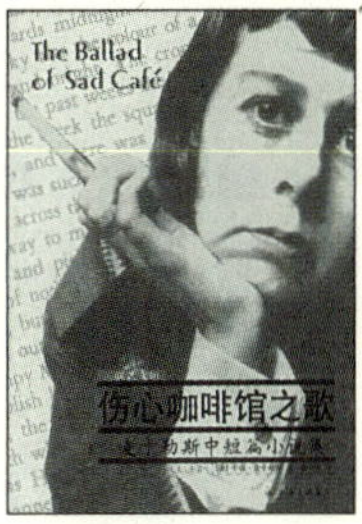

伤心咖啡馆之歌

这句话泄露了孤独才是真正的敌人。离去的那两个人都是，每个人都是。在等待爱之前，我们尚可以忍受，在爱被摧毁之后，我们也就被摧毁了。在这个奇怪的三角恋爱中，是爱密利亚小姐遭受了她爱的人和原本爱她的人的联合打击，这很公平，因为最初的被爱者和迫害者正是她。但假设爱情发生的次序不同，就会有另外两种结尾：

一、爱密利亚爱上了李蒙，他们结婚，之后爱密利亚遭到李蒙的极度鄙视和厌恶，直至被赶出了家门；然后李蒙爱上了马文，而马文爱上了爱密利亚，最后马文帮助爱密莉亚打击报复了李蒙，他们一起离开，李蒙被孤独地撇在镇上。

小时候

二、李蒙爱上了马文，他们结婚（假若同性可以结婚的话）或者同居，之后李蒙却遭到马文的极度鄙视和厌恶，直至被赶出了家门；然后马文爱上了爱密利亚，而爱密莉亚爱上了李蒙，最后李蒙在爱密莉亚的帮助下打击报复了马文，他们一起离开，马文被孤独地撇在镇上。

只是，无论哪种结局，都没有人幸福。《幽灵之家》中，在阅读了外祖母克拉腊的笔记、外祖父的庄园账本之后，阿尔芭提笔写了一篇百年家族史。这是个不断重演的痛苦、流血和爱情的故事，她企望结束它：“知道了事情的来龙去脉，我的仇恨也随之烟消云散了，对所有罪有应得的人施加报复，这实在太难了。报复只能延续这个难以挽回的循环过程。但愿我的任务是生活，我的使命不是延长仇恨。”

桑格格的《小时候》太好了，没法说。某人看了笑又感伤之后，疑惑于为什么这个成都娃娃的故事和我的这么像。但终究是桑格格的，不是我的。于是激动起来，猛想，方言谁没有啊，故乡谁没有啊，小时候谁没有啊，自己的故事谁没有啊。当下立志要写一本自己的《小时候》出来。所有画下我命运图的那些线条，都要回忆起来描绘下来。如此，就好像阿尔芭外祖父说的：“孩子，赶哪天你要离开这儿的时候，就可以连根一起带走了。”

如果离开旧故乡，要去新家乡，我一定要把所有的自己带上，不落下任何一个。

■《幽灵之家》/[智利]伊萨贝尔·阿连德 著/刘习良、笋季英 译/译林出版社/2007.04

■《伤心咖啡馆之歌》/[美]卡森·麦卡勒斯 著/李文俊 译/上海三联书店/2007.04

■《小时候》/桑格格 著/新星出版社/2007.05

（上接第 100 页）

赫鲁晓夫《关于个人崇拜及其后果》的报告是在三十三年之后的一九八九年，才在苏联公开发表的。而美国有关方面早在二十大闭幕的几周之后，就向读者披露了这个报告。原来，一九五六年赫鲁晓夫曾将七份报告送给“兄弟党”领导人。这份红色封皮上印有“绝密”字样的文件，按规定只供高级领导人阅读。一份这样的报告送至波兰统一工人党，波兰记者维克多·格拉耶夫斯基劝说他在党中央机关工作的女友将报告副本自中央委员会大楼中取出。格氏的一个朋友系以色列驻华沙的外交官，此人将文件全部拍照，并将胶卷送回以色列。时任以色列总理的本·古里安深知美国人对报告的兴趣有多大（为“搞到”报告的专项行动，中央情报局曾斥资一百万美元），便将报告交给美方。美方自然是如获至宝。

苏共二十大后，我们针锋相对地发表了《无产阶级专政的历史经验》和《再论无产阶级专政的历史经验》，这是属于正面教育的范畴。至于那篇抨击对斯大林的个人崇拜的“秘密报告”，或者说“反面材料”，普通百姓根本无法看到。一九五七年那个不平凡的夏天，几个胆大的年轻学子设法搞到“秘密报告”的英文稿，请人译成中文，并自行印刷。他们为此付出了极其沉重的代价。

今年以来，几乎没哪本书像李零的《丧家狗——我读〈论语〉》那样在读者中引起如此强烈的争论。先是在网上，两种意见，针锋相对；后在平面媒体上，也激起纷纷议论。现请江山远先生将各种意见综述如下——

《丧家狗》的争论

◎ 江山远

北京大学教授李零在其新书《丧家狗——我读〈论语〉》中，将“圣人”孔子解读为一个“怀抱理想，在现实世界找不到精神家园”的“丧家狗”。在作者的笔下，“孔子就是一条郁郁不得志的丧家狗，奔波一生而无所得，他是读书人的宿命的缩影，是所有在现实世界找不到精神家园者的缩影；孔门就像大帮会，四大堂会，分设掌门人，还有十佳代表……”这种对文化经典《论语》的学术“恶搞”和对孔子近乎“轻佻”的评价，立即引发激烈争论。在内地知名的儒家网站——儒学联合论坛、木铎论坛等网站上，特别开辟专集，对李零的《丧家狗》进行批评，但同时也引发李零支持者的反批评，网络上顿时硝烟弥漫，媒体也纷纷报道，成为二〇〇七年一个重要的思想文化事件。

青年学者石勇指出：“于丹和李零之所以引起争论，之所以热销，都植根于近几年国学热、传统文化复兴的背景，以及与这种背景相对应的当代中国人的心理结构。”“关于‘丧家狗’的争论，基本上就是一群丧失文化认同的‘丧家狗’之间的争论。争得越激烈，越能暴露出重新建构文化上的自我认同的紧迫性。”李泽厚、余敦康也指出，为什么易中天、阎崇年等书同是畅销书，却没有引起如于丹、李零这样大的“思想地震”，就因为前者只是说历史故事，后者则是宣扬价值理念。

这次“丧家狗”争论，双方出场的人物都具有鲜明的思想背景和价值立场，但却并非铁板一块，呈现出比较复杂的态势。李零的反对者基本上都是坚持儒家思想的学者及其同情者，如有“大陆新儒家”之称的陈明、蒋庆、康晓光、王达三、杨立华等人，都是在第一时间作出反应。李零的支持者则不一而足，有知名学者钱理群、刘梦溪、雷颐、吴思等，以及一些知名评论家如章立凡、胡文辉、魏英杰、陈永苗等。

李零以“三古”（古文献、古文字、考古）成名并自诩，并自称更喜欢《老子》、《庄子》和《孙子》，戏称自己“老装孙子”，青年学者陈壁生由此指出：“《丧家狗》一书，是一个受道家散漫精神影响，而又对现实深感不满的学者对孔子思想的理解。”尽管李零思想立场不明确，并一再强调“学术客观性”，但李零对孔子的“去圣化”，对《论语》的“去政治化、去道德化、去宗教化”，如雷颐将李零批评者定性为“‘义理派’对经典训诂工作的不屑”，立即引来儒家学者的质疑。《原道》主编陈明就认为这根本不是“义理和考据之争”，认为钱理群、刘梦溪、雷颐等人为李零辩护是“马屁拍到马腿上去了”，认为李零“是要颠覆儒家文化的意义系统”。中国儒教网站长王达三认为，李零解读《论语》，其意绝非“考据”，而“以讥讽孔子、菲薄道德为能事”，“与其说李书是考据之书，毋宁说是借考据之名兜售其‘私货’的义理之书”。陈壁生指出：“解《论语》之书，起名为‘丧家狗’，到底是为‘丧家狗’一词正名，还是矮化孔子，一目了然。如果解《圣经》的，因为耶稣被钉死在十字架上，就理直气壮地起一个《死囚犯》的书名，解佛经的，因为佛陀四方行乞，便来一个《老乞丐》的书名，无论如何，都是解构过度，不堪入目。”

至于吴思、章立凡、胡文辉、魏英杰、徐来、陈永苗等人，则完全就儒学的现代价值对李零的批评者进行反批评，认为这次争论“无非自由主义与大陆新儒家（或文化保守主义）之间的那点事儿”，指出儒学“已经无法与现代社会接轨”，在今天已经没有“市场价值”，依然是自由、民主、科学的阻碍者和对立物，反对“大陆新儒家”对“五四”进行“翻案”。上述观点，在网络上得到了其支持者的一片欢呼，“文革”时期的口号“打倒孔老二”也再次响起。

对批评者将此次争论引向“自由主义与保守主义”之争，陈来、盛洪、陈明、王达三、陈壁生等人都表示不同意。陈明将李零的著作定性为“作家的文采、训诂家的眼界、愤青的心态”，当然，批评的重点在眼界和心态。对于训诂家的眼界，李零及其支持者以科学实证主义为法门，并不觉得有什么高下优劣之分。至于愤青的心态，李零则将“愤青”理解为“批判者”，并认为这种评判并非不光彩而且也恰当，因为保持对社会的批判态度是知识分子的天职和应有之义。但这种对“愤青”的解读陈明并不认可，认为“把愤青定义为批评社会，把批评社会等同于自由主义，再把我对李零的批评解读为保守主义对自由主义的批评，这是由李零开始再由魏英杰完成的诠释。魏英杰一窍不通，李零则是知道只有这样才可以作自己体面下台的阶梯。”陈明并援引了刘军宁在李零新书研讨会上的发言，认为古典自由主义者对传统充满敬意，中国的自由主义者身上则充满一种理想主义精神。王达三也指出，将此次争论视为“主义”之争，乃是出于想像力过于丰富，而且把问题简单化了，“难道把《论语》去‘政治化、去道德化、去宗教化’就具有自由主义的精神气质？难道李零讥讽孔子就是自由主义者？”陈壁生则认为，自由主义的立场，可以是建立而不是解构真孔子。李零对《论语》的解释，与其说是“自由主义”的立场，不如说是道家式加后现代式的立场。

至于钱理群认为李零以“平视”而不是

"仰视"和"俯视"的视角来解读《论语》,还原了一个活生生的孔子,作为一种多元声音而存在,实际上是一大贡献。这个看法也遭到反驳。陈明认为这种说法"其实一点都不新鲜",因为早就有人这样做了;而且这"根本就不是平视,而是蔑视,是对整个中国文化的调侃戏弄!"所以,就李零要将孔子由"圣人"还原为"普通人"的做法(甚至认为孔子的名气是学生们吹出来的),众多学者从学术角度予以反驳,主要有林存光教授的《"不完全的真理"更误人》,李存山的《"丧家狗":隐士眼中的孔子》,米湾的《记丑而博,言伪而辩》,邓曦泽的《顾颉刚、李零,还有一条狗——故事与解释》,提婆的《心平气和看孔子:试评李零〈丧家狗——我读论语〉》,陈杰思的《李零〈丧家狗——我读论语·自序〉谬误二十题》。尤其是杨立华的《〈丧家狗〉与"哗众取辱"》一文,招致李零的反驳,并暗示杨立华跟陈明是一伙的,而且写文章批评他是受了老师陈来的指使,认为杨立华完全是受价值立场的支配,而非严肃的学术之争。杨立华立即撰文反唇相讥:"这倒透出了李先生的病根儿:习惯用自己的阴暗心理揣度他人。"杨立华在对李零文章中的"硬伤"进行剖析后,最后得出结论:"李零这本书是在有意无意地迎合大众的娱乐心态。其实,严谨的学术品性的缺失,才是《丧家狗》一书的最大问题。"

这次争论,双方的支持者在网络上的言辞都非常激烈,足以说明这绝非考据学上的一个小问题。虽然参与者中有从事专业研究的人士,如陈明、李存山、林存光、杨立华等学者,都很认真地在进行"学术"辩论,但其各自的支持者却在网络上狂热地进行"价值"辩论,真可谓"人与人战,马与马战"。孔子是中国圣人,是中国文化的象征,"丧家狗"这顶帽子,犹如早就有的另外一顶帽子"孔老二",玷污和欺辱的不仅仅是孔子和儒学。真希望日后在中国,不要再出现第三顶诸如此类的帽子。

补白

胡适谈钱锺书

1959年4月29日

一位香港的朋友托人带来一本钱锺书的《宋诗选注》给胡适先生。先生对胡颂平说:"钱锺书是个年轻有天才的人,我没见过他。你知道他吗?"胡颂平说:"十年前在南京,蒋慰堂(复璁)同他到教育部来,匆匆见过一面。他是钱基博的儿子,英文很好。"先生说:"英文好,中文也好。他大概是根据清人《宋诗钞》选的。"先生约略翻了一翻,说:"黄山谷的诗只选四首,王荆公、苏东坡的略多一些。我不太爱读黄山谷的诗。钱锺书没有用经济史观来解释,听说要清算他了。"过了一天,先生看了此书后又说:"他是故意选些有关社会问题的诗,不过他的注确实写得不错。还是可以看看的。"

(选自《胡适之先生晚年谈话录》胡颂平 编著 新星出版社)

对照记

——《爱》的来历及其他

◎ 余 斌

【摘要】张爱玲小说多写男女之间关系，她的"残酷"亦见于对男女之情的冷峻观照。其散文《爱》虽为短章，却也以另一形式表现出她对"爱"的体察。此文有来历，"本事"当为胡兰成庶母"春姑娘"的经历，因文中故事与《今生今世》"怨东风"一章相关内容如出一辙。文章发表之际，正当张胡热恋之时，张很可能从胡口中知其大概。虽在热恋之中，张仍于文中表露出对浪漫之爱的保留与游移，全不见《自己的文章》中所谓"放恣"，其低徊之音，可视为张氏《惘然记》的变调。胡兰成庶母身世、性情，与《金锁记》中的曹七巧，亦复相似，《金锁记》写作在前，张爱玲或者由"实"及"虚"，将对七巧内心的忖度"附会"到"春姑娘"身上，也未可知。果如此，则亦见出作家想象，有其固定的轨辙。

张爱玲自己编定的最后一书名为《对照记》，其命名与二十世纪七十代出版的一本集子《张看》似为同一路数。"对照"、"张看"通常都用作动词，本无所指，张的用法却是个人化的，部分地化虚为实，各有所指。"张看"有带着好奇心察看之意，张并未放弃这层意思，同时却恰好把自家的姓氏嵌入，所以"张看"也可解作"张爱玲看"。《对照记》有副标题"看老照相簿"，命意已然点出，是对老照片而记，无须说得。化虚为实一般总是往"拙"一方面走，张爱玲其实却是"弄巧"。弄巧而不流于机巧、纤巧，实话实说而又有语带双关。

这里的"对照"是取其本意，对比而已，只是这里的对照与张爱玲有关，故顺手牵羊，把她的题目拿来一用。

张有篇名为《爱》的散文，大概也就三四百字，在我看来绝对算不上《流言》中的上品，也不属用心用力之作（也许就是编辑催稿之下的产物①），但因以"爱"为题，所谓"兹事体大"，有不少读者（尤其是对张的情感生活感兴趣者）对之情有独钟，或发掘其中微言大意，或将其当做名篇来赏析②。过去读《流言》，对此篇也曾留意，原因却是怀疑文中的故事实有所本。因文中的那女子与胡兰成庶母的经历实有几分相像。

口说无凭，且把张文抄在下面。

这是真的。

有个村庄的小康之家的女孩子，生得美，有许多人来做媒，但都没有成。

那年她不过十五六岁吧，是春天的晚上，她立在后门口，手扶着桃树。她记得她穿的是一件月白的衫子。对门住的年轻人同她见过面，可是从来没有打过招呼的，他走了过来。离得不远，站定了，轻轻地说了一声："噢，你也在这里吗？"没有说什么，他也没有再说什么，站了一会，各自走开了。

就这样就完了。

后来这女人被亲眷拐子卖到他乡外县去作妻，又几次三番地被转卖，经过无数的惊险的风波，老了的时候她还记得从前那一回事，常常说起，在那春天的晚上，在后门口的桃树下，那年轻人。

于千万人之中遇见你所遇见的人，于千万年之中，时间的无涯的荒野里，没有早一步，也没有晚一步，刚巧赶上了，那也没有别的话可说，惟有轻轻地问一声："噢，你也在这里吗？"

胡兰成庶母的故事见于《今生今世》"怨东风"一章③。胡十二岁时曾过房到上虞县俞傅村俞家，俞家是当地殷实户，一妻一妾，奈何膝下无子，胡即为俞家义子，俞家的二房当然就是胡的庶母，人称春姑娘。春姑娘曾闲话当年事，其经历以胡的话说，"赛过一部宝卷"。其他种种，不必细述，与张文相似的一段，复述恐走样，不得已，再抄：

……女心就是凄凉喜悦的，但她那时尚未自觉，亦不知有凄凉。如此到了廿二岁，来做媒的人踏断门槛，她父母挑三拣四总难得相当，而她本人亦不在其意。忽一日，她去后园里树上晾手巾，见园门开着，就移步至河边路侧看看杏花，却遇着一少年也在那里，她知是邻家的亲戚，挽了人来说过媒的，此刻不意相见，虽两人立处相隔数步路，彼此简单招呼得一声亦很不自然，她却心里一惊，她是现在才分明看见了自己是女身，且

张爱玲的画

心里对他有感激，两人都觉不好意思，她更是站立不住，就逃回来了。

是那年四月里，她娘舅来说接她去东阳与表姊妹为伴绣花，焉知这娘舅是个不成才的，骗她去卖给绍兴城里一富室为妾，她到了才晓得，大哭大闹，少爷来同房，她打了他一记耳光。如此便又被转卖到上虞章村槐三家，那章槐三广有田地，人倒斯文，成日只弹丝吹竹，非常爱惜她，她也只得罢了。不到三年，那槐三病死，大妇才又把她卖给俞家的。她先不知，见俞家义父来看人，她心里还想是哪里来的买猪客人，论俞家这点财产她原

不在心上，且不喜义父的泥土气，真真好比一朵鲜花飘落到了泥土里。可是也像泥土与花才真是性命相知，义父这样一个实心人，凡百事情上头都看重她，她虽尽管不满，义父死后她却真心哭泣，此后纵有风浪浮华，亦她的一生只是义父的了。

庶母这样好胜逞强，《红楼梦》里凤姐似的人物，做女儿时却是个很怯生人，外事不知的，会遭人拐卖，那糊涂就像三春的明迷，花事草草，也不知是已经过去了没有。

两相对照，一是花下相遇的一幕，一是被拐卖的遭遇，不说完全雷同，总是相去不远。故多年前我曾在《张爱玲传》的一条注释里带了一句，说二者“一模一样”[④]。《爱》发表于一九四四年四月，其时张胡正在热恋中，张必是从胡口中听到过这故事。偏有张迷迷张迷得紧了，居然注意到这细节，详勘张、胡二书，找上门来质疑“一模一样”，称张文未必出于胡说。我得承认话是有点说绝了，因为这样的故事纵非司空见惯，却不是绝无仅有，张爱玲是个善听故事的有心人，从别处听来并非不可能。但张迷的理由却并不令人信服：张文中的女子十五六，胡的庶母论婚嫁则是二十二；胡的版本里根本没有“老了”之后的怀想，据胡书，他婚后似乎再未见过胡母；还有，一曰杏花旁，一说桃树下……等等，等等，而张爱玲在文章开头就声明：“这是真的。”

这未免也忒胶柱鼓瑟了些。张爱玲写的是散文，一般人的观念，小说是虚构，散文是不允许虚构的，所以散文中所写，必是无一字无来历，句句可以坐实。事实上散文虽不能像小说那般堂而皇之大规模地杜撰，然而既为“文章”，与事实有所损益亦在所难免。周作人《鲁迅的故家》等书细说《呐喊》、《彷徨》、《朝花夕拾》本事，即使是后者，周也常指陈其中某些细节乃小说家言。此无伤大雅，为文之道而已。张爱玲并非为胡的庶母作传，无须对事实负责，尤不须对细节负责，只要不是有意虚构。“这是真的”不过是说，她的故事乃是真人真事。倘张文确是出于胡说，即使写此文时记忆模糊，张亦断不会向胡去核实细节。反过来胡若读了张文发现于实情有出入，亦绝不会指说张所写有误——那才叫煞风景。何况张写这故事，一半是为故事本身，一半倒是为了文末“升华”出的那番关于“爱”的议论。

“于千万人之中”，“于千万年之中，时间的无涯的荒野里”——张爱玲将桃树下偶遇的一对男女忽地掷在了一个阔大乃至苍茫的背景上，真可谓高楼万丈平地起。如此“小题大做”，那故事委实有些扛不住，曲终奏雅也太直奔主题了。不过且不说它。“千万人”、“千万年”中居然相遇，自有意外的惊喜，偶然中似有必然乃至宿命，这调子原是往高里去的，但若一味地浪漫上去，那就不是张爱玲。她是重拿轻放，同一句里就转一笔写道：“刚巧赶上了，那也没有别的话可说，惟有轻轻地问一声：‘噢，你也在这里吗？’”说不清是悲是喜是怅惘。有张迷一口咬定这是张的自况，不能说全无道理。盖张胡正在热恋中，必是对一“爱”字大费思量，亦是不那么悲观之时，每思量又必不能置身事外。若果然是由胡庶母故事生发出议论，那就更是耐人寻味。张惯将真事隐去，到去世也还要将自传体的《小团圆》“隐”去[⑤]，而从《爱》文末的议论中我们可以捕捉到的信息是，即使在热恋之中，“放恣”之时，张对与胡兰成的关系也将信将疑，没有十分的把握。

如果胡的口头版本与前引文字相差不大，则张文中最戏剧化的杜撰乃是“噢，你也在这里吗？”的轻轻一问。我要说在这里出现差不多有点接近张所不耐的文艺腔了。但这是点睛的句子，拔高的议论中还当出现的，即没有也要想当然地杜撰，所谓题中应有，不得不然。至于回首前情一节，恐怕也还是想像，因是“真的”，这里只能点到为止，在小说比如《金锁记》中，类似的想像有更戏剧化的展开。这是七巧行将就木之时：

七巧似睡非睡横在烟铺上。三十年来她戴着黄金的枷。她用那沉重的枷角劈杀了几个人，没死的也送了半条命。她知道她儿子女儿恨毒了她，她婆家的人恨她，她娘家的人恨她。她摸索着腕上的翠玉镯子，徐徐将那镯子顺着骨瘦如柴的手臂往上推，一直推到腋下。她自己也不能相信她年轻的时候有过滚圆的胳膊。就连出了嫁之后几年，镯子里也只塞得进一条洋绉手帕。十八九岁做姑娘的时候，高高挽起了大镶大滚的蓝夏布衫袖，露出一双雪白的手腕，上街买菜去。喜欢她的有肉店里的朝禄，她哥哥的结拜弟兄丁玉根，张少泉，还有沈裁缝的儿子。喜欢她，也许只是喜欢跟她开开玩笑，然而如果她挑中了他们之中的一个，往后日子久了，生了孩子，男人多少对她有点真心。七巧挪了挪头底下的荷叶边小洋枕，凑上脸去揉擦了一下，那一面的一滴眼泪她就懒怠去揩拭，由它挂在腮上，渐渐自己干了。

这一段文字，夏志清先生在《中国现代小说史》中大加赞叹，确实是精彩。往日情景的回闪重现是一潭死水中泛起的涟漪，那只推到腋下的镯子喻示的不仅是生命的感伤，

张爱玲像

甚且是生命的恐怖。与之相比，《爱》文中那女子的回忆要温情得多，不过一样是对曾经存在的可能性的追悼。我并不是想暗示胡兰成庶母乃七巧的原型之一，虽则春姑娘性情上与七巧不无相似（胡直接将她比王熙凤，且一再提到她的泼辣），而她的处境也与七巧相仿，男人死后也有与亲戚争家产事。《金锁记》刊于一九四二年十一月的《杂志》，写作的时间则当然更早，张胡相恋、《爱》的发表都在其后，而《金锁记》以李鸿章次子李经述家事为背景，这是有张子静《我的姊姊张爱玲》中的有关回忆为证的。要说附会，只能说张爱玲由“虚”到“实”，有意无意间将对七巧内心的忖度遥想附会到《爱》或春姑娘头上去了。其实说不上由此及彼的附会，作家的想像往往有其惯常的轨辙，类似的情境也许常在张爱玲意识深处蠢动，打成一片，分不清是真，是幻，春姑娘的故事到她这里，轻车熟路就往张氏《惘然记》上走，属于张氏想象的自然延伸。

不要说《金锁记》，就是《爱》，与胡庶母

故事究竟有无瓜葛，也还难说。好在“相映成趣”可成对照的两个文本抄在上面了，信不信由你，我相信二者是有关联的，虽说不论证明瓜葛的有无，于张爱玲的研究，也都是琐屑之事。

当然若是硬要像前述那位张迷那样亦步亦趋涓滴不漏地去“考证”，我也可以再找出些于我有利的“证据”。比如张《爱》中说那女子“生得美”，那春姑娘也是漂亮的，胡兰成见到她，“那年她正三十二岁，生得吊梢眼，水蛇腰，像京戏拾玉镯的旦角”。庶母的俏甚至令尚是懵懂少年的胡兰成心旌摇摇。《今生今世》中有两段暧昧文字(用张爱玲的话是“缠夹不清”)可以为证：

一次我辞俞家回胡村，胡村神速堂里正做小歌班，出来一个旦，扮相像庶母，我看了不等戏文散场，就一个人回来到楼上哭了一场，记得是下午，屋瓦上都是阳光。又其后去杭州读书，从俞家动身，当晚在百官过宿，旅馆里一人灯下铺被，心里好不难受，说恋说爱都不是，而只是极朴素的思慕。原来孟子说“人少时则慕父母，知好色则慕少艾”，这个慕字竟是用得极好的。但我没有对庶母说起过。而庶母可亦爱我也是没有过，为我坏心思是有过，因为我倔强。

及我十五岁，义父病殁。庶母那年三十五岁，她浑身缟素，在灵前痛哭，仍坚起心事料理丧事……有一夜，庶母的房因和沿道士在做法事，祓除不吉，庶母叫我与她及三岁的妹妹同睡在侧屋柴间里。以前义父在时怜我小，招我同睡我不肯，今夜却因当着大事，只觉得是亲人。柴间里蜡烛火荡漾，柴堆上铺起雪青印白花布大被，我与妹妹先睡下，然后庶母也解纽子脱衣裳，却清到一夜无梦。

胡兰成确是个情种。《今生今世》里写及与他相关的女子，莫不花团锦簇地赞一番，一面是赞那人，一面却是显露他在从中笑的跌宕自喜。贾宝玉情结不少男子潜意识里都有，不过至少在现代文人中，像胡兰成那样对自家处处留情的“博爱”喜之不胜、笔之于书的，却是少见。此处追忆少年时代的情窦初开，写“极朴素的思慕”，倒确有“朴素”之至，较别处少一些矫情。素来不喜胡的风流自赏，“情种”通常也有不屑之意，但是这里没有。

注释：

①此文发表于1944年4月号《杂志》，其时张红遍上海滩，已是报纸杂志争相约稿的对象，前一月发表于《新东方》的《存稿》一文中，即言及自己穷于应付，编辑促其提供旧稿的情形。

②读者，尤其是女性读者，多将该文视为张氏爱情观的经典诠释，网上对该文的演绎、阐释、发挥远过于张氏其他散文名篇。视之为“经典散文”者亦大有人在，甚且有探究其“艺术空白”的赏析文章。

③以下胡兰成文字均引自中国社会科学出版社版《今生今世》(2002，北京)。该书有删节，书商为吸引读者眼球，加副题“我的情感历程”，然文中所引部分与台湾版无异。

④参见拙著《张爱玲传》(广西师范大学出版社，2001)“撒手”一章中的相关注释。

⑤张爱玲致夏志清、皇冠出版的信中都说到对读者“对号入座”的担心，一再延宕该书的出版，《小团圆》亦因此至今不能面世。

您想读一些经济学方面的书籍吗？现向您推荐近期受人注目的几本——

当生活遇到经济学

◎ 楚 越

真正的经济学大家来谈经济学，可以变得很有趣。自从互联网普及，世界变平，经济学也逐渐从讲坛走向论坛。经济学家们向来对日常生活极富热情，所谓的经济学帝国主义，就是将“经济分析”扩展到“非经济问题”领域。靠着这类工作获得诺贝尔奖的只有加里·贝克尔，但史蒂芬·列维特、蒂姆·哈福德以及戴维·弗里德曼这些经济学家才真正使经济学为大众所知。这些经济学家在各自专业领域都声名赫赫，比如列维特就得过有“小诺贝尔奖”之称的克拉克奖。

他们都认为经济学应以人为中心，是一门关于个人行为选择的学科，与日常生活息息相关。他们都在挥舞手中的经济学解剖刀，解析探寻世界背后的规律、事件之下的逻辑。这些书读来不仅好玩，而且有用。

还有的则是媒体工作者对经济生活的观察，他们见多识广、洞察敏锐，对这个世界和我们的经济生活有独到看法。这些好读又不乏真知的通俗经济学读物，将为我们打开看世界的新窗口。一句话：当生活遇到经济学，精彩如斯。

魔鬼经济学/[美] 史蒂芬·列维特等著 刘祥亚译/2006年3月版/广东经济出版社

这是一本经济学奇才和《纽约时报》特约记者合写的通俗经济学读物。台湾本译作《苹果橘子经济学》：一只苹果，用经济学的解剖刀剖开，里头却是橘子，这就是世界的真相，切题又与英文版封面相呼应。简体本的封面、装帧以及翻译都有点让大陆的读者欲哭无泪。好在书本身实在不坏。广告语宣称的“从根本上改变你看待这个世界的方式”可能有点夸张，但很多读者感觉读后视角开始改变是不争的事实。很自然，经济学家列维特想在这本书中传达一个观念：很多被我们认为是常识性的东西可能根本就是错误的，公论性的观点未必就是真理。那些看似戏剧性的结果，背后则是复杂甚至微妙的起因。问题的答案不在眼前。不信？试着回答以下一些问题：二十世纪六十年代还是犯罪的黄金时代，而九十年代犯罪率一夕之间骤然降低，犯罪分子都到哪里去了？贩卖毒品在很多人眼中是暴利行为，那为什么许多毒品贩子仍和家人蜗居在一起？这些问题可不像是经济学家应该关心的问题。但列维特关心。他通过分析搜集来的各种数据，得出许多出人意料的结论——看似幽默怪诞，逻辑却丝丝入扣。他总是可以看到犯罪学家和社会学家看不到的东西，就因为他是好的经济学家。列维特用的经济学解剖刀从人的动机出发，从具体的社会现象入手，凭借不会说谎的数据，有

趣而又敏锐地切入……读者们，不妨尝试一下列维特的经济学解剖刀，剥开生活的表皮，看看其内部是苹果还是橘子。

卧底经济学/[英]蒂姆·哈福德著 赵恒译/2006年7月版/中信出版社

“《魔鬼经济学》作者倾力推荐！”列维特应该非常欣赏本书。卧底的英文对应词是undercove，“在底下”。“侦探”和“卧底”的使命都是透过纷繁复杂的表象探究真相。列维特与哈福德这两位经济学家所做的工作是帮助读者揭示“在底下”的真实世界运行的规律。他们都运用贝克尔开创的“人类行为的经济分析”方法。于无疑处生疑：星巴克生产一杯咖啡，成本低廉，售价高昂，差价被谁赚走了？同一家超市，为什么有人觉得贵，同时有人觉得物超所值？交通拥堵的背后有没有经济原因？穷国为什么穷……和列维特一样，无论琐碎生活问题还是事关生死的问题，在哈福德这里都是问题。哈福德的工具五花八门，领跑理论、外部效应成本、价格定位策略、激励机制等等，最终哈福德将奉上以上疑问的谜底。这本英国最畅销的商业书籍告诉我们，经济学如何看世界——是那个“在底下”的真实世界。

弗里德曼的生活经济学(新版)/[美]戴维·弗里德曼著 赵学凯等译/2006年3月版/中信出版社

从书名看，这本书讲的是“经济学遇到日常生活”。也许更恰当的说法是，“当生活遇到经济学家”。经济学家们总想看到世界背后的规律，生活背后的秩序。本书的英文名字即是 *Hidden Order*：*The Economics of Everyday Life*（《隐蔽的秩序：生活中的经济学》）。这种探索源于这样的界定：经济学的主题内容不是货币，而是理性。经济学是理解人们行为的方法，它假设人人不仅拥有自己的目标，而且还会主动选择正确的方式以实现这些目标。

本书作者戴维·弗里德曼是诺贝尔奖得主米尔顿的儿子，有家学渊源。弗里德曼是一个讲故事的高手，用通俗易懂的语言出色地解释了类似以下这样的问题：“为什么会有垄断”、“为什么会存在公司”、“为什么不是每个人都幸福、富有”、“为什么牵一条狗散步有助于降低被劫风险”、“为什么不把坏蛋都绞死”……普通生活与经济学巨大解释能力的碰撞产生大量火花，帮助我们更好地理解这个世界。如果你能把弗里德曼在本书

中提到的经济学知识运用自如，那是很有意义的。虽然学会像经济学家一样思考后，生活不一定会变得更美好，但至少会更有趣。

世界是平的（第二版）/［美］托马斯·弗里德曼著　何帆等译/2006年11月版/湖南科技出版社

哥伦布宣布了“地球是圆的”，现在，弗里德曼却惊呼“世界是平的”。两者都引来一片叫好声。弗里德曼将世界由大变平的过程划为三个阶段：随着分别由劳动力和技术革命推动的“全球化1.0”和“全球化2.0”阶段，世界在由大变小；软件的创新和网络的普及推动了“全球化3.0”。世界各地纷纷实现社会分工，这就是世界平坦化的历程。弗里德曼用二分之一的篇幅总结了二十世纪末以来的各种新型业务模式：外包、内包、离岸经营、供应链的解体与重构，信息技术发展造成的冲击；涉及到的内容包括Windows系统、互联网、搜索引擎和Web2.0应用等。

这两方面的内容被整合拆分为使世界平坦化的十大力量，并佐以各色让人眼花缭乱的案例。我们终于理解弗里德曼悄悄地在太太耳边说的那句话：“亲爱的，我发现这个世界是平的。”该怎样和这个平坦化的世界相处？弗里德曼在余下的篇幅里提出自己的意见。作为世界上最好的专栏作家和记者，弗里德曼不给你睡觉的机会，优美而逻辑性极强的文字正是本书问世后大受欢迎的重要原因。

长尾理论/［美］克里斯·安德森著　乔江涛译/2006年12月版/中信出版社

如果《长尾理论》没有变成二〇〇六年最重要的商业书籍，说不定它也成为书中描述的需求曲线中那条无穷长的尾巴中的一份子。在互联网如此普及的今天，理解以丰饶经济学为基础的“长尾理论”其实很容易。想想看，谁没去过门户网之外的名不见经传的小网站，听过几首不那么主流的歌曲呢？而且，录制一首歌，制作一段录像，然后像大公司一样靠网络传播这些作品，在今天已不是什么新鲜事。以上都是《连线》杂志的总编辑安德森所说“长尾理论”的一部分。目前看来，唱片和图书行业的长尾化趋势最明显：当货架空间扩向无限，商品种类也近于无限时，消费者的需求曲线可能无限延长，而不会降到零点。那些不热门的、非主流的产品的总销量加起来，就足以与顶尖热门产品的销量相抗衡。

亚马逊书店和在线音乐下载网站的数据都有力地支持了“长尾理论”。根据安德森的预言，同样的变革将发生在每一个可以想象的行业中。这本书向我们揭示，即使在丰饶年代，非主流也可以流行，以往被忽视的非热门用户的需求将会得到前所未有的释放。新机会几乎无穷无尽：新生产者、新集合器、新的时尚领导者……看来安德森的“长尾理论”正在改变我们的世界。“长尾风暴”席卷而来时，看过这本书的你还会缺席吗？

译界先贤陈占元

◎ 柳鸣九

晚年陈占元像

陈占元先生原是北京大学西语系的资深老教授，一九四六年起就一直在这个学府任教，桃李满天下，我是他二十世纪五十年代的授业弟子。陈先生早已于二〇〇〇年去世，如今，学生辈的我等亦已古稀了。

我对他这位老师一直怀有很大的敬意，也保存了一些美好的回忆。曾于一九九九年仍在担任中国法国文学研究会会长的时候，组织了一次名为"'六长老'半世纪译著业绩回顾座谈会"的学术活动。"六长老"即为我们的师长辈人物也，其第一位就是占元先生，其他五位是许渊冲、郑永慧、管振湖、齐香与桂裕芳。在那次学术活动中，作为主持者，我当然要在致词中对六位长老一一表示敬意，并列举各位的译著成就与教学劳绩，但当时"颂词"的篇幅有限，平均分配（在中国，三人成行，就难免有平均主义、"大锅饭"），只能求其大略，远未言尽占元先生的业绩与人格。那次学术活动虽是在占元先生去世前一年举行的，但他已经九十一岁高龄，故未能出席，这些都是令人遗憾的。

前不久，人民文学出版社出版了《陈占元晚年文集》一书，占元先生的女公子陈莹教授特地寄赠了一本给我。这是她收集了占元先生晚年的全部遗稿后编汇而成的，包括未出版过、未发表过的译文、评论以及散文杂记，共三十余万字。这本书使我对占元先生有了更多的了解与认知，也引起了我对占元先生更多的回忆、更多的怀念。

在北大期间，我们这一班到三年级才见到占元先生。一二年级都没有他的课，到三四年级才有，先是三年级的翻译课，然后是四年级的巴尔扎克专题讲座。那时的占元先生将近五十岁，正是学者教授魅力最佳的年龄，他给人的第一印象是令人难以忘记的，高阔的前额、聪睿的面孔、彬彬有礼的举止、整洁合身的衣装，形成了他十分明显的儒雅风度，而光润的头发、两鬓顺着耳根往后梳理的发式，似乎还残存着洋派学人早年的儒雅。当时他给人的印象实在是太深刻了，以至我看到《陈占元晚年文集》扉页上他晚年的照片时，不禁大吃一惊，他衰老，头发如几根枯草，衣衫不整，光着胳膊正在聚精会神看书……在这张照片面前，我痛感岁月的无情与对人的侵蚀磨损。我想，在图像大为时兴的今天，这个文集如果还多刊载一张占元先生风华正茂时期的留影，岂不更能反映出他辛勤致学的一生？

当年，占元先生在北大西语系，也是一位名教授，但在我们的记忆里，他并不大善于讲课。他的思维丰富而细密，他要表述的内容实在太多，却未能层次分明、条理清晰，而经常丢失了讲述的主干，不自觉地陷于恣意蔓延的枝蔓细叶之中，因此使人大有进入了枝节横生、根茎密布、藤条缠绕的大林莽之感。可以说，这是个很有学问、很有感受的人，他的思绪、他的意念丰富得像海洋，以至他自己也沉浸淹没在其中了。另外，有碍他讲课效果的还有他的口音，他的广东腔很是浓重，而且，他这种"母语"在他身上异常根深蒂固，似乎在吐每一个词的时候，都要费劲地去找普通话中的相应发音，就像在进行"语音翻译"，于是，语速也就很不流畅。陈先生在他晚年的一篇文章里，回忆他有一次单独与卞之琳论学，他是广东腔，卞之琳是他那口原汁原味的浙江话，两人对谈达半个下午之久，结果是，用占元先生的话来说，"我怀疑双方究竟互相听懂了多少"，可见，我辈当年听占元先生讲课，不全力以赴集中注意力是听不进去多少的。

占元先生给我们上的翻译课仅限于教笔译，口译课则另由陈定民教授担任。占元先生的笔译课好像有两个特点：一是翻译理论讲得不多，而是以翻译实践为主；二是"法译中"的练习较少，而中译法的练习较多。这种构设也许不是他的意思，而是课程目的性的需要，因为西语系的教学任务除了主要是培养外国语言文学翻译研究与教学的人材外，还要兼顾培养外事翻译工作者。我当时觉得陈先生一定长于法文写作，至少其法文写作优于国语写作，这种课程设置正发挥了他的所长。但我们这一班学生偏偏对将来从事对外宣传译事不感兴趣，而都想步黎烈文、傅雷的后尘，去从事法国文学的翻译介绍，颇有点好高骛远，在陈先生的"中译外"实践课程上不是特别用心，倒是在另一个方面下足了劲头，我自认"资质中等偏下"，尚且操起了一本法文作品译将起来，其他班的少年天才更是不在话下。罗新璋逐字逐句校对了傅译全本《约翰·克利斯多夫》好几大卷，还作出了笔录笔记，大有要将傅译精华全都学到手之势，他今日已赢得"傅雷的传人"之美誉，实乃从当时就开始下了苦功也。但占元先生的中译法的教学劳绩，看来也是"润物细无声"的，我们班后来出了一位对外译事的罕见的才俊丁世中，不能不说与陈先生最初的培育有关。

大学四年级，占元先生给我们班讲授了巴尔扎克专论，每周两小时，共讲了两个学期，课程容量几乎与闻家驷教授的《法国文学史》相当。将一个作家讲述两个学期，必须言之有物，而讲授者要做到言之有物，自己所作的研究量至少要超出自己的讲授量几倍甚至十几倍。至今回想起来，占元先生的巴尔扎克专题课，的确内容扎实而丰富，他对巴尔扎克的总体评论虽没有、也不能超出恩格斯论述的水平，但却有很大的历史具体丰富性，他很注重引证具体材料说明问题，常引述巴尔扎克给自己的妹妹以及韩斯卡夫人的信件中的自述，来说明他的生活创作状况与思想见解。显然，在巴尔扎克学中，他研读甚广，认知颇深，是一位真正的专家，因此，他的专题课很具有知性的魅力，至少我觉得是我们大学课程中最有吸引力的一门课。尽管他的乡音将讲课的效果打了一些折扣，但他的讲稿基本上是成文的，我做听讲记录也特别认真努力，它是我最珍视的一份课堂笔记，一直保存了很久，可惜在下干校期间，书籍资料集中存放在单位时丢失了。

占元先生给人最为深刻的印象，还是他的平易谦和。他是名教授，但在待人接物上，绝没有半点架子架势，没有师道尊严，没有矜持作态，没有居高临下。当他发觉你上前去有跟他说话的意图时，他总是先和颜悦色，笑脸相迎。在交谈中，他没有长辈的态势，总是先倾听你，理解你，从不截话，他说起话时，谦让得简直就有点羞涩了，似乎两人交谈感到荣幸的不是你，而倒是他。在课堂上，他极少“点将”回答他提出的问题，不像有的教授那样习惯成自然，甚至形成了一种爱好。如果在讲课中不可避免地有了讲授者与听讲者之间的互动局面，听讲者习惯地站起来作答时，他总是显得有点不好意思，似乎觉得自己滥用了讲授者的权威，亏待了对方，而深感抱歉，遇到这种情况，他总是赶紧要对方坐下来回应。这那里是师生之间的回答，简直就是平等的对话。说实话，我从没有见过有对晚生如此彬彬有礼、尊重有加的师长。凡此种种，占元先生在这样做的时候，显然都是出自内心的，是一种真诚感情的流露，并没有刻意追求某种风度的考虑，更不是沽名钓誉的作秀。可以说，占元先生算得上是一位真正的谦谦君子，因内而符外的自然而然的谦谦君子。

刚毕业的那几年里，我多次遇见过占元先生，因为那时文学研究所先是设在北大，后迁至中关村，相距甚近，而我正是分配到了文研所，况且，我是在《古典文艺理论译丛》编辑部供职。这家著名的刊物有一个阵营辉煌的编委会，朱光潜、钱锺书、李健吾、卞之琳、金克木、蔡仪、杨周翰、傅雷等西学大家尽悉在其列，占元先生亦是这个熠熠生辉的团队中的一位，这足以使刚从大学毕业的我对占元先生的学养与学术地位有更清晰的认识。我遇到占元先生多是在燕园之内，我经常出入母校，占元先生也经常骑一辆自行车来往于未名湖畔，他很有活力，身手甚是矫健，对人则平易谦逊如故，一见到你，老远就下了车来跟你招呼、寒暄，比我们当学生时更为客气，大概是因为我们已经毕了业，算得上是一个“成年人”了，因此，他待我更像是平辈。因为他是编委，我这个小编辑免不了到他那里跑腿、联系工作，这就不止一次造访了他在朗润园的住所。他家独居一个院落、一所平房，宽敞而又幽静，他接待客人，总是在书房。书房是学者精神世界的窗口。占元先生的书房不是以气势轩然，精致高雅取胜，而是以其充实令人难忘。他的书很多、很丰富、很杂，法文旧书居多，可见其学养的厚实，书都置放得不甚整齐，颇为凌乱，留下了主人兴之所致，随意取阅又随意放下的痕迹。而在接触中，你也很容易感到占元先生对学术文化关注的广泛，与他交谈你会感到颇有收益，颇有启发，而决不会感到轻松自如，因为他的谈话中只有学术文化的“干货”，而无寒暄闲聊的“水分”，一滴“水分”也没有，更是不涉及世事俗务半个字。加以他的视角多变、思绪蹦跳，要跟得上他实在不易，且不说他那口听起来费劲的广东乡音了。

随着“翰林院”各研究所集中迁进城里，我就很少再遇见占元先生了，整个二十世纪八十年代大概只见过两三次，都是在学术活动的场所。虽岁月流逝，世事沧桑，但占元先生对学术文化种种问题的高度关注与多思状态仍然如故。记得他有一次见到我没有讲几句后就主动大谈起对法国新小说派的看法，据我的经验，当时一般老一辈学者对这种特别新潮、特别先锋的文学流派是不大注意、不大跟踪的，就像今天我们这些年已古稀的人对超女之类的时髦很陌生、很隔膜一样，但占元先生对战后这个文学新时尚却所知甚多，很有见解，他这种对学术文化的新鲜感受着实使我很是惊讶。再者，他多年前对人对事的谦逊礼让的态度与精神亦依然如故，这里有两件事给我的印象十分深刻。一件是，二十世纪八十年代初，有一项国家级的大型文化工程，其中外国文学中的法国文学部分的编委会，由于人事关系问题与霸王当道，占元先生在编委会中只任副手，而以他的学术水平、资历与对法国文学的广博学识，以及虚怀若谷，能团结学界同仁的人格精神，他足以担任主编之职而绰绰有余，或者至少也应该并列为主编，然而他却屈居人下。当时在我这个局外的"青年人"看来，这一安排实在失衡，陈先生之所以接受了并在这个岗位上承担了相当重的实务，显然是因为他太谦让、太好说话了。第二件事是在一九七八年，中国法国文学研究会改选，前辈学者均已上八十岁，决定全部退休，只担任名誉职务，由五十岁左右一辈的学人接班。为了大体上不失衡，李健吾、罗大冈、闻家驷并列为名誉会长，陈占元为顾问，虽然这并没有达到绝对的平衡，但在当时已经是令人煞费苦心了，占元先生以他贯有的谦逊与宽厚对此表示了理解与支持，并且当着我的面把新当选的会长、副会长称为"时贤"，这是我当时得到的第一份也是最有分量的祝贺。这与改选会上有目空一切的"新锐少年"为职位与名分而施展拳脚、大打擂台的壮举正形成对照，使人不能不感慨良多。

在外国文学翻译领域，陈占元称得上是个元老级的人物，至少是老资格的先行者。当然，在中国，这个行业的"祖师爷"要算是林琴南，但他所作的并非严格意义上的文学翻译，而是外国文学作品的转述，何况在他那个时期，这个行业远没有出现集群、代族，真正成代成群地出现文学翻译家，并有了显著的译品实绩。最早是在上个世纪的三十年代，他们是一批留学欧美的学人，有冯至、李健吾、梁宗岱、卞之琳、黎烈文、戴望舒……稍后还有傅雷，陈占元也是其中的一员，而且在早期是最为活跃的一员。

一九三四年鲁迅与茅盾创办中国第一家文学翻译杂志《译文》，陈占元就是积极的参与者、重要的合作者，因此他与鲁迅曾经有过直接的接触，在老一辈翻译家中，有此缘分幸会的，也许只有陈占元一人了。与《译文》合作的这个时期，陈占元的译作甚多，可谓丰收，而其作为译家的"路数"则有两个特点。一是他关注的并不是历史上的经典文学作品，而在那个时代，很多古典文学名著还不为中国读者所知，如果他当时译这些作品，他今天的翻译家名声一定大得多。他关注的是当代，他所译介的作家都是二十世纪才登上法兰西文坛、但其作品正在或将要获得世界性经典地位的名家，如纪德、罗曼·罗兰、柏格森等，今天在我看来，占元先生当时对文学的关注与视角显然是"时尚的"，同时又是准确的、有见识的，用俗话来说，就是达到"慧眼识英雄"的水平，我以为对于一个翻译家来说，有没有这种慧眼事关重要，这实际上是加"谁"的盟，与"谁"合伙的问题，对翻译家的际遇与地位是大有影响的。陈占元作为译家的路数另一个特点，则是他所感兴趣的更多是文学中的思想材料，而不是现实生活的形象图景，也不是人性展现的情景。具体来说，他译的几乎全是知性的文论与随笔，如纪德的《论歌德》、罗曼·罗兰的《向高尔基致敬》、《论个人主义与人道主义》等，而没有小说、诗歌与戏剧作品，这种重思想、重知性的特点，我想是与他在巴黎大学攻读了好几年哲学专业有关。他一开始就保持着研究的、学术的兴趣，执著于“形而上学的领域”，这就是我所理解的早期陈占元的特质。

抗战时期以及整个二十世纪四十年代，陈占元在中国文化领域里也留下了不可磨灭的足迹，做了一些有益的文化工作。他译了一些文学名篇名著，如罗曼·罗兰的《贝多芬传》、纪德的《妇女学校》、圣艾克絮佩里的《夜航》、莫洛亚的《英国人》、茨维格的《马来亚的狂人》等，不难看出，较之以前，他从纯思辨的领域扩大到了形象描绘的领域，但仍追求那种知性表现得更浓厚的作品，他作为一个学者、一个哲人的兴趣仍未改变。这个时期，他还做了一些编辑出版工作，在香港，他办了明日社，先出版了卞之琳有抗战热情的诗集《慰劳信集》与报告文学作品《七七二团在太行山一带》，后又出版了冯至的《十四行诗集》、卞之琳的《十年诗草》以及梁宗岱所译的罗曼·罗兰《歌德与贝多芬》。在桂林期间，他还与李广田、冯至、卞之琳合作创办了文学刊物《明日文艺》。他所做的这一切工作，既有较高的文化品位，也有很鲜明的进步色彩。

建国后，在社会生活中，历史资格是一项极其重要的价值标准，革命经历、进步历史是最能给人带来荣誉、地位、表彰、泓扬、“上报”的“硬通货”，但在陈占元身上，似乎有点例外。稍加考量，便不难发现，他建国后在文化界所占有的地位，所获得的尊敬与礼遇，与他建国前的进步学者的老资格实在不大相称，甚至他有点被“边缘化”了，在上述国家重要项目中，他屈居于资格与学识都不如他的人物之下，便是明证。更使人惊讶的是，他作为老《译文》的开拓者与“功臣”，从建国后一直到他逝世，却没有在《世界文学》（它从来都号称是《译文》的“后身”与继承者）上发表过任何一篇东西，只是在他逝世后，这家刊物才发表了他的两篇遗留下来的译作。何以他被边缘化？我想原因不外有三，一是长期在“向苏联老大哥一边倒”的政治思想大气候中，与西方文化有关的“欧美派”知识分子不“吃香”了；二是，在文化领域中，在道上风光行走的，多为强买强卖的“强势人物”，而排他性正是这种人物得天独厚的禀能；第三，实与陈占元自己低调、谦逊、退让、与世无争的思维方式与行事作风有关。别的不说，我仅从个人亲身的经验对此就深切地体会，从我大学时代到陈占元先生去世的数十年间，我与他接触的次数不能说特少，但我从来没有一次听他说起或提及他对中国文学事业曾经做过的那些事。充实而无言，资深而低调，这正是占元先生的君子风度，是他的美德。

也许和他低调谦逊的性格有关，占元先生在学术上一贯的作风是厚积薄发。据我所知，他在法国文学方面研读很广，见识颇丰，但他生前几乎从来没有发表过研究评论文章，他遗作中有限的几篇，也说明他的确很少写这方面的文章。他将自己的业务活动，基本上局限在翻译领域，建国后他继续在这方面扎扎实实地耕耘并收获了硕果。他仍保持了自己重知性、重思想材料的“路数”，二十世纪五十年代初，他发掘并译出了巴尔扎克极为重要的文论《〈人间喜剧〉序言》，发表在《古典文艺理论译丛》上，此文乃巴尔扎克整个文学创作的纲领与思想原则，对于研究巴尔扎克与现实主义问题有极为重要的作用，正是当时文艺界急需的一份“思想材料”，发表后也确实成为了理论界人士经常引证的典籍，产生了深远的影响。他在二十世纪五十年代译出的巴尔扎克的两部作品《高利贷者》与《农民》，虽然完全是两部小说，但在巴尔扎克《人间喜剧》中也要算是最具有“思想材料”性质的作品，前者是对初期资产者的习性与敛财方式的形象展现，后者是对大革命后法国农村阶级关系的形象图解，两部作品中有很多鞭辟入里、精彩睿智的议论，都阐释出了深刻的政治经济学的真理。在中国，当时《巴尔扎克全集》的翻译工程尚未启动，能从《人间喜剧》近百部作品中挑出这两部来率先加以翻译介绍，这正表明陈占元先生选题选材的“慧眼”，说明了即使是选材，他也是以全面的研究为基础的。

作为翻译家，占元先生所做的特别的贡献，是译出了狄德罗的画论画评。狄德罗是启蒙时代伟大的思想家、哲学家、文学家，他的唯物主义哲学思想具有完整的体系与令人赞赏的深度，他的文学成就，不仅有出色的哲理小说与戏剧作品，而且他的画评画论与戏剧理论更成为了文学理论批评上、美学史上极为珍贵的瑰宝。十八世纪是法国现实主义绘画大为昌盛的时期，狄德罗对当时的绘画作品有多次定时的评论与系统的理论总结，既有理论深度又有评析才华，在当时整个欧洲范围就已获得了好评与推崇，德国大文豪歌德与莱辛对他均有盛赞，称他为“光明的火炬”，“照亮了艺术创作的奥秘”。时至今日，狄德罗的画论画评仍然是美学研究中的经典文献。占元先生克服了文论翻译的困难，将这份珍贵的典籍比较完整地引进了中国，这是一件功德无量的事情，只不过该书出版的二十世纪八十年代，正是我国理论批评界一些人士对时髦的欧美新潮派文论趋之若鹜的时期，狄德罗这一份典籍的光辉多少被时尚的云雾所遮掩。

陈占元在当代中国翻译领域里的地位与影响，早已为他的业绩所证实、所确认，但他自己在晚年所写的《生平小传》一文中，却这样说：“我做过一些翻译，但我不是翻译家。称我为翻译家，只使我想到自己工作的粗糙拙劣，于心有愧。”陈先生如此谦虚的美德的确令人感动、令人钦佩。但对此，我不能不说，他的自谦过了头，几乎就失之于妄自菲薄了。虽然绝对十全十美的、毫无瑕疵的译品在世界上几乎是不存在的，翻译泰斗傅雷亦不例外，但陈占元的翻译绝不是“粗糙拙劣”的，就译事的最高境界“信、达、雅”而言，他的翻译至少在“信”与“达”上是高水平的、上乘的。而且，他比常见的一些“翻译家”大为优越的是，他对自己所译的作家作品都有比较全面而扎实的认知与研究，在他晚年的文集中，对狄德罗、纪德等作家的有深度的评论就证明了这一点。他是一个研究型、学者型的翻译家，在翻译界中能达到此种境界的唯有少数出类拔萃的佼佼者而已，如李健吾之于莫里哀、福楼拜，卞之琳之于莎士比亚，冯至之于里尔克、歌德……

学人、文化人的价值以其业绩为归依、为根据，当然不应该以他人的贬褒为转移，也不应该以自谦之词或自炫之词为定论。正因为占元先生过于自谦，后人更有必要为他讲公道话，更有必要突显出他的业绩与贡献，特别是在炒作之风中、在自我吆喝与帮派力挺之下、“顶级翻译家”接踵而现的今天。

2007 年 2 月

堂堂正正人　睿智深刻文

——读《陆文夫文集》漫忆

◎ 钟桂松

《陆文夫文集》封面

在我看来，陆文夫（1928~2005 年）是当代中国最杰出的作家之一。他的人生经历坎坎坷坷，一九四八年高中毕业就投身革命，成为革命队伍中的一员，一九四九年回到苏州担任新闻记者，由于酷爱文学，一九五五年开始文学创作，一九五六年发表短篇小说《小巷深处》一举成名，二十八岁就出版短篇小说集《荣誉》。正当他激情满怀充满理想时，却被以参加“小集团”的罪行划为右派打入社会底层。从此他的命运时阴时雨，起起伏伏，下放工厂，下放农村，劳动改造，一直到粉碎“四人帮”之后，陆文夫的命运才苦尽甘来，多云转晴。此后作品源源不断，佳作连连，为全国读者所敬重，一度担当中国作协副主席。但陆文夫无论是落难下放农村工厂，还是苦尽甘来时，始终做人做到堂堂正正，对人热情真诚，待己淡定无求。而作品写得睿智、幽默、深刻，将苏州的世俗风情写得入木三分，而作者堂堂正正的人格力量又在其作品中不可避免地留下印痕，无论小说还是散文都洋溢着一种正气。陆文夫先生二〇〇五年七月去世，苏州的古吴轩出版社翌年及时推出五卷《陆文夫文集》，让怀念陆文夫敬重陆文夫的广大读者从文集中又见到了“陆苏州”，仿佛又能听到他娓娓道来的文坛灼见，听他讲述自己的经历，或已发生正在发生的往事。

最早听说古吴轩出版社将出版《陆文夫文集》，是在上海报纸上的一则广告。说“古吴轩即将推出《陆文夫文集》”颇有些欣喜和期待。后来又看到有关报道说已出版。但那几天我在杭州好几家书店里寻找，都没有见到《陆文夫文集》踪影。后来又向一位爱书的朋友打听，也是不得要领。又过了几个月，终于在杭州一家大书店查询到《陆文夫文集》了。一阵惊喜但结果却大失所望，偌大的书店只进过一部，已售罄。有一天晚上去散步，踅进一家小书店，细细找了半天，终于见到期盼已久的《陆文夫文集》！

期盼已久的《陆文夫文集》终于到了我的书桌上。夜深人静，在柔和的灯光下，“文集”淡雅的封面上，有一幅若隐若现的大家熟悉的陆文夫剪影——虽然用照片电脑制成，但神形兼备，凝视片刻，仿佛陆先生的形象越来越亲切，亲切到他仿佛在倾听你的诉说，也亲切到仿佛能聆听他汩汩而来的话语！而“陆文夫”三字是选用了陆先生自己的签名，这个字体稍为关注陆先生创作的人，都不会陌生。因此，封面上不光其形象亲切，而且连签名的字体，也会让喜欢陆文夫的人感到亲切，而“文集”二字，用印章白文刻就，红色，在素淡的封面色彩上，并不感到突兀，而是觉得十分贴切，端庄，协调。而书脊上若隐若现的老照片，仿佛让陆文夫笔下逝去的苏州岁月重现在这部厚重的《陆文夫文集》里。

《陆文夫文集》共有五卷，第一卷为陆文夫晚年的长篇小说《人之窝》；第二卷是中篇小说，收录了《美食家》、《井》、《毕业了》、《一路平安》、《享福》、《故事法》、《清高》、《有人敲门》等小说；第三卷为短篇小说，收录《小巷深处》、《荣誉》、《围墙》、《天时地利》等四十四篇短篇小说；第四、五卷为散文随笔。煌煌五卷文集，共计一百八十万字。《陆文夫文集》作为“十一五”国家重点图书，无论从哪个方面来看，都是当之无愧的。这是陆文夫先生一生的心血啊，他对祖国、对人民、对苏州的那腔热心热情都倾注在这一百八十万字的作品中了。据古吴轩出版社副总编陈雪春同志介绍，这五卷文集，是陆文夫先生亲自筛选分类并输进电脑的，断断续续用了两三年时间整理好的，并在每张软盘标签上写上内容提示标记。而且，陆文夫整理自己作品，生前并没有想出文集的念头，只是想“回过头去看一看”而已。

读陆文夫的作品，仿佛就在听他讲娓娓动听平淡而又隽永的人生故事，充满生活充满情趣。他的长篇小说《人之窝》是一九九五年九月由上海文艺出版社出版的，当时我在杭州见到后就买了一部。记得当初读这部小说时，真有点如饥似渴的感觉，因为过去曾读过他不少短篇小说和中篇小说，这《人之窝》是陆先生的第一部长篇小说。小说通过许家大宅院的历史变迁，反映了一群青年学生的人生经历，作品分上下两部，上部写许家后裔许达伟和他的一些同窗好友，为躲避迫害而搬出大宅院，下部故事延伸至“文革”，主要人物的舞台依旧是许家大院。陆文夫选择许家大院作为故事的发生地，人生与房子连在一起，故事构思极为精妙，人物形象也极为生动，语言精辟，常常让读者有置身于其中而又发人深省的感觉。记得当初读《人之窝》时，曾有过写一篇论文的冲动，后来杂事甚多，光看不写，事后想再拾起来写论文，显得不够从容，所以写《人之窝》论文的构想也就搁置了。不料一搁十余年，至今想来还有点汗颜。一九九七年十月，陆文夫先生送我一册《人之窝》，并亲自写上“桂松同志惠存，陆文夫，1997.10，苏州”。这本书我舍不得去翻看，珍藏在书房里专门收藏陆先生著作的书柜里。

记得刚跨入新世纪的二〇〇〇年的秋天，我去苏州看望一个电视摄制组，与陆文夫先生在老苏州酒楼聚餐。席间，我曾问陆先生：“《人之窝》是否还要写下去？”因为我觉得小说后面留有很大的发展空间，所以期待陆文夫续写《人之窝》的念头在读过整部小说之后是非常强烈的。当时陆先生似乎不假思索地说：“还要写下去。”我当时还说，很希望早日读到。当时我还问陆先生，《人之窝》有没有生活原型？记得陆先生表示有生活原型。只是当时在聚餐之前的聊天，每个话题都没有充分展开深入下去。因为，我认识陆先生之后，一直感到，与陆先生聊天简直是人生的一大快事，他的渊博睿智和见地的精到，尤其对世事俗事，对人事天事，似乎全被他洞烛了。他小说语言的风趣幽默，独到深刻，绝不是有些记者所说的“俏皮”。他的小说语言是建立在对生活的高度认识上的，所以他的小说中的风趣幽默是一种深刻。

诚然，一个作家的“深刻”，都是作家对生活认识的一种态度，是作家对生活思考的结果，也可以说这种深刻是作家对人生的一种态度。陆文夫先生对生活观察与思考，在新中国成长的作家里，我觉得是个佼佼者。我在其他文章里也说到过的一件事，虽然已过去二十余年，至今仿佛仍在昨日：一九八六年十月，陆文夫先生应邀到嘉兴讲课，讲完课由嘉兴文联的同志陪同到桐乡乌镇看看。当时我在桐乡县委宣传部工作，记得当时先生偕女儿等一行从嘉兴过来，先到县委，在县委简陋的二楼接待室稍事休息。我们向他简要介绍一些桐乡情况后，立刻驱车去乌镇。我们在乌镇市河西岸影剧院大门口看过“昭明太子读书处”的老牌坊后，拐进一条小街，街边有一家小面馆。这时，往前走着的陆文夫突然拐进面馆里去看了看，出来后，笑着问身边的女儿：你知道那锅台边围着那么多人在干吗？他女儿说不清楚，反问道：“在干吗？”陆先生说：“这些吃面条的人两元钱买碗面，不放心，不知道厨师会烧出一碗什么样的面，所以拥到锅台边去看师傅烧面。”啊，当时我们都很惊讶陆先生看生活的思维方式，这样看生活，恐怕才是真正小说家的应有素质！

在乌镇茅盾故居里参观时，陆先生又带着幽默的语调告诉我们说，“当年凡是被茅盾先生评论过的青年作家，都取得了成功，立刻受到读者青睐。但是……”陆先生脸上掠过一丝苦涩的笑容，说，他的小说得到茅盾评论，不仅没有得到半点好处，反而遭致更猛烈的批判，这点连茅盾先生也没有想到。在茅盾故居参观过之后，我们去故居办公室——当时办公室还在故居的二楼上，请陆先生留点墨宝，写几个字。陆先生有点百感交集，站在茅盾这位文学巨匠家里的楼上，秋天淡淡的阳光从窗口泻进来，沧桑往事一古脑儿涌上心头。他拿起签字笔，写下了“昔日有语道不得，今朝道得又无言。一九八六年十月，谒茅公故居，陆文夫”。在旁边看着陆先生题词的我们，看到陆先生这两句话，和陆先生一样，感慨不已！

茅盾在一九六四年评论陆文夫的小说是用心用力的，而且评论十分到位准确，在《读陆文夫的作品》长篇评论文章里，茅盾阅读了当时一九六四年四月之前所能找到的陆文夫全部小说，了解了陆文夫的坎坷经历后认为：“这样的生活经历，在我国当代的青年作家中，还很少见。这样的生活经历，也必然地要在陆文夫的创作道路上留下痕迹。”同时又以他独到的眼光，评述着陆文夫的小说，在比较中评论其高下。在茅盾笔下，仿佛一个谆谆善诱的师长在批改学生的作品，如茅盾将《荣誉》与《葛师傅》作比较：

《荣誉》把读者的眼光带到这里，又带到那里，极尽曲折之至，然而始终不出一个厂；《葛师傅》却以十分洗炼的笔法让读者的眼光直贯两个社会。《荣誉》的酣畅的心理描写，确使读者如饱餍甘腴；然而，《葛师傅》两次巧车大活塞的惊雷掣电的笔墨却使读者拍案叫绝。而且，就文学语言看来，前者华赡而后者质朴，华赡故时或伤于纤巧，质朴故时时伴着豪放。

茅盾在遍览陆文夫的小说之后，对陆文夫发表于一九六一年八月《上海文学》上的短篇小说《没有想到》推崇有加，他评述道：“这是三千来字的短篇，可是波澜壮阔，人物鲜明，结构严密，笔墨轻灵而闪闪放光，在短篇小说中，此为难得的精品。”在一个革新能手彭克清被调至仓库当保管员这样一件平淡无奇的故事中，在茅盾看来，陆文夫却写得“层层深入，如剥蕉见心”。茅盾这篇写于一九六四年的评论，不可能不烙下当时年份或时代的语言印记。但总体上，看得出茅盾是在用心阅读用心评论的。而且评论出让陆文夫受用一辈子，让评论家不断引用的真知灼见。他从陆文夫一九六一年以后的小说中看到陆文夫在更加努力地追求独创，认为陆文夫“他力求每一短篇不踩着人家的脚印走，也不踩着自己上一篇的脚印走，他努力要求在主题上，在表现方式上，出奇制胜”。茅盾还发现：陆文夫“有意识地探索短篇小说民族形式的前进一步的道路。”茅盾还说：“我的浅陋之见，以为作者颇善于用小动作刻画人物的性格，也善于用前后呼应等方法构成层次井然、步步入胜的布局。”这些评论无疑即使今天读来仍然十分经典，而且后来陆文夫的创作实践也充分证明了茅盾的见解的正确。最后，茅盾用鼓励的口吻，向陆文夫提出了自己的希望：“我以为作者现正处于向更成熟的艺术境界发展的阶段。他的文学修养有相当好的基础，他懂得如何剪裁素材，如何概括生活经验而作艺术的加工；他善于布局，渲染气氛；他知道怎样刻画人物。……我们满怀喜悦地期待着陆文夫的更多更大的成功。”有茅盾的充分肯定，有茅盾的精到点评，有茅盾的殷殷切切的期待，应该说，陆文夫内心是激动的，况且，一九六四年的陆文夫还只有三十六岁！

然后，正像陆文夫后来与我们说起的那样，其他的青年作家如果有当时担任文化部长的茅盾如此深刻精到的评论，无论生活境况还是写作境况立刻会有如沐春风之感。但

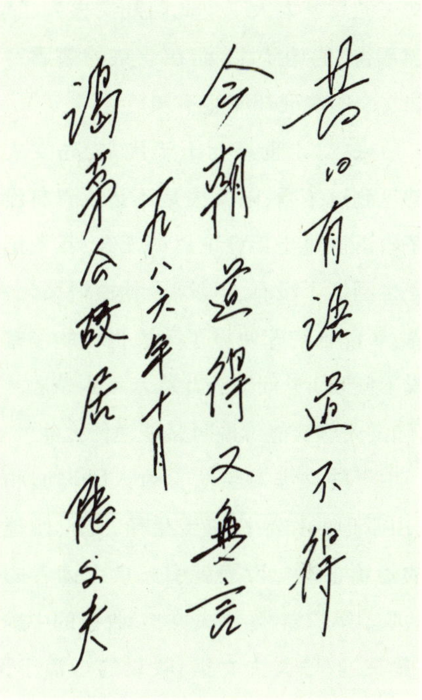

陆文夫在茅盾故居题词：“昔日有语道不得，今朝道得又无言。”

陆文夫没有，陆文夫没有从茅盾对自己作品的评论中享受到温暖，也没有沐浴到阳光。不仅没有，反而遭到一场冰雪寒冷！茅盾关于陆文夫小说的长篇评论在《文艺报》一九六四年六月号上发表后，却遭到诸如“陆文夫的翻案和自我吹嘘”、“错误的创作倾向和错误的道路”、“不正的‘正面人物’”等无情无休的批判。

诚然，此时的茅盾自己也已进入无奈冷落期，自然自己也没有阳光可照耀了，遑论自己评论过的一个青年作家？当时最高领导的“两个批示”足见茅盾政治生涯的艰难。所以，本应如沐春风的陆文夫在得到茅盾评论的荣耀后，却在一片批评声中被下放去江宁县江宁公社李家生产队劳动改造了。这与茅盾评论过的其他作家，老一代如沙汀、臧克家、姚雪垠、当时的青年作家茹志鹃等相比，

陆文夫的反差太大了。此时陆文夫到了“有语道不得”的地步了,而在北京的茅盾对青年陆文夫的情况却浑然不知!

后来,二十世纪七十年代末,陆文夫也许曾见到过茅盾,陆文夫是不是或者有没有向茅盾诉说过当年评论后的无奈,我不记得陆先生回忆了没有,但从“今朝道得又无言”来看,可能当初即使见了茅盾也可能没有机会或不便倾诉!而当一九八六年到茅盾故居时,陆文夫感叹能诉说时又能说什么呢?

由于陆文夫对生活,对人民真诚和热忱,由于他的作品根植于生活之中,使他笔下的短篇小说一发表就引起广大读者的强烈共鸣。第二卷《陆文夫文集》收录的中篇小说,第三卷《陆文夫文集》收录的短篇小说,稍具生活阅历的人对世事能作些思考的人,都会为文集中的小说所散发出来的浓浓的时代生活气息所震撼。当初,《美食家》一经发表,立刻轰动了中国文坛,在中国现当代文学史上,把“民以食为天”的“食”写得如此深刻,实在无出其右。正因为写得深刻,写得专业,不少读者也将陆文夫当作美食家,这真是一种误读!陆文夫是用心而不是用嘴来品尝美食的,他是在写人生而不是纯粹讲吃。只不过他的学问是对世事洞明罢了。所以在整个二十世纪八九十年代里,江南的著名酒楼饭店,听说陆文夫先生来吃饭,大厨师都会不由自主地紧张起来。一些酒楼开业、周年纪念等,主事者也都不由自主地想邀请陆文夫先生去一下。其实这真是一种误解。陆文夫人生跌宕起伏,长期在农村工厂底层中生活,为温饱生存而奔波,在苏州几进几出,虽有幸与老苏州文人有来往,但怎么可能特别讲究美食!只不过对前人经验的汲取和人生的思考,才写出琳琅满目的美味佳肴的。

二十世纪的五十年代、六十年代,七十年代乃至八十年代的人情世故,我们都可以从这二三卷文集的作品里寻到画面,包括语言、性格、价值观念、生活用具等等。新世纪的读者也许有些隔膜,但对今天五十岁以上的读者来说,一九八三年小说《围墙》的发表和传诵却是记忆犹新。当时河北省委第一书记高扬公开向省直机关干部推荐小说《围墙》,引起全国舆论的关注。笔者当时在县里工作,也曾向县委领导建议推荐《围墙》作为县整党整风的学习材料。陆文夫是站在高处看生活,所以能看到生活深处,写出来的作品有生活厚度。所以,今天打开《陆文夫文集》第三卷重读《围墙》,依然深深感到,《围墙》的现实意义仍存在着,有时甚至更有必要,尽管已过去二十多年!

陆文夫的小说知名度很高的还有不少。第三卷《陆文夫文集》中如《小巷深处》、《荣誉》、《葛师傅》、《二遇周泰》、《小贩世界》、《特别法庭》、《献身》等等,都是在当年发表时轰动过的当代文学史上常被学者专家提及的好小说。

读陆文夫的小说有如醍醐灌顶的感觉,小说里人物的的语言,故事情节等,常常让人会心一笑。其实,读陆文夫的随笔散文乃至评论和创作体会,也会感到他的深刻和独到。《陆文夫文集》四五两卷中的随笔散文、体会感受,在陆文夫先生笔下简直篇篇是美文,无论是写人还是记事,都显得情真意切,从容不迫。写人用白描手法,几件小事,一番对话,不经意间写活了所要写的人。在陆文夫的朋友中,上至达官贵人下至小康老农,在陆先生心里笔下,都是值得记挂和怀念的朋友。他笔下的那些工人师傅、农民兄弟,凡进入陆先生回忆怀念文章里的，都是值得可歌可泣的人物。有些人，其后人可能已忘却，但陆先生相隔几十年仍清晰地记得他们的好！“文集”中陆先生那些谈自己的文学想法及创作体会的文章里，字里行间既充满了智慧，又清淡隽永，绝无当今文场里那种自吹自擂或怨天尤人或骂爹骂娘的不良浮躁之气。他总是带着一种淡淡的幽默而风趣的语言，讲述自己的创作体会。一九八三年九月的昆明，天高云淡，陆文夫深入浅出，告诉座谈会上那些文学爱好者：“观察生活要细一点，要想得多一点，要写得严格一点。”他举了许多例子，娓娓道来，发人未发，言人未言，无论听过的，还是没有听过，或在《陆文夫文集》里看过的，相信都会有所收获的。总之，《陆文夫文集》的五卷一百八十万字并不算是高产多产，当今的小青年都动辄几百万字，但那不是在一个等级上，陆文夫先生的文章无疑是二十世纪的真正的文学珍宝！

读陆文夫的作品，还能感受到他的人格魅力，他是一位睿智幽默堂堂正正的人。陆文夫在周围人的心目中，是一位“不大好对别人说的事，对他说绝对没问题”的人，苏州女作家范小青曾说，陆文夫及其作品“想起来备感温暖”，是“内心的一种依托”。陆文夫经历过的苦难不少但他依然很阳光地说过：“一篇作品不管怎样，看了以后总叫人奋起，想做一点有益于人类的事情。”其实，他不仅这样说而且也这样做的，陆先生的作品里，无论是小说还是散文随笔，还是创作体会，都能从其幽默风趣中感受到一种向上向善堂堂正正的力量。笔者一九八六年认识陆先生之后，凡是找得到他的作品，我都会找来读，并从此专题搜集有关陆先生的文章和报道，不完全的搜集，已积累起两大本剪报。

陆文夫在茅盾故居题词，后中立者为本文作者
桐乡市文化馆李渭钫摄

陆文夫与苏州是无法分开的一个整体，他对苏州的感情已不再仅仅是小说题材了，不再仅仅是一个话题，他对苏州的感情，就是生命般的感情，他为积累苏州文化滋养这一方土地，放弃自己本来有限的创作时间，创办《苏州杂志》，一干就是二十年！他坚持真正的文学操守，无怨无悔；苏州的文化事业需要他时，他会放下自己的创作全力以赴。记得当初苏州有线台领导拉着他赶到杭州，找我们借一个编导去苏州拍文化类电视专题片。其实这件事，只要陆先生打个电话，我都会办的。但他还是非常认真来杭州了。那次见面大家都很高兴，我与他说起十多年前在桐乡乌镇访茅盾故居的往事。他知道我在业余研究茅盾，十分关心，并说来杭州前专门翻看了当时我寄给他在乌镇拍的照片，说当时你还穿着军便装，我说是呀，当时的环境就是这样，一个县级机关干部穿军便装顺理顺章。十几年的变化，回想起来还真有些恍如隔世的感觉，发展真快。当时不知不觉地度过了一个愉快的中午，我们想让陆先生在杭州住一晚再回苏州，他说：不啦，任务完成了，下午就回去了。那种热情，虽然已过八九年，想起来至今仍让人感动和敬仰！

后来，二〇〇一年二月十七日陆文夫先

生为苏州电视台拍专题片一事又专门给我写来一封挂号信，他在信中说：

我来信还是要和你商量一件事，再借刘郎为苏州拍一部电视片。去年承蒙你们给了我很大的面子，把刘郎借给了苏州有线电视台拍了《苏园六记》为苏州增添了不少光彩，在全国也产生了很大的影响。苏州有线电视台、苏州市委对此都十分感激，一再要我对你们表示感谢，同时也一再要求我再扮演一次东吴使者的角色，到越国借刘郎为苏州电视台拍一部《水乡苏州》，我也知道，一个人做事要知趣，好事不可多求。可我却也难以推辞，其原因如下：

《苏园六记》取得很大的成功，那是有线电视台的成绩。苏州电视台台长坐不住了，用他的话是感受到很大的压力。你也知道，这有线电视台的无线台一直是飙着干的，苏州电视台的台长和我很熟，他的父亲和我是老朋友，所以他一再来找我，要我一碗水端平，也帮苏州电视台策划一部片子。我自找麻烦，便替他出了一个题目，拍苏州的《水》，苏州这个城市，这个城市的四乡八镇，都是因水而存在，因《水》而流动展现出吴文化的方方面面。他们对此表现出极大的兴趣，并向市委作了汇报，市委大力支持，并且一致认为，这部片子还只有刘郎来作编导，刘郎得知以后，对这个题材也很感兴趣，因为他在拍摄《苏园六记》时便走遍了苏州的四乡八镇，并且对吴文化作过较为深入的研究，积累了很多的资料，一旦主题的出现，各种资料就会聚集，往往就是一个作品的形成，这也是创作的一种规律。电视台、宣传部、刘郎三方面都很起劲，剩下了就是你这一方面了，要我来向你协商，再借刘郎。我十分为难，只好再来为难你了，望你能送佛送到西天，再玉成一次此事。说起来这也是一件好事，对刘郎的创作来说，这两部片子是他创作上的里程碑，所以他也十分看重此事。

捧读陆先生的信，我二话没说，立刻让刘郎同志去苏州。刘郎同志也因为拍片而与陆先生成为朋友。从陆先生去世后的大量的回忆怀念文章中知道，陆先生不光对苏州的文化事业如此重视，对苏州所有的事业都是这样，真诚热情，不遗余力，无论是经济建设上的事还是文化建设上的事，他都会一样去努力！所以深得苏州父老乡亲的敬重。据说在陆文夫先生病重住院时，不少人从外地专程去苏州看望他，因为外地人对苏州的马路不熟悉，常常违章停车问路，当交警得知违章车是来看望陆文夫先生时，立刻放行并热情地指点往医院怎么走。可见陆先生在苏州老百姓心目中的地位和形象！当作家，陆先生能把苏州写到这个程度，做人做到这个份上，恐怕在新世纪还没有听到过第二个！陆先生做人做事堂堂正正无怨无悔，而且还是特别记恩感恩的人，上海一家出版社曾出版过他第一本小说集《荣誉》，所以他常常记着这份刻骨铭心的感情，几十年过去了，早已物是人非，但直到晚年，一代大家的陆文夫，有了新作依旧先交上海这家出版社出版，他要感谢上海的知遇之恩！

凡是见过陆文夫并与之有过交往的人，都觉得陆文夫先生是真正称得上从小巷里成长起来的一位伟大文学家。所以，《陆文夫文集》的出版，应该是中国文坛的一件盛事；而读《陆文夫文集》，则是人生的一大快事！希望有朝一日能见到《陆文夫全集》，让后人记住这位经历坎坷，堂堂正正、充满智慧，热情真诚的作家陆文夫！

寻访鲁迅东瀛足迹

◎ 吴中杰

因为研究鲁迅的关系，早就想到日本去寻访鲁迅早年留学时生活过的地方，并和日本学者交流研究心得，但是一直没有得到机会。

上个世纪九十年代初，内子高云到日本东京创价大学做访问学者，我想去探亲兼访学，日方邀请手续都办好了，但严绍宗副校长找我谈，说校方的意思是，叫我不要去探亲，以后派我出去讲学。我接受这一安排，只好暂时不去。但到得中文系准备派我出国讲学时，学校的领导班子已经换届，新任校长杨福家教授把我从出国讲学的名单中拉了下来，说是超过五十五岁的人都不能公派出国讲学——其时我已经有五十七岁。前任校长华中一教授、前任常务副校长强连庆教授，都还记得过去的许诺，他们主动对新校长说，吴中杰的情况有点特殊，应该让他去讲学，但杨福家校长坚持不肯，说现在要按照他的规矩办，前任校长们也没有办法。不过此后超过五十五岁的教师出国讲学者却不乏其人，而杨福家教授与我同年，也仍穿梭于世界各地，仆仆风尘，这当然又另作别论了。

现在我已退休多年，当然不再有公派讲学的机会，但如自费出国旅游，倒是不受限制了。我和高云虽然都已过了古稀之年，但腿脚尚健，于是决定东行，以了我多年心愿。先是想参加旅行社组织的旅游团，不但自己不必操心签证及住行问题，而且经费上也比较合算，但没有一家旅行社的游程表上是有鲁迅遗迹参观项目的。这也难怪，一般游客，要看的是樱花、古迹、商场，谁会对百年前的什么学院、医专感兴趣呢？我想参加旅游团，游罢一般景点后再自行寻访鲁迅遗迹，但中国大陆的旅游团都要“团进团出”，不能自由行动的，于是只好另想办法。

我在上世纪八十年代初，曾指导过一名日本进修教师——信州大学的松冈俊裕，他看我没有公派赴日的机会，曾提出由他个人出钱邀请我到日本去看看，我没有接受。这次我提出请他发函邀请，我自费赴日，他也同意，这事很快就办成了。我女儿在澳大利亚工作，她们到日本无需签证，听说我们要到日本旅游，就全家过来陪我们一起去玩。只是她们休假时间不长，游过一般的景点，就先走了，我和高云则留下来再寻访鲁迅的足迹。好在旅日的复旦学子甚多，我们随处都能得到照顾。

我先前的博士生张岩冰恰好在东京国学院大学做交流学者，她为我们安排了住处，并陪同参观。但她只不过比我们早两个星期到东京，带我们看博物馆、美术馆还可以，但对一百年前的鲁迅旧址却并不熟悉。于是我就打电话给徐鹏兄的研究生孙猛，要他带路。他在早稻田大学已经工作了二十年，也算是老东京了。孙猛与我也是老朋友，非常热情，但这位王大隆先生的再传弟子，是专治版本目录学的，谈起黑口白口、宋版明版来，当然非常熟悉，而对于鲁迅的旧迹，也很茫然。为了不负我所托，他就到处打听，却又到处碰壁。最后，一位吴先生(当年文化生活出版社经理吴朗西先生的公子)给了他一个藤井省三教授的电话，说只有去问问他了，但又说，藤井现在是日本研究中国现代文学最有名的教授，非常之忙，一般人都不见了，怕未必会理会你这等事。孙猛打电话时也很惴惴，但藤井却非常客气，说是一九七九年他在复旦进修时，曾听过我的课，我到东京他非常高兴，只是他马上要到美国开会，不能陪我寻访，但要请我次日去吃午饭。

于是我和高云、孙猛、张岩冰一行四人，遂于第二日(四月二十一日)中午十一时，到了东京大学藤井研究室。那天是星期六，他还在工作，正与一位青年人谈话，大概是他的研究生罢。我们进去后，他把青年人打发走，与我叙起旧来。他说，我大概不会记得他了，因为听课的人多，老师不可能认得那么多人，而讲课的老师只有一个，所以他是记得我的。他领我们到一家日本餐馆吃生鱼片寿司，老板见是藤井教授带来的客人，很是客气，亲自操作，我们看着他做，他做一道，我们吃一道，老板还送一道特别的菜，表示对中国教授的欢迎。

此次赴日旅游，有一个很大的感受，即是全民对于教师的尊重。其实我们过去也是尊师重教的，后来多次政治运动都把知识分子当做靶子，还动员学生来揭发批判自己的老师，尊师的事也就无从谈起了。现在要恢复起来，恐怕还需一些时日。

弘文学院旧址，早已面目全非

关于鲁迅在东京住过和学习过的地方，周作人原有一些介绍，当然，他说的是当时的情况。藤井送我一份鲁迅之会的会报，是“鲁迅在东京”的特集，则对这些地方的现状也有所调查。从鲁迅一九〇二年四月到日本之初暂住的三桥旅馆，到他读书的弘文学院，以及从仙台回东京后的几处住所：伏见馆、中越馆、伍舍、一轩屋，还有听章太炎讲课的民报社，都有专文加以介绍。但鲁迅于一九〇九年离开日本之后，东京经过二十世纪二十年代的大地震和四十年代的战时轰炸，后来又经过现代化的改建，早已面目全非，旧屋荡然了。但我想，伍舍原是夏目漱石故居，日本人对夏目很重视，保存了他的许多旧物，此屋或许也会保留罢。孙猛说，听说夏目的旧物都原样拆迁到一个地方去了。藤井却说，伍舍也早已拆除了。这使我很失望。但既然到了东京，总得找一处鲁迅活动的遗址来凭吊一下罢。告别藤井之后，我们决定去寻访弘文学院旧址，心想这个学校在当时很有名，周围的老人或者还有所闻吧。

弘文学院原址在牛込区西轩町三十四番地。这地方离早稻田大学不太远，孙猛说他可以找到。但到达西轩町之后，却怎么也找不到三十四番地了。问店家，问住户，问居民委员会主任，问警署，都说不知道。看看路边的街道图，顶多只有十三番地。与当地人谈及弘文学院的创办人嘉纳治五郎，倒是有很多人知道，但所知的不是教育家的嘉纳，而是体育家的嘉纳——因为嘉纳第一个创办了日本柔道馆，对体育事业有贡献，所以喜爱柔道的日本老百姓都还记得他，至于他办学的成绩，却早为人所忘却。我们想，既然现在西轩町最多只有十三番地，那么当初的三十四番地一定也在这最后一番地了，就对着这一片高楼大厦大拍其照，事后孙猛再到警局查询，得知原三十四番地果然并入现在的十三番地了。但说实话，我们在这里什么遗迹也没有看到。

离开西轩町之后，就到神田去逛书店。这也是鲁迅常去的地方。许寿裳记他们当年购书的情况道：“因为我们读书的趣味颇浓厚，所以购书的方面也颇广泛，只要囊中有钱，便不惜‘孤注一掷’，每每弄得怀里空空而归，相对叹道：‘又穷落了！’”这种“苦的经验”，不但当事人回忆起来“还是很有滋味的”，就是我辈后学者读到此处，也很神往。神田真是一条繁荣的文化街，看过去满眼都是书店，远比上海福州路为多。但要寻找鲁迅的遗迹，也已不可能了。我们走进内山书店，这还与鲁迅有些关系，虽然已是后期住在上海的事了。这家书店是内山完造在战后回日本时所开，先后搬了三次家，才搬到这里。现在是完造弟弟的三子内山篱主持。店里主要卖中国书籍，还设有鲁迅专柜，内有鲁迅本人的著作和鲁迅研究著作，品种颇多。

走出内山书店，已是满街灯火。我们只好结束这一天的寻访。

如果说，在东京已经很难找到鲁迅的遗迹，那么，仙台的鲁迅遗迹就保存得较多、较好了。

四月二十五日，我和高云到仙台，东北大学的荣誉教授阿部兼也先生带了两位“鲁迅医学笔记研究组”成员日下女士和笹野小姐到车站来迎接。十多年前，阿部教授到复旦演讲时，我参加过接待工作，曾有一面之交，这次，在日本跟他进修过的华东师大吴俊教授将我要到日本寻访鲁迅遗迹的事告诉他，他一口承诺为我安排仙台的旅程。阿部先生比我小一岁，也已进入古稀之年，我只希望他能为我找好住处，再提供一张路线图就可以了，不料他竟全程陪同。

当天下午，他就陪我们将仙台的鲁迅纪念地和纪念物参观遍。先是看东北大学校园内的鲁迅雕像，再参观东北大学校史室，那里有鲁迅专柜，陈列着鲁迅入学志愿书和学业履历书之类的文物，然后去看当年鲁迅听课的梯形教室，这间教室是特地为纪念鲁迅而保存的，平时关闭着，有人参观时才打开。阿部教授事先约好管理员来开门，才得以进入。但教室外面有一条很宽敞的曲尺形木条走廊，不像是原物，阿部教授告诉我，这是江泽民来参观时，特别为他建造的，而且教室的位置也移动了一下，他举手指一指说，原来是在那边的，为了集中保存一些旧屋，就原样移到这边来了。进入教室一看，觉得同复旦的梯形教室也没有什么不同。阿部教授说，鲁迅常坐在第三排听课，叫我坐在这个位置拍张照。过一会，他在后排忽然有了新发现，我过去一看，原来课桌上画有斧头镰

作者在鲁迅纪念碑和鲁迅像前

刀，还有一些革命口号。阿部考证说，这不会是鲁迅同学写的，那时候还没有十月革命，一定是后来的学生写的。

出了梯形教室，他又带我们到学校图书馆，在一间藏书室里，我们看到了两尊雕像：鲁迅和藤野严九郎。阿部说，这个鲁迅像是北京鲁迅博物馆送的，藤野像是他的故乡福井县送的，现在正在设计基座，准备放在图书馆门口。

当年仙台医学专科学校是与第二高等学校放在一起的，前几年二高校友聚会，出资修整老校门，却把医专的校牌去掉了，只挂了第二高等学校的校牌。但旧校门却保存下来，使我们得以见到当时的样子。

出了旧校门，向北走不远的路，就到了鲁迅在仙台的第一个住处：佐藤屋。这老屋虽然破旧，但却保存完整，而且还有人住着。我们按门铃，想进去到楼上看看鲁迅当年的居室，但无人应声，大概主人上班去了。阿部转身带我们到旁边一家公司的三楼阳台上，那里可以俯瞰佐藤屋，而且还可以看到对面的监狱原址。就是因为佐藤屋老板兼办对面监狱囚人的饭食，仙台医专的老师认为鲁迅住在那里不相宜，几次三番，几次三番地说，使他只好搬家。现在，监狱早已不存在，那里已是一家什么工厂了。从佐藤屋朝反方向走，在医专校门南边不远处，有鲁迅在仙台的第二个住处：宫川宅，也是一所老屋，仍无法进去，我们在屋外拍了几张照片就驱车到仙台市博物馆附近去看鲁迅纪念碑了。

鲁迅纪念碑的照片我看到过多次，现在到了现场，别有一番感受。碑后是一片树林，衬托得纪念碑更显肃穆。旁边又多了一尊鲁迅塑像，是中国绍兴鲁迅纪念馆所赠，表现出鲁迅不屈的性格。阿部教授对我说，鲁迅纪念碑的建造是在一九六〇年，原初想放在东北大学校园里，但文部省不同意，而仙台市却愿意接受，所以就建在这里了。那一年日本国会通过了日美安全保障条约，反对的呼声很高，文部省不愿意纪念鲁迅。

在日本，纪念鲁迅已成为中日友好的象征，所以有时会和政治斗争搅在一起。我想，现在东北大学图书馆要在入口处摆出鲁迅和藤野的大塑像，是否也表明文部省的新态度呢？

第二天，阿部教授穿了一身和服，仍请笹野小姐开车，一起陪我们游松岛。这是日本有名的风景区，离仙台不远，据说鲁迅当年也曾来过。但谁也搞不清他游览过哪些地方，感受如何？我们就拣风景佳丽处走了一圈，有些还是外人不大走得到的地方。当时正是仙台樱花盛开的时候，连老树枯枝都开满了繁花，我对它的生命力感到惊奇。阿部先生说：我也是老树了，我也还要开花。我和高云都说：我们都是老树了，我们都要学它一样，开出繁花来。

归途中，阿部带我们到一家温泉去洗澡。他说，仙台的温泉是有名的，你们体验一下吧。不过现在的澡堂与鲁迅时代已不一样了。据许寿裳说，当时仙台浴堂的构造，男女之分，只隔一道矮的木壁，故鲁迅曾有神来之笔，道："同学阳狂，或登高而窥裸女。"现在的浴室，则男女完全分隔，即使有阳狂的同学，也无从窥视了。但是否还有男女同浴的温泉，我就不知道了，我所说的，只是阿部带我去的那一家。在这之前，我们到金泽时，李庆老弟带我们去洗的那家温泉，也是男女分隔的。

回到仙台市内，东北大学鲁迅研究会的五六位同仁，已聚候在一家中国餐厅里，等待我们入席了。他们点了中国菜，叫了绍兴酒，说是用鲁迅的家乡菜招待我们。酒确是绍兴老酒，菜却是东北菜、广东菜、浙江菜都有，不但并无绍兴风味，而且已不是纯正的中国菜了。不过心意可嘉，我们仍很领情。席间，阿部教授将我送他的一套盒装的《吴中杰评点鲁迅作品集》出示，大家都对这部书

原仙台医专解剖室

的装帧非常赞赏，大村泉教授要我回到上海后，寄赠给东北大学鲁迅研究会一部，我当场答应了。

过了一会，他忽然提问道："在你的评点本里，《藤野先生》是放在散文里，还是放在小说里？"

我说："鲁迅自己将它收在回忆散文集《朝花夕拾》里，我当然也把它放在散文里。"

大村忽然激动起来，连珠炮似的，发了一大通议论，弄得翻译佐藤由美小姐一时语塞，急得不知怎样翻才好。这位佐藤小姐是东北大学中国文化研究室的研究生，曾到复旦大学留学一年，汉语水平不低，刚才我们在车上还聊得很好，现在是被大村的气势和语速吓住了，阿部先生只好自己出马来翻译，但也没有全译，只说大村先生认为《藤野先生》是小说，他的观点在网上受到中国学者围攻，所以很不高兴。

我对大家说："大村先生的论文，发表在去年出版的纪念鲁迅逝世七十周年国际学术讨论会的论文集《鲁迅：跨文化对话》中，我到日本之前已经看到过，所以对他的论点有所了解。他的意见是，这篇文章中有些细节与事实不符，有些人物和事件没有写上去，所以不能算是散文，应该归入小说一类。

但我的看法有所不同。散文虽是记实的文体，但也不可能每件事每句话都按照原样有闻必录，它必然有所选择、有所概括，其中突出某些人、某些事，而将另一些人事略而不写，是正常的。鲁迅说，《朝花夕拾》中的文章，是从记忆中抄出来的，那就是说，它是记实的，不是虚构的；但又说，'与实际内容或有些不同，然而我现在只记得是这样'，这是因为年代久远，可能会有记忆上的错误。另外有些小改动，则是为了行文的方便，比如，'鲁迅'是他在一九一八年发表《狂人日记》时开始用的笔名，但在《朝花夕拾》中却记载着早就有人叫他'鲁迅'了，这是因为他写文章时，'鲁迅'已成为他的通用名，也是这篇文章的署名，为了避免在散文中作繁琐的注释而作的小改动，是可以理解的，不能算是不实的虚构。"

但大村泉教授仍坚持他的观点道："藤野先生的解剖学课程，鲁迅明明没有考及格，他为什么说自己的成绩是六十分以上呢？"

这个问题没有等我开口发言，阿部教授就抢着回答了。他拿起书来先读鲁迅的原文："中国是弱国，所以中国人当然是低能儿，分数在六十分以上，便不是自己的能力了：也无怪他们疑惑。"接着说："鲁迅是批评当时有些日本青年的偏见，并没有正面说自己哪一门课的成绩是多少。"

大村教授没有接阿部的话茬，仍按照他的思路说："我希望吴教授能注意到我们的研究新成果，在以后的文章中改变观点。"

我说："我很重视仙台朋友的新研究成果，但新成果并不一定能改变老观点。我没有上网看有关的争论文章，不知道具体情况如何。我只能说：对新观点进行围攻我是不赞成的，但提出新观点者也不能要大家都赞同他的意见，都跟着他走，这样也太霸道了。我是赞成各种观点平等地进行讨论、争鸣的。"

我的解释并没有产生什么效果，因为大村教授很固执自己的意见，在散席时，他还拿出一本名为《新文化》读物的修订本，翻出目录给我看，说这是日本高中教科书，每年有几十万读者，《藤野先生》一文就收在小说栏里。当然，我也不为所动，我的理由是：学术讨论是不能由某种教科书来下结论的。

鲁迅研究会的同仁们都微笑着看我们争论，不想介入。他们送我两本有关鲁迅的书，并一一签上自己的名字，以为纪念。一是中文版的《鲁迅与仙台》，一是日文版的《藤野先生与鲁迅》。而大村教授也很热情地提出，要我参加今年十月在北京鲁迅博物馆举行的鲁迅与藤野塑像揭幕仪式，说是他也要去参加。我说，这种揭幕仪式一般是所在单位的成员和其他官员参加的，我是一名退休教授，不可能跑到北京去参加。他的执拗劲又上来了，说：我与北京鲁迅博物馆馆长是好朋友，我一定要他们邀请你参加！我也只好说：如果他们邀请，我就去参加。我们大家都笑了。

第二天，我和高云离开仙台，直奔神户而去，准备再游历几个地方，然后从关西机场乘机回国。阿部教授自己开车将我们送到车站，而且还买了站台票一直送上火车，帮我们安顿好行李，并送了两个柑子，说这是原生态的，没有污染，然后依依惜别而去。

戏剧两则

◎ 严搏非

《乌托邦彼岸》及其他

今年三月，我到纽约呆了一周。去之前，有朋友介绍说，纽约的林肯艺术中心正在演一个话剧，非常好看。话剧叫《乌托邦彼岸》，话剧的作者是汤姆·斯托帕(Tom Stoppard)，一个捷克犹太人，第二次世界大战结束后移居英国，当时才九岁，成年后几乎就是个地道的英国人。但他终于在一九七七年回到了捷克，东欧国家残存的政治乌托邦和极权下的反抗吸引了他，他和刚从监狱中出来的哈维尔成了至交，从此关心起公共事务成为政治活跃分子。二〇〇二年，斯托帕在史料中整整浸泡了四年以后，在柏林墙推倒的十三年后，写完了这个剧本：《乌托邦彼岸》。

《乌托邦彼岸》(*The Coast of Utopia*)共有三场："航行"、"失事"、"获救"，每场三个多小时，整部戏演完要将近十一个小时。这是部关于"革命"的戏剧，它写了整个十九世纪俄国的思想风暴，从巴枯宁、赫尔岑、别林斯基，到屠格涅夫、车尔尼雪夫斯基、卢格、科苏特，从"四十年代人"到"六十年代人"，而它的跨度，则从对一七八九年法国大革命和一八一二年俄国十二月党人起义的追溯，一直到对二十世纪俄国十月革命的预言。三场戏的名字"航行"、"失事"、"获救"，则意味着革命由希望、挫折、转机、成功以及成功后的泛滥。据说剧作家写作此剧的主要思想和价值的来源，就是以赛亚·伯林的那部《俄国思想家》。

伯林是西方少数几个能深入看清俄国革命涵义的人之一，在他看来，十九世纪俄国激进知识分子的"走火入魔"，其实身上附着的是那个巨大的来自于西方的政治乌托邦：去找到那个宇宙的终极目的。陀思妥耶夫斯基小说中描写的"魔鬼"(俄国激进知识分子)，他们冲向盲目的自我毁灭，还带着整个国家同归于尽，随后更贻害世界许多地区，其实正是这一信念的几种最极端形式之一。然而它的问题来源和它的困境，却就是那个从实然到应然即从事实到价值的断裂，那个五百年的现代性至今仍绕不过去的"休谟问题”。

“休谟问题”是要求选择的，十九世纪俄国那些最敏感的知识分子，他们的迷人之处就在于他们在激烈矛盾中的选择，这需要巨大的道德勇气，因为明知道可能导致灾难。十九世纪的俄国思想家们，用他们彻底的道德精神，给我们留下了一个世纪的灾难和许多对我们这个时代的先知式的洞见。于是才有了伯林的说法：只有了解了右派和左派的“巨大专制幻想”在思想和道德上吸引力的人，才能真正了解并维护自由主义的价值。

从表面上看，各种革命的意识形态似乎已经与我们今天失去了联系，但事实上，引起这些意识形态的问题并未过去，它可能更深入地隐藏到今天的生活事件中，我们可能已经更深刻地回到了它的原点：关于自由和暴政。尽管在形态上可能非常不同。因而，选择仍然必要，就像伯林曾引述过的一句话：“明白自己的信念只相对有效，而仍毅然支持之，不挠不退，是文明人所以有别于野蛮人之处！”

我到纽约的时候，这部戏已经上演了两个半月了，朋友在电话里说，你要提前订票，不然会买不到。我提前了一周去订，开始的回答是有票，但不连座，犹豫了半小时，再去，一张也没了。在这同一段时间里，书店里伯林的《俄国思想家》，则从原来的全美每月销售三十六本卖到脱销。这本《乌托邦彼岸》已有中文本，是国内一位年轻的图书策划人引进的，二〇〇六年四月由南海出版社出版，印了五千本，一年过去，卖了不到三千。在中国当下的精神生活中，不仅乌托邦死了，连同对乌托邦的反省也死了。而在这些的背后，则是知识精英的平庸化和死亡，但这是另一个大问题了。

萨拉·凯恩和她的戏剧

值得说的还有另一部戏和这位剧作家的集子。二〇〇六年十月，上海话剧中心的D6空间上演萨拉·凯恩的戏，当时我们正准备出版萨拉·凯恩的戏剧集，话剧中心来联系过几次，还送来了一些票，我找了个晚上去了。

走进剧场的时候戏已经开始。D6空间就像一个微型排球场，两边的梯形座位上坐满了观众，一束灯光照在中间的矩形舞台上。女演员蜷曲在一个玻璃盒子中，痛苦而绝望地扭动，长时间地静默。她终于从盒子中走出来，目光向空间注视着，独自地、静态地开始大声吟诵。在那些不连贯的、强烈的喊叫和吟诵声中，角色（一个精神病人）似乎携带着这个资本主义后工业社会的灵魂，表现出对当下时代精神最清醒的理智。这是英国女剧作家萨拉·凯恩在自杀前一周时完成的戏剧：《4·48精神崩溃》。

这位在千禧年前自杀的二十八岁的剧作家只写了五部戏剧，但每一部都在欧洲和北美引发轰动。在这个谨小慎微的物质主义时代，萨拉·凯恩以她清晰的理智来描述依然存在的地狱。《小世界》的作者大卫·洛奇曾经说过：二十世纪六十年代以后，地狱消失了。这意味着，批判知识分子也消失了。为地狱存在的知识分子，失去了他们的批判对象，他们的“鸦片”没了。在洛奇笔下的知识分子，坐着喷气机赶往全世界参加各种会议，为各式各样的琐细学问撰写长篇论文，顺便寻求可以点缀生活的艳遇。而他们试图构建的乌托邦，则假扮成物质主义降临了。然而这正是韦伯在一百年前预言的资本主义文化异化的结果：“没人知道将来会是谁在这铁笼里生活……(我们)完全可以,而且是不无道理地,这样来评说这个文化的发展的最后阶段:专家没有灵魂,纵欲者没有心肝,而这个废物却幻想着它自己已达到了前所未有的文明程度。"

批判知识分子当然并没有完全消失,萨拉·凯恩就清醒地看到地狱:"我一直不断地写剧作只是为了逃避地狱——然而始终未能如愿——但从事情的另一端来看,当你们坐在席间一边看一边觉得那是对地狱最完美的表述时,我又感到这也许是值得的。"在她自杀前写下的《4·48 精神崩溃》有这样的句子:我们是受诅咒的/理性的贱民(按:现代性/工具理性);我为何被击残?/我看到了上帝的显现/它将来临并隐去;我们是绝望无助的人/谁废黜了我们的领路者/而焚香参拜太阳神(按:就像韦伯说的"世界不再迷人",现代性切断了世俗与超越的神圣事物的连接,"我们不知道在这惊人的大发展的终点会不会又有全新的先知出现,会不会有一个老观念和旧理想的伟大再生");最后,萨拉说:我为死者而写/为未出生者……

这位年轻早夭的作家,有着令人意想不到的深度。

萨拉·凯恩是张献和胡开奇推荐的,联系版权差不多用了半年的时间,远在纽约的胡开奇还负责剧本的翻译。二〇〇六年十一月,《萨拉·凯恩戏剧集》在新星出版社出版了,它包括:《摧毁》、《渴求》、《清洗》、《给菲德拉的爱》和我们上面说的《4·48 精神崩溃》。此外还有一个将近三万字的附录,那是从三本不同的评论中选出来的。

《乌托邦彼岸》和《萨拉·凯恩戏剧集》,在少数几个书店里应该还能买到。

补白

胡适谈张元济与商务印书馆

1961 年 2 月 7 日

"书,是要它流通出去给人看的。印书的人不能有错字。在从前的读书人想借阅一部宋版的或善本的是很困难的,自己没有财力买得起,借看也不容易。不过我这一生向人借的书从来没有人不借给我。商务印书馆,名字叫做商务,其实做了很大的贡献。像张元济先生为了影印《四部丛刊》,都是选用最好最早的版本,里面有许多宋版的书。读书人花了并不太多的钱,买有这部书,就可以看到了。这部书对中国、日本的贡献之大,也可以说对全世界都有贡献的。像《百衲本廿四史》,都是顶好的书。当时想征求一部善本的《五代史》,在报上以重价征求,始终没有出来。商务的确替国家学术做了很大的贡献,所以张元济当选院士之后,全国没有一个人说话。"

(选自《胡适之先生晚年谈话录》胡颂平 编著 新星出版社)

大提琴家罗斯托波维奇之死

◎ 鲲 西

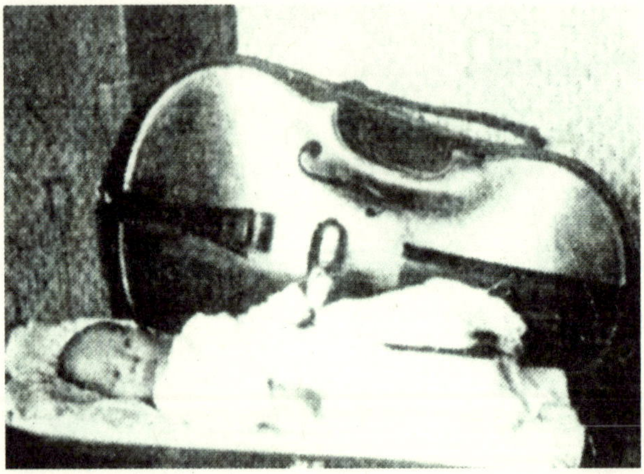

大提琴家罗斯托波维奇婴孩时躺在他父亲的大提琴盒内

据《纽约时报》记者 Allan Kozinn 的专栏报道，当代最著名的大提琴大师罗斯托波维奇四月二十七日在莫斯科去世，他一度在巴黎治疗，最终还是在祖国的大地上离开人世。今年三月二十七日他还出席在克里姆林宫特意为他举行的生日庆祝会，并且接受普京总统颁发的最高荣誉奖。

在教堂举行过追思会后，罗斯托波维奇遗体被安葬在 Novodevichy 墓地，在他的前辈普罗科菲耶夫、肖斯塔科维奇一侧。稍远处也埋葬着不久前去世的叶利钦总统。罗和普罗菲科耶夫及肖斯塔科维奇严格地说是两代人，但躺在这花岗石墓地下的这三个灵魂，不仅有师生之谊，同时也经受着相同的苦难。

罗斯托波维奇一九二七年出生于阿塞拜疆的巴库一个音乐世家的家里，四岁学钢琴，七岁跟父亲学大提琴，而他的父亲曾是上世纪三十年代大提琴大师 Pablo Casal 的受业者。这一幅躺在他父亲大提琴盒子里尚是婴儿的罗，幼稚的心灵，予人以圣洁的感觉。

罗斯托波维奇到上世纪四十年代开始确立作为大师的地位，尤其可贵的是他永远不会忘记他的两位前辈普罗科菲耶夫和肖斯塔科维奇，他曾跟他们学习作曲法，他们是他的恩师，但更为难能可贵的是在反抗专横统治上，他比他的前辈表现得更顽强，走得更前。肖斯塔科维奇不堪斯大林时代对音乐对艺术的专横的指责和禁锢，他转而把一腔悲愤化入他晚期的作品中，尤其是他晚期创作的四重奏中。罗斯托波维奇却表现得更为无所畏惧，以下是典型的一例：他直接给当时苏联官方报纸《真理报》写信，他在信中写道：“请告诉我是什么给予那些对艺术一无所知的人拥有最后的发言权？每一个人都应享有自由思想的权利，而不是只能当做应声虫。”《真理报》理所当然地不予发表，但西方的报纸却刊登了。这样，罗在国内的演出时好时坏，有时没有任何理由地被官方取消。到一九七八年他和他妻子的护照终于被吊销，也就是说他被剥夺了苏联的公民权。

柏林墙推倒后，大提琴家罗斯托波维奇为群众街头演出巴哈的无伴奏组曲

罗斯托波维奇终于看到了苏联的解体，而此时的独联体也逐渐趋向开放，罗并且和戈尔巴乔夫结上了私人的友谊。在他恢复公民权以后，他做的第一桩事就是率领美国国家交响乐团前往莫斯科。那是一场在红场举行的露天音乐会，为了让买不起音乐厅门票者享受一次精彩的演出。这一场音乐会听众有十万人之多。作为乐队指挥的罗，连他自己也深深地受感动，他对《纽约时报》记者说：“俄罗斯人正需要这样的场合向全世界人证明他们是一个伟大的民族。过去的历史事件玷污了不少，但听音乐的此刻告诉人们这里有一个伟大的民族。”这是毫不虚饰的自豪，一种对于自身民族的完全的自信。读 Allan Kozinn 这篇报道，至此会对斯拉夫民族上世纪以来在文学艺术诸方面的伟大成就，应有肃然起敬之感。

这里展出的一张照片是柏林墙推倒之后，一九八九年十一月十二日罗斯托波维奇在离墙不远处为群众演奏巴哈的无伴奏组曲，那些不约而来的老少群众记录着这一历史时刻。罗作为成名的音乐大师，他也是这一历史长流中的一员，《纽约时报》的报道给他加上这样的称号——大师和苏维埃时期的异己者。当小说家索尔仁尼琴受迫害时，是罗斯托波维奇为他提供了庇护所。这就是罗斯托波维奇。他身后留下了丰富的遗产，那些他生前演奏的曲集。然而最大的遗产是他的献身精神，为艺术为自由。

罗斯托波维奇家族一九二五到一九三一年在巴库的故居，现在已用罗斯托波维奇父子的名义向外开放，供人瞻仰。

苏共二十大秘密报告出台的前前后后

◎ 述　弢

一九五六年二月召开的苏联共产党第二十次代表大会，无疑是二十世纪的重大事件之一。它所引起的冲击波早已超出苏联的国界，回荡于世界各地。其实，苏共二十大本是一次例行的党代表大会，也是斯大林去世后召开的第一次党代表大会。赫鲁晓夫代表上届中央委员会在会上所作的工作报告，似乎并无太多的新意。就在选举产生了新一届中央委员会、大会即将闭幕的时候，突然宣布举行秘密会议，赫鲁晓夫在会上作了《关于个人崇拜及其后果》的报告。这就是所谓的"赫鲁晓夫秘密报告"。报告首次公开披露了骇人听闻的斯大林屠戮行为，并从此开始了非斯大林化的进程。时隔四十多年之后的今天，人们对报告的兴趣丝毫不减。这样一篇堪称"一石激起千层浪"的报告，当初是如何出台的呢？

一九五三年，斯大林去世后不久，苏联内务部新任领导人即将国家安全机关在炮制假案方面的所作所为公诸于世：其中提到曾经使用刑讯逼供、斯大林本人也参与其事等等。报刊上公布了与炮制"医生案件"、"格鲁吉亚政治活动家案件"、"列宁格勒案件"等假案有关的事实。内务部重大案件侦查局的工作方式也见诸报端。该部一些工作人员因此被撤职甚至被逮捕。中央主席团成员（即政治局委员）和其他领导干部的至亲好友，纷纷自监狱和流放地重返家园。恢复名誉的工作逐渐展开。获释者的人数与日俱增。他们讲述了所受到的严刑拷打和劳改营中的非人生活。中央主席团委员收到的申诉信愈来愈多，人们要求对于二十世纪三四十年代政治清洗受害者的案件进行重新审理。

赫鲁晓夫在苏共二十大作秘密报告

赫鲁晓夫（一说是米高扬）建议在即将举行的第二十次党代表大会上，向代表们讲清过去所发生的事情。他还建议成立一个权威的委员会，对内务部、国家安全委员会等机关的全部文案进行研究。多数中央主席团委员赞成他的建议。这些人充分意识到自己参与斯大林罪行的责任。他们害怕别人会去翻他们的老账。此外,他们既是同谋者,又是斯大林的牺牲者和人质。曾几何时,任何一位党内高官只要与斯大林的意见稍有不合,就会招来杀身之祸,甚至殃及家属亲友。如今他们回忆起不久前那种恐怖和说谎的气氛,既感到心有余悸,又愤愤不平。与其日后让别人去说三道四,倒不如自己主动出来说明事实真相。赫鲁晓夫认为,主席团委员通过这样的情况汇报可以向大会代表表明,有关斯大林罪行的一切,他们是直到代表大会前夕,才从委员会的专门调查结果中知道的。这样,主席团委员就可以在某种程度上卸掉自己在二十世纪三十年代血腥恐怖中所负的责任。他们自己主动提出这个问题,就能使他们避开可能受到的指控。

不可忘记,党的领导层、各级官员中出现了一种谴责斯大林独断专横、谴责针对党和国家干部的残酷清洗的情绪。二十世纪四十年代至五十年代初,清洗变本加厉、日盛一日,眼看着大清洗的历史就要重演,所有的社会集团都陷入恐惧之中。斯大林晚年的加紧清洗,再次表明清洗已是斯大林体制必不可少的组成部分。

国家高级官员、中央委员、为数众多的地方干部,多年来随时面临逮捕、监禁、处死、家属受牵连的威胁,他们对于这种惶惶不可终日的生活早已感到厌倦。他们多么盼望个人安全能够得到可靠的保障。斯大林去世后,他们认为实现希望的日子终于来到了。

以上只是主观上的因素。此外,一九五三年夏季,苏联社会正处于社会爆炸的前夜。党的无比强大、无限权力,全国公民对党无限忠诚,官方宣传的这些陈辞滥调已经无法掩饰社会内部的深刻矛盾。千百万人多年来经受了难以置信的困苦和牺牲。然而他们的忍耐已经到了极限。基本群众不再相信党所许诺的“光辉未来”。

体制开始出现故障。对于现存制度——艰苦的物质生活状况、低下的生活水平、严重的住房危机,民众开始表示不满。斯大林去世后上台的新领导人深知,再用以前的那一套办法已经无法保住国家,保住体制。

对于平反昭雪,报刊几乎从不披露,对于那些返回自己家园的人,更是绝口不提,可他们对自己的亲友讲了全部情况。此外,一九五三至一九五四年此类案件的处理都不是一个人说了算,而是集体作出决定。一九五三年三月至一九五四年年底,苏共中央、苏联检察院、苏联军事法庭以及各级安全机关,不知开了多少次会议。事情进展缓慢,然而,至一九五四年年底,受到平反昭雪的人数已在一万以上。其中不少人是死后平反的。对于党的领导层的压力可说是与日俱增;各级党和国家机关已收到数十万份要求平反的申请书。几乎每次平反,甚至每释放一个犯人,都会在劳改营的犯人中引起骚动。

所谓的苏联集团国家也出现危机。为了镇压一九五三年六月东柏林的工人暴动,动用了苏联军队。苏联国内劳改营犯人的暴动更是此起彼伏。一九五三年夏天,沃尔库特和诺里利斯克发生暴动。一九五四年夏天,肯吉尔发生了长达一个月的大规模犯人暴动。劳改营的暴动震撼了整个劳改营管理总局的体制,出现了千百万犯人获得自由的危险。这就可能成为引发重大社会动荡的定时炸弹。国内局势日益白热化。苏联必须采取旨在改革并同时保住现存体制本质的根本措施。这就是促使党的领导人批判斯大林主义的重要原因之一。

随着第二十次代表大会开幕日期的临近，苏共中央主席团内部的争论也日趋激烈。一九五五年十二月三十一日的主席团会议上,就二十世纪三十年代大清洗进行了激烈的辩论。主要的议题是第十七次代表大会当选的中央委员和大会代表的命运问题。成立了以波斯佩洛夫为首的委员会,并责成该委员会研究一九三五至一九四〇年针对十七大选出的中央委员、候补中央委员以及其他苏联公民的大清洗。二十大召开之前的日子里,向中央主席团汇总的关于斯大林罪行的事实也愈来愈多。波斯佩洛夫委员会积极开展工作,并随时向主席团汇报自己的工作情况。中央主席团会议上愈来愈多地提出一个问题:如何向党通报关于所揭露出来的斯大林罪行的事实。一九五六年二月一日的会上,赫鲁晓夫直截了当地问他的同僚:“我们是否具有足够的勇气讲出真相?”与会者在发言中举出足以说明斯大林直接领导了大清洗的具体事实。赫鲁晓夫建议将这些事实也加到报告中去。莫洛托夫在会上的发言引起激烈的争论,他说报告中一定要指出斯大林作为伟大领导者和列宁继承人的作用。首先起来反驳的是米高扬，然后是萨布罗夫，他说:“既然事实俱在，难道这是共产主义?这是不能饶恕的。”马林科夫同意他俩的意见,说关于斯大林的问题提得对,应当向全党讲。支持赫鲁晓夫的还有别尔乌辛和布尔加宁,布尔加宁强调说,报告中不应颂扬斯大林。只有伏罗希洛夫毫无保留地支持莫洛托夫,卡冈诺维奇则有所保留。莫洛托夫和伏罗希洛夫提出了更深入地研究所有事实的问题,并认为在代表大会上讲波斯佩洛夫委员会的结论为时过早。会议对莫洛托夫的怀疑并未加以考虑。赫鲁晓夫最后说,应当从党的利益出发来作出决定。他强调说:“斯大林是忠于社会主义的,但一切都是以野蛮的方式来处理。他把党毁了。他不是个马克思主义者。”会上首次十分肯定和尖锐地提出对斯大林的个人崇拜的问题,提到他的方式,提到他是大清洗的组织者。

二月初,波斯佩洛夫委员会完成了自己的工作,向中央主席团提交了长达七十页的报告。委员会援引了至关重要的文件,根据这些文件,二十世纪三十年代后期进行了大清洗。委员会作出结论:内务人民委员部所揭露的反苏组织、集团和中心,都是在侦查员通过拷打折磨犯人所炮制的假案的基础上出现的。委员会指出,炮制假案,对党的干部进行折磨、拷打,都是斯大林亲自批准的,他事先就打算对党的干部和中央委员来一次大清洗。委员会指出:“定期向斯大林和某些政治局委员呈报对被捕者的审问记录,由于被捕者的供词,有些尚在工作的苏共中央委员和候补委员、民族共产党、边疆区党委和州党委的书记就突然消失了。叶若夫公开在会上说,他是按照上面的指示行事的。可见，最可耻的违反社会主义法制的事情,最野蛮的拷打,都是约·维·斯大林以联共(布)中央的名义两次批准的。在我党半个世纪的历史上,曾有过严重考验的篇章,却没有哪一页比一九三七至一九三八年大清洗更沉重、更痛苦,这是绝对无法原谅的。”

二月九日,中央主席团听取了波斯佩洛夫委员会的汇报。波斯佩洛夫本人是亲斯大林的,但列举的事实太触目惊心、骇人听闻,以至他在讲话中，尤其是讲到十分沉重的地方时，也是眼含热泪，声音颤抖。听完汇报后，赫鲁晓夫讲了自己的观点："既然把所有的人都除掉了，还算什么领袖？应当有勇气讲出真相。如果不讲，那就是对代表大会不诚实。"他建议在秘密会议上讲。并建议印发列宁的《遗嘱》和《关于民族问题的信》。莫洛托夫首先发言。他再次试图让主席团委员相信，报告中应当有"斯大林是列宁事业继承人"的提法，理由是三十年来党都是在斯大林的领导下生活和工作的，党在他的领导下实现了国家工业化，赢得了战争。布尔加宁总体上赞成赫鲁晓夫的建议，他认为在评价斯大林的作用时，可以将其活动分成两个阶段：第一阶段为一九三五年之前，斯大林是"忠实的马克思主义者"；第二阶段为一九三五年以后，斯大林已不再是一个马克思主义者。对于这个"两段论"，有不少人赞成，也有人表示反对。总之，莫洛托夫、卡冈诺维奇和伏罗希洛夫都反对在代表大会上单独作关于二十世纪三四十年代清洗和个人崇拜的报告。与会的其他主席团委员和候补委员则与他们针锋相对，完全赞同赫鲁晓夫的观点。赫鲁晓夫在最后总结时，有意淡化会上的激烈争论，说大家在必须向代表大会讲出真相这点上并无分歧。

二月十三日，即代表大会开幕的前一天，中央主席团会议决定，"向全会提出建议：中央主席团认为有必要在代表大会的秘密会议上作关于个人崇拜的报告。批准赫鲁晓夫同志为报告人。"中央主席团委员担心关于斯大林体制罪行的真相会对代表的投票产生影响。在这个问题上，伏罗希洛夫的发言尤其激动，他直截了当地警告说，代表们听了这样的报告，到选举党的领导机关时未必还会投中央主席团委员的票。于是决定将赫鲁晓夫的报告安排在一九五六年二月二十五日，即选举党的领导机构之后，并决定不就报告展开讨论。

二月十八日，向赫鲁晓夫提供了报告的初稿，即波斯佩洛夫、阿里斯托夫提交的报告。赫鲁晓夫请谢皮洛夫帮助起草报告，谢皮洛夫慨然应允。二月十九日的中央主席团会议上，米高扬提出关于农业失败的问题。萨布罗夫提出关于斯大林在战争和战后国际关系中的作用问题。在对赫鲁晓夫报告文本的意见中，谢皮洛夫建议讲讲战争期间的民族清洗。报告的最终审定稿分别送给中央主席团委员和候补委员，他们在阅读之后，提出了自己的意见，总体上赞同这个文本。至二月二十三日，报告已基本就绪。

一九五六年二月二十五日上午，第二十次代表大会的代表和新当选的中央委员，来到克里姆林宫大会堂参加"秘密会议"。与会者均发有特别的通行证。会场里没有各"兄弟党"的来宾，也没有新闻单位的人士。苏联部长会议主席布尔加宁宣布大会开始。他请赫鲁晓夫在会上作报告。报告的题目令几乎所有的代表感到不同寻常、出乎意料，叫做《关于个人崇拜及其后果》。只见赫鲁晓夫站在台上，显得很紧张。起初干咳几声，讲得不那么自信，后来就放开了。他经常离开讲稿，而且即兴发挥的部分比报告本身的评价还要来得尖锐。赫鲁晓夫一上来就声明，他今天不讲斯大林的功劳和成就，这方面的言论和著作已经不少。他要讲的是全党所不知晓、中央主席团直到最近才得知的事情。他先讲到列宁临终前数月与斯大林之间的冲突以及列宁关于解除斯大林总书记职务的建议。谈到基洛夫遇刺的许多疑点以及就此案进行的侦查，明确地暗示斯大林可能与此案有牵连。讲到斯大林批准的大清洗、犯人所受到的残酷拷问，甚至原先的政治局委员也未能幸免；讲到这些人临死前致斯大林的信件，斯大林看了这些信件，却置之不理。赫鲁晓夫说，第十七次代表大会本是联共(布)历史上公认的"胜利者的大会"，斯大林却除掉了一半以上的大会代表、三分之二以上由大会选出的中央委员。赫鲁晓夫还指责斯大林战前有重大失误，除掉了陆军和海军的优秀指挥员。他将一九四一年至一九四二年红军的节节败退和苏联大片大片领土沦陷的责任都归到斯大林的身上。根据斯大林的要求，战争期间强迫卡尔梅克人、卡拉恰耶夫人、车臣人、印古什人和其他民族迁离自己的家园。战后列宁格勒党的干部又受到了非法迫害，许多联共(布)党员被处决。甚至在二十世纪五十年代初期，斯大林还开始准备新的清洗，并在事实上将莫洛托夫、米高扬、卡冈诺维奇和伏罗希洛夫排除在党的领导工作之外。斯大林还对苏联农业的深刻危机、苏联外交中的严重失误负有责任。斯大林鼓励对他的个人崇拜，伪造党的历史，将连篇累牍漫无节制地吹捧约·维·斯大林的文字塞进了吹捧他本人的《斯大林传略》。

赫鲁晓夫报告的内容使代表们大为震惊，会场里死一般地寂静。听不见一点坐椅的吱呀声、咳嗽声和耳语声。没有人相互对视，不知是因为事情来得太突然，还是因为心慌意乱，再不就是源于苏联人身上已经根深蒂固的恐惧心理。大家在离开会场时都把头埋得很低，精神压抑十分严重。报告结束后，主持会议的布尔加宁建议不就报告进行讨论，也没有让大家向报告人提问题。他将《关于个人崇拜及其后果的决议》草案提交大会审议，大会一致通过这一决议。大会还通过了关于将报告全文下发各级党组织、但不公开发表的决议。

赫鲁晓夫的报告在党内和全国引起的反应各种各样：从完全支持到完全不接受。在许多人看来，谴责斯大林的独断专横，承认他的权力的极权主义性质，这是呼吁实行社会民主化，呼吁恢复个人自由，呼吁给予共产党员发表自己意见的机会。占大多数的普通党员是这样想的。他们对于党和国家生活中的根本变革充满希望，他们认为，可以制定出防止斯大林罪行重演的保障措施。然而党的高层、党的官僚却觉得自己的主要任务已经完成：对于党和国家领导干部的大清洗、无法预料的打击已经宣告结束。进一步的非斯大林化，则有可能破坏党的垄断权力、党的专政的基础。

赫鲁晓夫的报告对于国际共产主义运动、对于世界上许多事件产生了巨大的、各不相同的影响。有些共产党，例如意大利共产党，对报告表示欢迎。而有些共产党则显然对报告感到不满。二十大刚刚结束，当时的匈牙利领导人拉科西就突然邀请苏联驻匈牙利大使去打猎。两人单独在一起时，拉科西用俄语说道(他显然指望谈话内容会传达到莫斯科)："这么干不行。没有必要着急。你们在代表大会上干的事情，那是一场灾难。我还不知道它在贵国和我国会怎样表现出来呢。"在美国、法国和其他有些国家，人们公开讨论二十大的材料，不少共产党员要求退党。众所周知，正是苏共二十大成了一九五六年秋天的波兰骚乱和同年十至十一月著名的匈牙利事件的原因之一，尽管还有不少其他的原因。

(下转 60 页)

参与历史的历史学家

◎ 萧文泉

去年年底,《纽约书评》刊载了一篇小施莱辛格的文章,文章不长但辞意充沛气势沉雄,不看署名,老读者们就能认出这篇文章出自美国二十世纪政坛最有名的一支笔。更令读者难忘的是文章内含的激情。在字里行间能感到,小施莱辛格满腹愤慨,痛惜美国政治的现状沦落到了目前的地步,他对当政者们的政治历史意识的幼稚荒谬怒不可遏。这篇短论如果不是小施莱辛格的绝笔,也肯定是其最后公开发表的文章之一。今年二月,小施莱辛格溘然去世,这个在美国当代政治生活中活跃了几十年的才子,正当他为之奔走呼叫了一辈子的政治理念在美国处于最低潮的时候离开了世界,他可谓能择时而生却没能择时而死。

小施莱辛格生于一九一七年,他是一个来自旧大陆的移民家庭的第三代。经典的美国成功故事说的都是一文不名的穷移民经过奋斗成为百万富翁而最终进入美国的上流社会;其实美国社会还有一条不通过财富的成功之路,那就是施莱辛格家庭走的路。凭着学习成绩的优异,凭着对知识的追求,小施莱辛格的父亲得以离开俄亥俄州的一个地图上难以找到的小镇来到哈佛大学,成为闻名遐迩的大教授。小施莱辛格步其后尘而一凌绝顶,以其文才睿智进入了华盛顿的权力中心。从施莱辛格一家的成功故事我们也能感到历史在美国的惊人步伐,这不仅是指整个国家的变化,个人的演变也一样地迅速。他的祖父母从德国的东普鲁士移民美国,终其一生英语还不是很流利,心里总还保持着对远方祖国的眷恋。在第一次世界大战打响时他们还是亲德的,直到美国加入了协约国阵营与德国开战了,他们才义无反顾地把自己的忠诚转移给了美国。但是他们的孙子小施莱辛格就已经是一个颇有造诣的英语文体大家,第二次世界大战时在美国战时情报部门为美国最高统帅部服务,没人能在他的身上嗅出丁点德国气味来。

由于老施莱辛格获得了哈佛的教席,他们一家子移居到波士顿的坎布里奇。在这个自由派的重镇里,小施莱辛格得到了他最初的教育,潜移默化中感受到了自由宽容氛围的熏陶,不知不觉中沉淀下了他的自由派知识分子的思想根基。老施莱辛格家里往来无白丁,谈笑有鸿儒,小施莱辛格从孩提时期开始就惯于和名流大师们交际。一次,出版家克诺伯夫(他的出版社至今还是美国出版界的名牌)邀请了施莱辛格一家和大文豪《美国语》的作者门肯一起吃饭,热衷于集邮的小施莱辛格席间向门肯讨邮票,门肯回去后果然给他寄来了一包邮票,这事还在门肯的日记里留下了一条记载。小施莱辛格进了一所私立寄宿中学后,他的同室的妈妈有个女友叫罗斯,罗斯嫁了个叫约瑟夫·肯尼迪的人并生了一群一个比一个更有名的孩子。在这个中学同学的家里,小施莱辛格第一次遇见了老肯尼迪的女儿,这是他与肯尼迪家族的最初接触。他当时肯定想像不到,多年以后他会成为这个女孩的哥哥美国第三十五任总统的特别顾问,并且和肯尼迪一家人都建立深厚的关系。

小施莱辛格在其漫长的一生阅历广泛,见证并参与了美国历史的沧海变迁。晚年时他打算写下他的生平回忆,计划中的两卷回忆录《二十世纪中的一生》在他的生前只来得及出版了上卷,题为《纯真的开端,1917~1950》,叙述了他的前半生。

当小施莱辛格在世纪末回首往事时,不禁有恍若隔世之感。他的母亲第一次带他去纽约市游玩时,纽约最高的也是世界上最高的大楼还是一栋名叫伍尔沃斯的五十五层的大厦,帝国大厦还没有影子。当时的美国社会也似乎尚在史前阶段,种族矛盾当然有,但是严重的种族问题主要存在在英裔美国人和爱尔兰裔美国人之间,黑人还不被看做是种族间争斗的对象。小施莱辛格就读的学校有位思想开明的校长,他每年招收新生时要限制犹太人孩子的数量,对当时的人们来说这不是一个反犹政策而是谨慎的管理方法;至于黑人子弟,校长先生对他们满怀善意,他只是认为如果让黑人进这所上层阶级的私立学校只会伤害他们而不是帮助他们。

美国当时基本上是一个僻处一角的边远国家。习惯于喷气机旅行的当代人很难设想那时侯美国人的旅行方法。伦敦大学邀请哈佛名教授老施莱辛格去做演讲,现在这样的出国学术演讲是再简便不过的事了。对二十世纪三十年代的施莱辛格一家,这则是一项人生的宏伟行动。定于一九三四年二月在伦敦的演讲,施莱辛格教授带着妻子和两个儿子在前一年的九月就出发了,直到一九三四年的八月才回到了波士顿的家,在路上整整花了一年。父亲的出国演讲,同时成了儿子环游世界见识世面的机会,这场旅游,是小施莱辛格成长过程中最重要的事件。他惊讶地看到了与家乡非常不同的日本、中国和印度,也兴奋地游览了他在书中读了那么多的英国和法国。

在这个漫长的旅途中,小施莱辛格不仅看到了世界这个舞台,也遇见了这个舞台上的一些重要演员。到了东京之后,在船上认识的日本作家鹤见祐辅把他的父母引见给了近卫文麿公爵以及斋藤首相和他内阁的主要成员,他们还和近卫文麿共进晚餐。没几年后,这些人都成了美国的可怕敌手。没想到和蔼可亲的鹤见祐辅居然也是一个狂热的军国主义分子,在战时的电台上大骂“野蛮的美国”,深深失望的老施莱辛格在战后拒绝和他重叙友情。

一家子随后从日本渡海来到中国,小施莱辛格的十六岁生日是在北京的故宫里度过的。自幼偏好历史的他显然很喜欢这个古老的皇宫,只是发现它有点太破旧了。有个年轻的哈佛研究生特地到旅馆来拜访施莱辛格老师,他的名字叫费正清,他似乎知道关于中国的一切;然后他们又去郊外的燕京大学,在一位中国学者住的美式房子里喝茶,在一位美国教授住的中式房子里吃了饭。

小施莱辛格发现上海是个完全不同的地方,活力四溢,节奏飞快,四方杂处,精致优雅。如果他有机会重游世纪末的上海,他或许还会辨认出些熟悉的风貌。但是他也感觉到了严重的社会问题。朋友告诉他,倘若政府不为农民做些事,中国早晚就会变成共产党的天下。这大概是小施莱辛格第一次实地直面共产主义问题,这个他以后一辈子都关注的问题。

不久,他们终于到达了伦敦。小施莱辛格游览访问之间,在海德公园里正好遇上英国共产党组织的一场示威和集会。挤在五千名听众中听了一下午后，年轻的小施莱辛格在日记中写道："我不知道哪个更使我冒火：听共产党谈论保守党呢还是听保守党谈论共产党？"这个几乎是直觉的反应预示了他生平的政治立场：他同等地讨厌二十世纪政治色谱上的两端；他既决意防范共产主义的灾难，也受不了保守主义的愚蠢、短见和偏颇。

何处才是他向往的明智而正确的政治道路呢？美国的政坛上那时正好有合他心意的一股政治新潮，那就是罗斯福的新政。罗斯福是小施莱辛格自有了最初的政治意识后的第一个偶像。罗斯福的新政是他倾心服膺的政治信条，他实际上一生都自视为是个新政派，尽管新政的遗产在当代美国已经无处寻觅了。他在二十世纪结束时还公开声言："我直到今天还是一个纯正的绝不悔改的新政派。"

然而，在二十世纪三十年代初罗斯福远不是一个万众爱戴的领袖。有钱阶级特别憎恨他，把他看做是他们中的叛逆。小施莱辛格读书的寄宿制私立中学收费昂贵，他的同学都是些上流社会家庭的子弟。当竞选中的罗斯福路过学校所在的小城时，他在那里遇到非常冷淡的回应，学生们几乎是一边倒地支持罗斯福的对手胡佛。在学校里组织的模拟选举中胡佛以压倒的票数得胜。但是小施莱辛格立场坚定，一点也不受周围那些共和党保守分子的影响，在给父亲的信中，他预言罗斯福将以八百万张选票的优势当选，结果罗斯福比胡佛多得了七百万张选票而胜出。小施莱辛格显示了他的政治智慧，兴高采烈的他和一小群罗斯福的支持者围着收音机听罗斯福总统的演讲。"我们所要害怕的就是害怕本身"，罗斯福的这句话在他的脑中留下不灭的印记，三十多年后同样的话出现在另一位民主党总统的就职演讲里而传遍了全世界，那时他是肯尼迪信任的特别顾问，参加了这篇著名的就职演讲的起草。

罗斯福为把美国从经济大萧条里拯救出来，力主加强政府对经济的管理，以解救千万个无靠的失业贫民于水火之中，这个政策引起了大企业大资本家的仇恨。罗斯福蔑视针对他的仇恨，针锋相对地说"有组织的金钱的统治和有组织的暴民的统治一样危险"。在他的第二次就职演说中，他声言，"衡量我们的进步的不是我们给富有者又奉上了什么，而是我们是否给一无所有者提供了足够的生计"。小施莱辛格衷心地赞赏这样的政见，他在他的哈佛学位论文里引用了美国一位基督教作家的话说，"执政者要抛弃'让政府照顾好富人，富人会照顾好穷人的'这个箴言而采纳更可靠的'让政府照顾好弱者，强者会照顾好自己'这个箴言"。他深信只有罗斯福能够按照这个精神来拯救美国。

但是，在二十世纪三十年代小施莱辛格还不是一个毫无保留地支持罗斯福的人。那时的美国在内政外交两方面都面临着前所未有的挑战，罗斯福有着应付这些挑战的整套方针。对罗斯福的内政大政，小施莱辛格倾心赞同；对于罗斯福积极反法西斯的外交政策，他就颇不认同。小施莱辛格不亲德，他只是有着美国传统的孤立主义的信念，欧洲的事该由欧洲人自己解决，美国人犯不着卷入到这场血腥的战争中去。不过，日本人很快就给这位年轻的历史学家上了一课。一九四一年十一月七日，这个罗斯福称为"永久耻辱"的日子，日军偷袭珍珠港，使小施莱辛格信服了罗斯福在国际事务中的远见卓识，也使他的生活轨迹发生了巨大变化。从一个埋头书斋的读书人变成了美国战争机器的一部分，他从此与华盛顿的现实政治结下了不解之缘。

美国参战时小施莱辛格的年龄正可以让他上战场，但是他的近视眼使他只能以其他方式来为祖国服务。他加入了罗斯福下令新组建的作战新闻处，作为研究员和撰稿人任职于这个处里的撰稿人部。他的任务除了根据材料撰写战时宣传文章以外，还要为政府的长官们起草文稿，有时甚至要起草一些由罗斯福签署的文件。交给他写的都是一些无关紧要的文件，罗斯福甚至未必会费神读他的稿子，但是这是在以一位伟人的名义写作，这还是他的写作生涯里一项重要活动的开端。

就在战时服务期间小施莱辛格的文才开始受到赏识。他不久从作战新闻处转到更加秘密的战略情报局，任职于那里的研究与分析处。这个处雇用了一大批学者博士，竟使小施莱辛格感到像是又回到了学术界，他的同事中不乏战后名满世界的大家，法兰克福学派的大师马尔库斯就在这个处的中欧室工作。这些专家学识出众思辨深邃，但是写出的东西难免佶屈聱牙，试想哪个官员会有耐性读马尔库斯写的句子。这样就需要小施莱辛格的帮助，他有本领把专家们写的冗长拗口的研究报告以简洁明晰的文字综述出来。分配给他的具体任务是把研究和分析处的专家们的报告编写成一份秘密的《心理战周报》，这份简报编号分发，第一号送到美国全球战略指挥的神经中枢：白宫的地图室。没人知道在那里工作的罗斯福和他的助手们是不是真的读这份简报，但是在华盛顿高层里读到它的人肯定不少。渐渐地越来越多的同事和上司注意到了他的出色文笔，在政界里慢慢地传开了他才子的名望。由此开端，他在战后为民主党总统候选人斯蒂文森一九五二年和一九五六年的两次竞选的演讲撰稿；一九六〇年为约翰·肯尼迪撰写演讲稿，后来长期担任肯尼迪总统的撰稿人；约翰·肯尼迪死后他为罗伯特·肯尼迪一九六八年的竞选写讲稿；随后，在一九七二年又为民主党总统候选人麦戈文写演讲稿，俨然成了民主党里的第一支笔。

小施莱辛格多年来为政治家代笔，但这并不意味着他只是个阐述别人思想的传声筒。他有自己坚信的观点和辉煌成就，他在大战期间出版的史学专著《杰克逊时代》得到如潮好评，一举奠定了他历史学家的地位。靠着这部名著的力量，他被哈佛聘为教授。这样，父子成同事，哈佛历史系同时有了两个施莱辛格教授。战后他出版了他最重要的政论著作《活力中心》，有的评论者认为，这部著作为以后四十年的民主党政纲提供了思想基础。

无论是写史学著作还是写政论，小施莱辛格的目的都是在为罗斯福的新政辩护，为西方的自由民主制度寻找一条新路。这条路既不会通向社会主义和共产主义，也有别于右翼的保守主义。小施莱辛格并不亲共，从来都对苏联没有好感，但是他坚信必须改造西方的制度，认为政府一定要担负起社会经济责任来为民众谋福利。这在右翼保守派看来是条危险的道路，事实上，在小施莱辛格的政治生涯中，他遇到的麻烦大多来自右翼人士对他的攻讦。他有好几次切身体会到了神经过敏的反共斗士给人造成的伤害。当他在战略情报局工作时他曾申请去海外工作，但是他的申请居然通不过海军方面的安全审查，因为在他的档案里有来自美国陆军情报部门的这么一条记载："在一九四一年新英格兰地区有一个名叫阿瑟·施莱辛格的共产党"，尽管审查人员承认没法确定记录中的施莱辛格就是小施莱辛格本人，他还是得不到海军的安全认可。另外一次是在战后，哈里曼要带他去欧洲执行马歇尔计划，急切地等待着出发的小施莱辛格就是通不过联邦调查局的安全审查，原因还是档案里的这条记载以及别人的一个无中生有的告发。当然，靠着有权势的朋友的帮忙，他最后还是成行了。后来，当肯尼迪总统任命他为特别顾问的时候，又有一些国会议员抓住他在十五年前的一篇文章里对北欧式社会主义说的几句好话，要肯尼迪撤了他。尽管肯尼迪没有理睬这些鼓噪，这样的经历还是让他心里十分窝火，对他一辈子的政治立场不能说没有影响。

像小施莱辛格这样的人物也会被怀疑是共产党或亲共，这很能说明二十世纪四十年代末五十年代初美国的清共运动已经到了怎样的走火入魔的状态。小施莱辛格对此的观点很明确，他认为美国共产党的力量和影响被过分地夸大了，他说共产党是外部对美国的一个威胁，但不是在美国内部的一个威胁。倘若用极权主义的方法来反极权主义，美国自己就会变成一个极权主义国家了。如果我们把他这个看法里的"极权主义"换成"恐怖主义"，那么这也就是小施莱辛格对本世纪布什政府反恐战争的态度了。从二十世纪三十年代到二十一世纪初，美国政治经历了令人眼花缭乱的变迁，但是小施莱辛格始终坚持他的自由派立场。

小施莱辛格在中学和大学时期形成的政治观点代表了西方现代政治思想的两大流派中的一派，和它对立的那派观点差不多也形成在那个时代，由哈耶克在其著作《通向奴役之路》作了最完整的表述。小施莱辛格很不以哈耶克的理论为然，哈耶克以哲学家而来谈社会政治，他的煌煌巨著从哲学原理上判定了社会福利政策的谬误，指出政府对经济生活的干涉在逻辑上必定会导致极权制度的产生。小施莱辛格是个历史学家，他以历史为鉴来认识现实，不从抽象的哲学思想上来推理福利社会的对错，他指出，从福利国家而演变到极权制，这历史上没有任何一个先例，从历史的角度来看，哈耶克的理论是荒谬的。德、意、日、西班牙沦为极权国家，决不是如哈耶克的理论所说的是因为民主政府太强势了，而恰恰是因为那里的民主政府太软弱了。政府应该管理社会帮助劳工大众而不是企业主，这在小施莱辛格看来是理所当然的政治理念。

小施莱辛格信奉的政治理想在美国曾经有过风行一时的日子，最令他神往的当然是罗斯福的新政时代，后来肯尼迪总统的政策也让他兴奋。但是里根以后，新政之星在美国星座里已黯然失色。现在，"福利社会"成了美国政治家口里的贬义词，哈耶克成了先知，这不能不使小施莱辛格神伤。在他生命的最后岁月里，他所为之奋斗的一切被当政者弃若敝屣，他这样的人仿佛完全是另一个时代的人。但是，他并不悲观。他的回忆录的基调明快，"生活的回转"是他这部书里反复出现的一个词。站在历史的高度，小施莱辛格不会不知道，他的时代还是有机会回归的。

（《二十世纪里的一生：纯真的开端，1917~1950》，阿瑟·小施莱辛格著，休夫顿·密夫林出版社出版）

童年的游戏

◎ 杨　苡

仿佛你又带我走进童年
在粉红色云雾的梦境中
把我们清脆的笑声撒遍！
——摘自旧作《给哥》

每当黄昏诡谲地溜进屋内时，压在我心上的那些超载的记忆也随之悄悄走近了我。我不怕它们瞬息即逝，而是那些记忆几乎每天都在低声呼唤我打开这些废墟，太重了！太乱了！我不得不巴望能早日抖落它们。我深深地怀念着我在远方的亲人，母亲早在十五年前离开了，现在只有我哥和我姐……

我仿佛听见我自己在幼年时那稚气的叫声，我亲昵地喊着："哥！带我玩！"那是上个世纪二十年代，记忆把我带到天津城里坐落在旧日租界花园街八号那个大宅院里，那些早已逝去的影子一个个走来向我娓娓诉说着往事，那个大宅院也早已消失得了无痕迹！

这是八十多年前的事了，晚饭后，这个大家庭里大人和孩子总有两三个钟头闲着没事，大人们开口："你们小孩子家自己玩吧。"哥哥姐姐们就在琢磨着玩什么——唱戏，来一段《武家坡》、《坐宫》，还是《游龙戏凤》？捉迷藏（我们叫"蒙瞎子"）或者跳房子、比赛踢毽儿？我最喜欢的还是"接龙"。

杨苡和杨敏如

姐姐总是喜欢发号施令的，在"接龙"游戏中，她扮演家长，身子背后有一大串"孩子"——七叔家的沪哥、阿武姐、阿毛弟，八叔家四哥，还有我们家的异母姐姐，那个可怜的、在成人后沦为“戏子”、死于后台的四姐！那时应该是这个家族在天津时还比较热闹的时期，可能这个“龙”还有别人，不记得了。我的姐姐是龙头，她本来就属龙。

我哥双手撩起他的长衫前襟(那时我们称之为“大褂”)兜起来，像个小武生那样挺神气地走近，用他还稚嫩的好嗓子喊着：“卖稀饭啊！卖稀饭！”他得意洋洋地走过来，走过去。

我姐叫住他：“卖稀饭的，过来！多少钱一碗？”

我哥回答：“一个大子儿一碗。”(即一个铜子一碗)

我姐下了命令：“给我家孩子们一人来一碗！”

于是我哥走过来，仍旧兜着前襟，走到最前面的“孩子”身旁站定，然后用左手抓住前襟，假装端着碗，右手作出用大勺盛饭的架势，这都是想像的，而我们也当作面前是一大锅稀饭。

每一个孩子都陆续从他手里捧过一碗碗“稀饭”朝嘴里倒，呼噜噜地吃着。阿毛弟更是狼吞虎咽，呼噜噜地好像是稀饭好吃极了！

我哥走到最后一个，也是最小个的孩子跟前，那就是我。我按照我姐姐事先的嘱咐，乖乖地表演着。我连忙伸出我的小胖手，对着我哥捧着“稀饭碗”的手轻轻一打……

我哥赶快走到我姐面前——

“你家的小不点儿把我的碗砸了！”

我姐并无惊愕之色，却一本正经地像背书一样，说：“给你银子！”

我哥满脸正经：“不要！”

“给你金子！”

我哥又赶快说：“不要！”

我姐大声说：“那你要什么呢？”

杨宪益、母亲、杨苡、杨敏如

我哥笑嘻嘻地说：“我就要你顶后面的那个小不点儿！”

我姐故作勃然大怒状，大声叫道：“不行！就不给！”

抢夺开始！我们一个个紧紧搂住前面的哥哥或姐姐，开始向左向右躲来躲去，躲避着这个凶煞的不讲理的卖稀饭的人。

我哥的小名叫“小虎子”，堂弟和堂妹一直叫他“老虎哥”，这时真像只猛虎一样，哇啦啦啦地吓唬着我们这条“龙”。我们尖叫，左右闪避着，叫得惊天动地，却又笑得喘不过气来。旁边端坐着的大人们望着我们，也用小手绢抿着嘴乐。我这个小尾巴被甩来甩去，还得紧紧抓住前面又蹦又跳的阿毛弟的衣服角，就怕被他甩下来。要不了几分钟，我便被我哥逮住了，实在也跑不动了，我哥把我搂在怀里，得意他的胜利，我也挺开心，因为他本来不是卖稀饭的，而是我最崇拜的哥！

这样的晚间游戏并没有持续多久，几乎没有几次，我们一个个都渐渐长大了，上了学校，开始喜欢看书、买书、看电影、听唱片……我们家不久也发生了变故。我永远忘不了那些阴沉沉的脸，悄悄地哭泣，低声讲话，严肃地谈判，然后在商量卖掉大宅院，七叔家的孩子和我们都显得生分了，我们埋头读书，努力作好学生……

这是八十多年前的事，我常回想起从八岁到十八岁学校十年所学过的那么多中西歌曲，其中有一首只是偶然从海峡彼岸出版的书中捕捉到：

春去秋来、岁月如流，
游子伤漂泊；
回忆儿时、家居嬉戏，
情景宛如昨！
……

我真的记得我哥、我姐和我小时候的情景，各种玩法，无忧无虑！可是我哥呢——我在电话中问他："哥，你还记得我们小时候玩'接龙'，多好玩！"他沉思了一下，然后说："记不得了！"我可以想像我那白发苍苍的九十三岁的哥哥在电话那头微笑着。

我的姐姐呢，年过九十，头发不白，牙齿不落，背不驼，眼不花，仍然在电话中雄纠纠地大叫："你怎么老也长不大！都过米寿啦，还干嘛喜欢说小时候的事！"

有什么办法呢？我那个梦幻一样的童年！那些故事！它们总是沉甸甸地压在我心上，像一幅幅油画，也像一大块难融化的糖，黏黏的，又是甜甜的，时间长了，还有点酸、有点苦……

2007年6月完稿

杨苡简历

杨苡，原名杨静如。一九一九年九月生于天津。一九二七至一九三七年就读天津中西女校附小及中学部。一九三六年开始文学创作。兴趣较广，有诗歌、剧评、短篇小说、散文等。一九三七年考入南开大学中文系。一九三八年赴昆明入西南联大外文系。同年加入全国抗敌文协云南分会。一九四二年起开始译诗及小说。抗战前后及战时偶有作品用不同笔名发表于报刊杂志。一九四四年在重庆中央大学外文系毕业。一九五〇年加入南京市文联，后加入江苏省文联。

杨苡的主要作品有：儿歌：《自己的事自己做》（一九五九年建国十年优秀儿童文学作品奖）、《今天我是值日生》。译作：《永远不落的太阳》、《俄罗斯性格》、《伟大的时刻》、《呼啸山庄》、《我赤裸裸的来》（与人合译）、《天真与经验之歌》。其中《呼啸山庄》曾获奖，后列为全国优秀畅销图书之一。

二十年来曾另获若干奖项（散文、微型小说等）以及南京市政府首届文艺荣誉奖。中国作家协会会员。二十世纪八十年代后曾任南京文联委员与常务理事、江苏作协顾问。

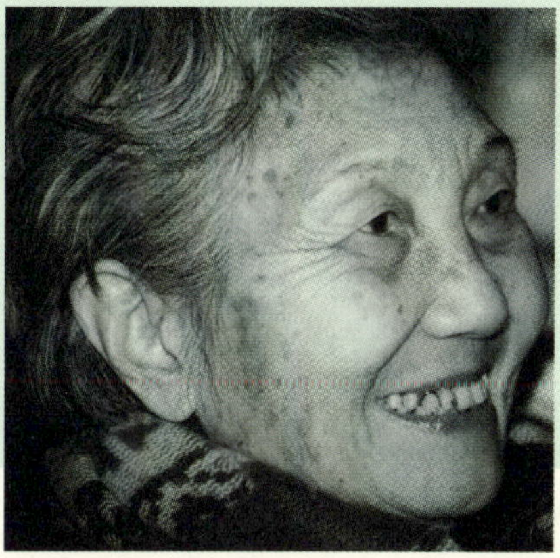

醇美的年华

——杨苡及其他

◎ 闽燕墨雨

昨天永远在明天的某个角落里等着你。

——海德格尔

上海的女导演彭小莲来电话，邀请我和她一起写一个关于文学巨匠巴金的爱情的电影剧本。巴金这个名字对于任何熟悉现代中国文学的人都不陌生，从二十世纪三十年代起，他的《激流三部曲》(《家》、《春》、《秋》)就激励了很多青年人走上了反对封建家庭之路。但是当我听小莲说作为剧本的前期准备，我们要去南京访问巴金夫妇的好友杨苡的时候，我简直要欢呼雀跃了！很多人知道巴金，不知道杨苡，但杨苡翻译的《呼啸山庄》对我的成长则有特别的意义。当然，我心里也有一个小小的期望，就是通过感受杨苡，去感受经历了抗战、内战、反右、“文革”等劫难的这一代知识分子。

初识杨苡

小的时候并不知道自己家的书原来比大部分同学家多得多，还以为每个人家里都是一样的。妈妈按照文学史读书和买书，我和妹妹小的时候就徜徉在她的藏书世界里，但我俩对书的兴趣总有些不同。比如都是狄更斯的小说，我少时最喜欢《远大前程》，她则喜欢我读不下去的《匹克威克外传》；我如痴如醉地读《红楼梦》时，她读《堂·吉诃德》和《西游记》读到废寝忘食；同样是《三国演义》、《水浒》，我最关心让男人犯错误的女性人物，她则欣赏张飞、李逵这样鲁直的汉子。但我们俩也有共同喜欢的书，那就是英国的勃朗特姐妹的作品。我们从初读《简爱》和《呼啸山庄》的那个夏天，就相约将来要做文坛姐妹。我俩都反复读过的《呼啸山庄》正是杨苡的译本。上大学的时候，翻译老师极力推崇的译坛怪才杨宪益，就是杨苡的哥哥。而所有驰骋文坛的姐妹、纵横译坛的兄弟们都曾经是我和妹妹少年时代的目标和榜样。我们也会比较这些姐妹、兄弟的文风，同时暗暗地在心里设定自己的目标。因为所读的译著都出自老一代翻译，他们的白话文有时并不能让我们这些“文革”后成长的读者享受文字本身带来的快乐。但是杨苡的文字却有一种通透，令情感的激流不受文字的阻碍，这使得当年只读过她一部译著的我也会对她念念不忘。

再读美文

去南京之前，我开始寻找杨苡的文字，

读到她怀念巴金夫人的文章《梦萧珊》,以及回忆巴金三哥的文章《梦李林》等散文。巴金早在二十世纪四十年代就称赞她"可以驾驭中国文字",其实她又何止"可以驾驭中国文字",文字只是她表达对人生的感悟、记录友谊和生命的媒质。后来从杨苡编的巴金给她的书信集《雪泥集》当中得知,她最初想译《呼啸山庄》的时候只有二十五岁,而且那时时世动荡,她已经做了母亲。虽然她译成书时已经又过了十年,但没有最初的冲动,也不会有后来译著的诞生。我又想到《呼啸山庄》必须要一位年轻女性敏感的神经末梢去诠释,才会在另一种语言里获得生命力。

去年春天,我终于见到了杨苡,她已年近九十,但仍然很健康,岁月竟没能给她沧桑感。有很多人文如其人,也有很多人人不如其文,杨苡本人却超越了她文字的丰富和美丽。多年以后,再次阅读了杨苡送我的精装新版《呼啸山庄》时,我发现曾经震撼我的词句依然震撼着我,而且这部书仍然有力量把我的精神带到另一个世界去徜徉几天。我终于确信,译著真的可以有自己的生命与价值,而且不是任何译者都可以承载年轻的艾米丽·勃朗特文字中那种燃烧的激情。这种激情毁坏了艾米丽的健康,但是让杨苡青年时代的热诚得到了释放。

聆听其人

我用相机拍下了杨苡从少女时代开始各个时期的老照片,每一帧照片都给我一个抹不掉的印象,即她似乎和世俗的世界有着天然的距离。我一见到她就爱上了她,不像是爱我的祖母,倒像爱一个同龄女友。这是因为听她谈话的时候,她讲过去的事就好像讲昨天的事情一样。她从十六岁起作为读者给巴金写信,当时是巴金的一位"小友",幻想着像书中的三少爷"觉慧"那样离家出走。现在她也有自己的"小友"——上海一位桀骜不驯的才子。他原本只认识杨苡已过世的先生赵瑞蕻,赵先生去世后对杨苡说起对其文章的崇拜,没想到她说:"有人说,我的文章比他的好。"小友证明她没有夸张,而且听她聊天更是像喝酒一样,"会醉的。"杨苡并不喜欢太多热闹,我们有了巴金女儿和这位"小友"的引荐才见到她的。享受和她聊天,是因为她态度中绝无自傲,也无中庸,但其观点和其勇气一样是令人佩服的。巴金被打倒的时候,大家都烧他的信,她也因为要保护巴金烧了一部分当时的信件,但是她仍旧保留了二十世纪三四十年代的不少信件,甚至为此挨了红卫兵的耳光。杨苡说起她上个世纪还和哥哥杨宪益谈论过到底什么是"修正主义",是要修正"共产主义"还是"马列主义"。兄妹俩的讨论让我在想,在当时逼人的政治环境中,他们依然保持了自己清醒、独立的人格,而且岁月竟没能改变他们面对世界时的纯朴真挚。可能正是这一份需要胆识才能做到的"见素抱朴",让他们在失去亲人之后,还可以好好保留着记忆中的影像。

梦里寻他

我们的剧本创作开始时,小莲通过阅读萧珊给巴金的书信捕捉到了夫妇二人的精神面貌,而我则主要通过细读杨苡的文字以感受从抗战到"文革"结束的时代脉搏。用电影的词汇说,杨苡给了我们一个 Point of View(即摄影机的"视点"),也让我们听到旧时代的声音。杨苡经常做梦,她说近来常在梦中见到故人。我想也许是梦让她不断地刷新着本来会被岁月模糊的画面,让她记得那么多过去的细节。而这些有声有画的细节对一部电影真是太重要了。杨苡给我们讲起当年在西南联大时期的趣事，说起一九三九至一九四〇年在昆明读书时，课上到一半就常常要“跑警报”：凡到晴天，日军的飞机必来轰炸了，城楼上的绿灯笼被换成红灯笼，警报就会响；但是教授仍然继续讲课，直到警报一长一短地响起来，大家才不慌不忙地夹起书本向城外走。走到了旷野里等待警报解除的时候，会摘地里的野蚕豆充饥。最有趣的是十几人一间的女生宿舍，条件很差，不但“风声、雨声、读书声声声入耳”，还曾经有臭虫爬到女同学的耳朵里，令她大哭起来，以为自己要死了，再也见不到父母了。于是大家深夜集体点着小蜡烛捉臭虫，天亮时把捉住的四十只臭虫拿给女学监看……那位因为醉酒而没能听到这些故事的“小友”后来感到几分嫉妒：“她怎么没给我讲过！”在那一刻，我突然想到，能有一个人听得完她一辈子的故事吗？她随意中给我们的已经远远超过我们百般努力能够给她的了。这个想法让我的心突然溢满了感动，原来年华真的好比佳酿，会醇美到醉人。那一刻之后良久，我除了对生命充满感激竟再无语表达了。

补白

胡适谈郭沫若

1960年6月2日

今天先生说起：“郭沫若这个人反复善变，我是一向不佩服的。大概在十八九年之间，我从北平回到上海，徐志摩请我吃饭，还请郭沫若作陪。吃饭的中间，徐志摩说：‘沫若，你的那篇文章(是谈古代思想问题，题目忘了)，胡先生很赏识。’郭沫若听到我赏识他的一篇文章，他跑到上座来，抱住我，在我的脸上吻了一下。我恭维了他一句，他就跳起来了。”

胡适谈冯友兰等

1961年4月30日

晚饭后，钱思亮夫妇来，大家就在客厅里随便谈天。先生说：“翁文灏的父亲是个大少爷，他本人也是个大少爷出身。后来在比利时进一个修士办的学校，又受了这些修士的训练，养成一种非常刻薄的性格，人家很难做他的下属的。据说翁文灏已经死了，李仲揆(四光)也病了。”后来谈到陈寅恪，又谈到姜立夫。“在天主教办的一个刊物上，知道冯友兰在那边认过一百三十次的错，自己承认是无可救药的资产阶级。他本来是个会打算的人，在北平买了不少的房地产。一九五〇年在檀香山买了三个很大的冰箱带回去，冰箱里都装满东西，带到大陆去做买卖，预备大赚一笔的。他平日留起长胡子，也是不肯花剃胡子的钱。此外，现在‘三反五反’之后的钱端升、朱光潜、沈从文、华罗庚等人，听说过得非常的苦。”先生也谈起，“思杜一九五八年上半年之后就没有信来过，恐怕是不免了。”

(选自《胡适之先生晚年谈话录》胡颂平　编著　新星出版社)

法国大革命的牺牲品

◎ 罗 灵

《时装王后:玛丽·安托瓦内特在革命前穿什么?》
Ch.威伯著
亨利·豪托出版社

法国大革命的高潮是法王路易十六在巴黎民众的欢叫声中被送上断头台处死,这也是这场革命的标志性事件和以后所有革命都绕不过的一个象征。和路易十六同时走上断头台的有他的妻子,法国王后玛丽·安托瓦内特,这年她从邻国奥地利嫁到法国有二十三年了。

围观杀头的大众对玛丽·安托瓦内特的死更显得高兴,比起对他们的国王来,革命群众更加憎恨他们的王后。这个招人厌的女人到底是怎样一个人呢?玛丽·安托瓦内特是奥地利的公主,是威势遍及大半个欧洲的奥地利女皇玛丽亚·泰利萨的小女儿。女皇把玛丽·安托瓦内特嫁给法国王储,不是为了给自己的女儿找个好婆家,而是为了缓和这两个欧洲大陆最强大的国家之间的敌对关系。可是,年仅十四岁的玛丽·安托瓦内特怎么来承担这个外交重任呢?

泰利萨女皇生了一大群孩子,把他们当做欧洲外交的棋子。玛丽·安托瓦内特太小,本轮不到去婚姻外交的第一线,因此女皇从小没在她的教育上太费心思。但是天花夺去了她几个姐姐的生命,女皇妈妈只好让她去远嫁凡尔赛宫,事出仓促,能干的女皇妈妈也来不及对玛丽·安托瓦内特多加培养,就用一辆八驾马车把她送去法国。这样,一个一无所知的小女孩独自地来到了一个完全陌生的国度,到了一个非常奇怪的环境中,担负着她完全没有准备的使命。

她所来到的凡尔赛宫确是一个奇怪的地方,这里的一切都由严格的宫廷礼仪所规定,哪怕是起床用餐都有非常繁复的礼节,而且这整套礼仪还是一个世纪以前太阳王路易十四定下来的。在这个宫殿里,礼仪就是一切,排场和名分压倒了现实。如果规定给她倒水的女官不在,她再渴也得忍着,自己决不可亲自动手拿起水瓶。如果给她穿衣的贵妇人走开了,她就只能晨寒中站在空旷的厅堂里挨冻。这就是作为法国王后的奥地利女孩玛丽·安托瓦内特的生活。

但是作为王后,她不仅要成为宫廷礼仪的模范,她还要带领国家。她没有妈妈的智略,也不懂政治,有的只是女孩子的本能:爱打扮。于是她自然地成了法国贵族衣饰时尚的领袖,时时以新奇的服饰出现在臣民的面前,王后的新衣马上就成为法兰西王国里贵妇人模仿的对象。也自有聪明伶俐的御用服装商不断地向她提供最新服式,当然开出的价格也是与王家身份相配的。这样,玛丽·安托瓦内特以她的方式促使王家的债务越积越高,一直高到路易十六不得不召集臣民代表开会商量解决王国的财务问题。我们都知道这个会议的后果:法国大革命开始了。

一直到了断头台下,玛丽·安托瓦内特恐怕也不明白发生在她身边的这些事。她为自己的最后一天准备好了一身简单的白衣白帽,靠着画家大卫用简洁的笔触画下的一幅速写,这个奢华挥霍了一辈子的女人就以朴素得不能再朴素的形象定格在历史的记忆中。

重读朗费罗

◎ 简 德

《朗费罗的回归》
Ch.伊姆舍著
伊利诺依大学出版社

名人的百年纪念向来是出版社出版计划的重点所在。今年是美国诗人朗费罗诞生两百周年,当然少不了有新的关于朗费罗的著作上市。但是和纪念别的文学巨人不同,纪念朗费罗诞辰的专著并不仅仅是些应景的文章,而是显示了朗费罗研究中的一个重大转折。

朗费罗不是中国读者会感到陌生的诗人,他是中国近代以来诗作最早被译出的外国诗人,中国的诗歌爱好者们对他的那些名作都是耳熟能详的。但是细心的读者会发现,近几十年来在中国作为研究成果申报的学术专著论文里很少有以朗费罗为研究题目的。这里的原因说简单也简单说复杂很复杂。简单地说,中国的外国文学研究大体跟着国外走,国外的显学在国内肯定有连篇累牍的跟踪,而国外的冷门在国内就更冷了。那么朗费罗研究在国外为什么会受到冷落呢?

朗费罗曾是美国最受欢迎的大诗人,在他那个时代他是世界上最有名的美国诗人。但是,他的声望到了二十世纪就一落千丈了,这并不是说读者不再喜爱他的诗歌了,一般读者还是乐于诵读他的那些脍炙人口的名篇的,只是当代的专业诗人们和文论家们走到了另一条道上去了。二十世纪是现代派的世纪,现代派雅好奇谲生涩的风格,风行的是似通非通的诗句,沉醉在似懂非懂的欣赏佳境里。他们以反叛前现代传统为己任,在他们看来如果写不出些惊世骇俗的句子来就不配诗人的称号。而朗费罗恰恰代表了他们所要反叛的一切,朗费罗的诗优雅平易,其风格和情感都适合有教养的上流社会的品位,这使他逐渐地失去了二十世纪的主流文学家们的欢心。庞德耻于承认他实际上是朗费罗的侄孙,处心积虑地要写出点和朗费罗的诗作截然不同的东西来。很多自命前卫的诗人以戏仿嘲弄朗费罗为乐。在流行的美国诗选中留给朗费罗的篇幅越来越少,从原先的几十篇缩减到只选他的一两首诗,聊备一格而已。到后来,《牛津美国诗选》的编者索性宣布现在是到了彻底打碎朗费罗的僵死偶像的时候了。

但是，朗费罗的爱好者们会说，人间自有公道。在文学精英的小圈子以外，现代派晦涩消沉的出品并没有多大的读者群，而朗费罗开朗雅致的诗倒一直拥有不少读者。时至二十一世纪，我们终于看到潮流的回转，近年来出现了不少重新评价朗费罗的论著。这部新著的出版迎来了朗费罗的两百年诞辰，作者给我们描述了一个非常适合我们时代的朗费罗的形象。朗费罗整个文学生涯的特色就是他的开放精神，他不像同时代的爱默生和惠特曼那样孜孜于发扬美国精神，而是心胸开阔地面向整个世界的文化，他所从事的文学翻译也使他能够充分汲取其他语言的文学的养料。经过这么多年现代主义的尝试，我们应该明白，优美和平的风格不是朗费罗的缺点而是他的成就。作者对朗费罗的高度评价使人期待着美国诗学界里将有一个朗费罗的复兴，喜爱朗费罗的读者也可以大声地吟咏他的诗歌而不怕被时髦的评论家讥笑了。

起义的推动力

◎ 何可风

《渴望自由》
S.科纳著
哈佛大学出版社

中世纪是现代的前夜。从中世纪到现代的过渡是当代许多历史学家注意的题目，因为人们越来越意识到，这个过渡不会像传统的历史教科书描写的那样是一个从黑夜到白天的突变：中世纪里全是愚昧压迫和贫困，现代世界则是理性自由和富饶的天地。许多我们认为是现代社会独有的特性其实在中世纪社会里都早已扎下了深深的根基。

人们过去都以为，争取公民自由是现代人特有的企求，是人性苏醒后才有的愿望。在等级森严神性压倒人性的中世纪是没有人身自由和尊严的要求的。历史学家近来的研究揭示出了一个不同的现实。

民众起义暴力抗争是中世纪社会里常有的现象，这种社会暴力事件是社会矛盾的集中表现，最能体现社会的潜流。本书作者就是以这为题目，由此来研究西方中世纪民众的社会要求。这位著名的历史学家做的是扎实的史料调查，表现出令人佩服的实证工夫。他穷尽了所有能够找到的关于中世纪晚期在意大利、法国和佛兰德发生的群体事件(借用我们当代的一个名称)的资料，统计下来这三个地方在一二〇〇年到一四二五年间总共爆发过一千一百一十二次集体反抗权势的事件。他进而分析这些事件的起因和性质。一般的史书都会说，中世纪的暴动或起义大多是因为饥荒而起，收成不好，或征敛过多，老百姓没饭吃了，于是就揭竿而起，在中国古代史上也一直这么说的。但是本书作者发现，在他统计的这一千多次造反事件中，因为粮食问题而爆发的冲突非常罕见，总共只有十一次，占总数的百分之一还不到。中外的许多史书还会把宗教信仰当做是一个重要的诱因，在许多起义团伙里似乎都有一个有魅力的精神领袖的身影。但是作者的统计数字却表明，总计只有二十七次起义里有教士或精神领袖在活动。

那么中世纪的民众暴动到底为了什么呢？作者的调查显示，为了直接的经济问题而由农民发起的起义实际上相当少；民众暴动在中世纪后期特别多发，并且百分之九十以上发生在城镇里，绝大多数的暴动的起因是政治性的，经常是由贵族的骄横暴虐或腐败而引起的。许多表面上是为了经济争端而爆发的起义，实际上还是有着深刻的政治动机的。最经常的政治动机是要求有政治参与权，要求有权利参加到市政或国家的权力运行中去，要求在决定税收政策上有发言权。值得注意的是，在这些常常因偶然事件而爆发的群体反抗中，没受过什么教育的平民们总能表现出令人惊叹的政治能力，他们会进行选举，会组织队伍，会提出政治纲领。正是在这样的群体反抗中，“自由”的观念得到越来越广泛的传播，这个口号的内涵也从少数人的特权变成了所有人都应该拥有的平等的权利，这一切都发生在过去被认为是暗无天日的中世纪里。显然，支撑西方现代政治体制的思想理念和民众信仰并不是启蒙时代以后才突然出现的。早在中世纪里，早在资产阶级登上历史舞台之前，“自由”与“平等”的观念就已经在西方社会里策动着人们的群体行动。

探寻灵魂的历程

◎ 白章闻

《幻觉》
M.瓦纳著
牛津大学出版社

生命是什么？这个问题一直困扰着西方人，从哲学家到科学家都没少在这上费脑筋，前者是为了给生命下定义，后者是为了找出生命的基础。所有对生命的思索自然而然地都指向一个虚无飘渺但是令人着迷的概念：灵魂。自古以来人们总相信，人不会只是一堆血肉，在肉体之外或之上肯定应该有些什么东西使人不同于动物或者使有生物不同于无生物。

大概世界上所有的文明里都有对生命本质的解说，西方文明的特点是它一直追求着用技术手段来抓住灵魂的影子。西方科技发展史上的种种新奇发明，常常被人用来显示灵魂的存在。十八世纪时，意大利医生加伐尼偶尔发现电能够使死青蛙的大腿肌肉剧烈地抽搐，我们现在知道那是生物电流的作用，毫无神奇可言。但是当时电刚被发现不久，人们对看不见摸不着但又威力无比的电正充满好奇，加伐尼很自然地认为是电让僵死的动物肌肉活过来了，那么电就应该是那个神秘的生命之力了，就是人们一直想找的灵魂的体现了。加伐尼的实验震惊了整个欧洲，成了所有的沙龙里热烈讨论的题目。有一天晚上雪莱夫人和朋友们谈论了加伐尼现象，随后她就构思了她的著名小说《弗朗肯斯坦》，小说的所谓科学根据就是电给组合起来的肉体注入了生命之力量。

认为人是由物质的肉体和无形的灵魂组合而成的信念源远流长，西方人想尽一切办法来使灵魂显形。我们知道西方人有用蜡或其他材料为刚死去的人做面部造像的习惯，翻开有的莎士比亚全集，我们还能看到莎翁死时的面像的照片。但是做死时面像的初衷实际上却不是为了纪念，而是为了看到灵魂离开身体时的痕迹。这想法很自然，和捕获猎物一样，蛰伏在身体里的灵魂当然难以抓住，只有当它移动时才有可能窥视到它的踪迹。

十七世纪的时候,一位耶稣会教士搞出了一种有点像中国的皮影戏的幻灯术,可以显示活动的人影。自亚里士多德以来西方人一直相信活动是生命的标志,因此能够表现人影动作的幻灯术就被当做是表现灵魂活动的一个新发明。这样也开始了用创造幻觉来显示灵魂的时代,在风行一时的幻灯术表演中,最吸引观众的是骷髅的舞蹈和魔鬼的现身。当摄影术发明以后,这个奇妙的留影技术又使追踪灵魂的人士大大地兴奋了一阵。现在没人不知道在照片上是非常容易做手脚的,当时的公众却为照片上出现的种种奇异的影像而惊讶。就像古代的人们以为可以从镜子里看到妖异的真相一样,十九世纪的人们以为真的能够从照片上看到灵魂的现身。

最为耸人听闻的是那个时代里以“心理研究协会”的名义活动的江湖骗子的把戏,他们以人特别是女子为媒体,声称能够与另一个世界沟通,能够表现灵魂的种种超自然的力量,各色特异照片是这些超自然力量的证据。现在看来这些表演都不过是魔术,当时的许多大众对此坚信不疑,以为科学手段终于把肉体之上的灵魂或精神揭示出来了。

不要认为这一切都过去了,当代社会科技空前发达,人们对精神灵魂等超自然存在的信仰却一点也不减少,许多人和过去世纪里“心理研究协会”的信徒一样,把新的科技发明只当做是进入超自然世界的新手段而已。

当代遗传学的奠基人

◎ 傅任华

《弗朗西斯·克里克》
M. 里特莱著
哈泼出版社

当代科学中最有名的图像莫过于基因的双螺旋结构图了,当代科学中最令人瞩目的也莫过于基因研究了,因为基因能告诉我们人之所以为人的秘密。为基因研究奠定基础的是两个生物学家杰姆·华生和弗朗西斯·克里克,正是他们两人在一九五三年推断出了基因的双螺旋结构。在确定了这个发现仅仅几小时后,克里克向世界宣布,他们发现了生命的秘密。他没有夸大其词,整个现代遗传科学是建立在这个基因的双螺旋结构理论上的,而遗传科学最有希望最终揭示出生命的秘密。

发现双螺旋结构之前的克里克是个默默无闻的人,他过去的整个学术生涯似乎都是在为这个伟大发现做准备。他受过非常严格的科学训练,和他的领域里的其他学者不同,他既有一个非常扎实的物理学的基础,也有一个非常扎实的生物学的基础,这使他事业的学习阶段特别的漫长和辛苦,但是却让他受用一辈子,因为现代遗传学需要的就是物理学和生物学两方面的知识,克里克在这两门学科里的学术功底,使他在遗传学研究中如鱼得水。他的同事们都承认,只有像克里克那样同时拥有结晶学和生物学的精湛知识,才能够在基因研究方面具有如此的洞见。

双螺旋结构的发现过程现在已经成了科学史家们热衷探讨的话题。确实，在这个发现过程中还有一些别的科学家的贡献，特别是一位英国女科学家的关键性研究结果，许多人甚至为此而对华生和克里克独占荣誉感到愤愤不平。但是不管将来的科学史会怎样来划分这个伟大发现的功劳，克里克作为一个当代最伟大的分子生物学家的地位是不会改变的，因为在以后几十年的研究中，克里克又在许多方面有着不同寻常的发现。正是他的实验表明了基因密码是三个一组的，也是他在探明基因的六十四个三位密码中起了重要作用。在预言 RNA 的存在，在确定遗传学的顺序原则等等方面，他的贡献都是决定性的，而正是这些他所完成的发展使遗传科学有今天的成绩。

在克里克的学术生涯的最后几年里，他再没有了震动学术界的辉煌成就。这不是因为他放松了努力，也不是因为他的创造力衰退了。兴趣非常广泛的克里克在研究了生物学的许多领域里的课题后，最后选择了神经生物学，决定集中精力解决意识的问题。这是一个非常重大的问题，或许是现代科学所面临的最大难题。克里克在这个领域里的工作的意义是无可否定的，但是，显然我们的时代还没有为解决意识问题作好准备，还缺乏解决这个困难问题的必要条件，所以克里克的努力没有取得他期望的成果。就像历史上的许多大科学家一样，克里克不走现成的道，他选择了攻坚，即便他失败了，他的努力还是值得我们敬佩的。

环境变迁八千年

◎ 李东永

《犁，瘟疫和石油》
W.拉迪门著
普林斯顿大学出版社

保护环境维持生态平衡是眼前全人类的大问题，上至国际峰会下到民众草根运动都在关注生态。在我们面临的种种生态失常问题中一个非常令人担忧的全球性生态变化是大气变暖。大气变暖已经导致了自然灾害的频发，如果不加以遏止，将会带来严重的自然环境的危机，地球的许多地方也将不再适合人类居住。

那么大气怎么会变暖的呢？环境科学家们一致认为，人类生产活动中产生的温室气体的大量排放是导致大气变暖的原因。因此我们必须立刻采取措施，改变目前的经济活动方式，以减少温室气体的排放。

但是，曾听到有的历史学家提出不同意见，认为大气的变暖未必是人类经济活动的后果，其论据是历史上气候也在变化。古代的中国并没有大工业，没有成万吨地烧煤而大量排放二氧化碳的发电厂，但是中国史籍的记录却表明，几千年来中国的气候照样是有时变暖有时变冷，可见我们并不能说气候变化就是人类工业活动的后果。

提出这样的异议的史学家对生态问题可说是只知其一不知其二。美国著名的环境科学家拉迪门，也是本书的作者对历史上的生态变化问题做了深入的研究，他在几年前提出了一个重大的环境变化理论。拉迪门发现,人类活动对环境的影响绝不是从工业革命时代才开始的。有确实的证据显示,人类对气候的影响开始于农业时代。早在城市出现之前,大约在八千年以前当人类发明了农业技术后,大气层就开始受到人类经济活动的影响。各个文明地区大规模地砍伐森林焚烧植被以拓展农田,由此产生大量的温室气体被排放到地球的大气层里去了。到公元前一千年时,原来覆盖中国和印度的大部分森林都被砍光了;南欧和北欧,北非,中美和安第斯山周围的森林也都消失了。据拉迪门的统计,从农业生产开始到公元前一千年这五千年的时间里,总共有二千亿吨的碳被排放到大气层去;而从工业革命到现在,排放到大气层的碳大致是三千亿吨。尽管农业时代产生温室气体的速度没有工业时代那么快那么集中,从绝对的量来说也是差不多的。同时,起源于东南亚而扩展到中国以至世界上大部分地区的稻作水田大量地产生着甲烷(沼气),而甲烷是一种比二氧化碳厉害二十倍的温室气体。总之,人类并不是从工业革命起才开始损害生态平衡的,农业生产同样也有其生态危害性。

那么是不是有证据表明历史上的气候冷暖变化就是由大规模农业生产造成的呢?拉迪门的回答是肯定的。通过比较几千年的人类历史记录和留在冰层里的二氧化碳痕迹,他发现人类活动的扩展和低落的走势正好与地球大气里的二氧化碳的浓度的高低变化相一致。当发生了重大的瘟疫,人口大大减少,大片的农地荒芜而重新变成丛林以后,大气里的二氧化碳浓度就会大大回落,例如在公元前五百四十年到五百四十二年发生的大瘟疫把旧大陆的人口减少了将近百分之四十之后,随后的二氧化碳记录就出现了很长一个低落期。而从公元七百四十年到十四世纪初期那段时间里旧大陆没有什么大的瘟疫,人口持续地增长,这时大气中二氧化碳的浓度也跟着上升,气候逐渐转暖。一三四〇年后突然出现的黑死病大瘟疫把欧洲的人口几乎减少了三分之一,随之而来的农业生产活动的大退缩显然是那时开始的所谓的小冰河期的一个重要成因,这个小冰河期的结束正好和现代燃煤工业的兴起同步,显然后者是前者的原因。

拉迪门的研究结果再清楚不过地告诉我们,人类自己要对气候的变化负起责任来。

制服霍乱的人

◎ 陈布奋

《医学侦探》
S.汉培尔著
格兰特出版社

享受着现代医疗保健服务的人常常会忘记,仅仅在并不遥远的过去我们的医学水平还停留在一个非常初步的阶段,对许多严重疾病的认识和治疗还是用着荒唐可笑的方法,不仅治不好病,还给病人带来更大的痛苦。

在十九世纪上半叶,一种可怕的传染病开始袭击欧洲,那就是霍乱。这是黑死病以后欧洲遭受的又一场大瘟疫。尽管从发生黑死病的十四世纪到流行霍乱的十九世纪西方的科学有了长足的进步,在世人的眼里,人类的历史从黑暗的中世纪经过了文艺复兴、启蒙时代和科学革命已经进步到了文明昌盛的现代了，按理说对付这场瘟疫欧洲各个文明国家应该很有办法了，但是事实上当时的卫生当局和医学权威们还是完全束手无策。

当然，进步还是有的。在黑死病袭来时欧洲人一点准备都没有，至今也没最后搞清这场杀死了千百万人的可怕疾病到底是种什么病，大多数专家认为是鼠疫，许多人以为不是。在霍乱爆发时，欧洲人早已知道霍乱是一种长期以来就流行在南亚的瘟疫，知道这场瘟疫正迅速地向西扩散，正很快地威胁着他们的边疆。尽管知道这一切，他们没人知道应该怎样来防范和治疗这场瘟疫。英国在欧洲的最西端，惊恐地看着她的东边邻居们成批地倒下去，但是就是没有办法拒霍乱于国门之外。英国当局规定来英伦三岛的船只都要隔离检疫，但是霍乱还是上了岸，很快席卷了英国。这场大瘟疫最后总共导致了上亿人的死亡，其致命性一点也不下于神秘的黑死病。

霍乱能如此伤人，是因为当时的医生拘于偏见，一直没能搞清霍乱到底是一种什么样的病。医学界流行的是把霍乱看做是瘴气的观点，认为脏烂东西散发出的毒气是引起霍乱的病因，大多数医生居然不相信霍乱是种传染病。用于霍乱病人的疗法千奇百怪，没有一样是有效的，大多却是有害的，包括许多有毒化学物，还有能加快病人死亡的放血疗法。在这场瘟疫中医生开出的药方和疗法事实上让霍乱病人死得更多更快。霍乱病人的主要症状是大量脱水，但是当时却没有一个医生想到要给病人补液。虔诚的教徒们跪倒在十字架前，深信霍乱是上帝对人类的惩罚，只有彻底摈弃世间的罪恶才能消除霍乱。这当然也无助于遏止霍乱的传播。

有个在体制外工作的毫无名望的英国医生名叫约翰·斯诺，他不信教条，只信实证的经验。经过仔细地收集材料和数据，经过反复的验证，他得出结论：霍乱是一种传染病，传播霍乱的是受污染的水而不是什么瘴气。支持这个结论的证据非常充分有力，可是因为这个解释不符合权威的理论，过了好久，欧洲的医学界才最后接受了斯诺的观点，我们才有了控制和治疗霍乱的有效方法。

科学与宗教之战

◎ 林 容

《上帝幻觉》
R.道金斯著
豪夫顿·米芬出版社

这本书的出版在欧美知识界引起了轩然大波，不同领域的重量级人物纷纷撰文评论，主要的人文和科学期刊都提供了围绕这本书的论战空间，到处都有普通读者写信表达异议，一时之间作者成了媒体谈论的热点，他甚至上了《时代》杂志的封面。

作者道金斯本不是个无名之辈，他是牛津大学讲座教授，其教席的名称颇不寻常，叫做“公众科学理解”，顾名思义，他有向大众传播科学的职责。道金斯的学术专长是生物学，曾写过一些很受欢迎的关于基因的科学普及读物。这次他有点跨出了自己的专业，论述起了一个关系到整个社会甚至整个人类文明的大题目:宗教。

自从9·11事件之后，宗教骤然成了西方政界文化界热切关注的问题。道金斯以科学家的身份来谈宗教,这又涉及到了多少个世纪以来的宗教和科学之争,因此,这本书令人瞩目是很自然的。但是,它引起如此普遍的反响,主要还是因为道金斯的观点相当的激烈。

道金斯的整部著作的立论可以以一句话来概括:宗教是万恶之源。他首先毫不留情地摧毁了任何试图证明上帝存在的论点和论据，指出所谓的上帝假说几乎没有被证实的可能性。这样,道金斯排除了宗教作为一种信仰的基础。然后,他更加猛烈地抨击了宗教作为一种实践在社会上的作用。在道金斯看来，宗教只会起有害作用。世界上的最可怕的罪恶都是在宗教信仰的促动下发生的，甚至说只有宗教才会让人做出最坏的事来。如果没有了宗教,我们的世界将更美好。

道金斯的这本书一出版,很快成了畅销书,它曾是亚马逊畅销书单的第二名,曾高居《纽约时报》畅销书榜达九周之久。从《哈泼斯月刊》到《经济学家》,从《自然》到《科学》,各大杂志都载文评价。在这些主流的又颇有精英色彩的期刊上,评论者们大体都赞同道金斯关于宗教的基本看法,但是也都着力修正道金斯的过于极端的论点。克劳斯在《自然》上著文,认为道金斯应该把力气花在正面宣讲科学的好处上,而不是用在批评宗教上。罗宾逊在《哈泼斯月刊》上提出,正像我们需要区分真科学和伪科学一样,我们也要区分真宗教和伪宗教。大多数论者都指出,历史上无神论者们犯下的罪行决不在教徒之下。有意思的是,倒是以马克思主义者而著称于世的英国文论家伊格尔顿站了出来为宗教一辩。他在《伦敦书评》上发表文章,指责道金斯无知,认为他完全不懂现代神学理论,却在那里批判宗教。他把道金斯比做是个手里拿着本《英国鸟类指南》就自以为能够谈谈生物学的外行。

道金斯的书的批判锋芒主要是针对基督教的,有的赞同他的观点的人却有别的宗教要反对。诺贝尔物理奖获得者温伯格也是一个喜欢对社会政治问题发表议论的科学家,在他写的书评中,他完全认同道金斯对宗教的基本评价,但是却认为基督教现在已经没什么害处了,尽管基督教也是建立在谬误的信念上的。在他看来当代科学文明的主要敌人是伊斯兰教。温伯格对伊斯兰教的厌恶溢于言表,以至于还批评布什总统对伊斯兰教的态度过于软弱了。温伯格是个犹太人,以色列的坚定支持者,而道金斯写他那部论调激烈的书,其目标显然是美国的那些鼓吹“有智慧的设计”论而反对在学校进行进化论教育的基督教原教旨主义者。大家谈的是哲学、科学和历史,实际上都是有感于切身的现实政治而大发议论。更有许多普通读者,他们在给编者来信中抗议说,宗教信仰是他们平和理性的善良人生的支柱,凭什么要把宗教判定为罪恶之源?

编者的话

今年二月号《炎黄春秋》杂志发表了原中国人民大学副校长、八十三岁高龄的谢韬撰写的《民主社会主义模式与中国前途》一文。可谓一石激起千层浪，引起了思想学术界和许多关心中国改革的人士的热烈讨论。赞成者认为此文是一篇难得的启人深思的好文章；反对者则以为是“严重歪曲马列主义理论的谬论”。一时间，有的在报刊上发文章，有的组织讨论会，有的争相传阅，煞是热闹。尽管争得脸红耳赤，但大部分人对谢韬文章的学术价值都充分肯定；有的观点相左，可对要使中国成为一个自由、民主和富强的国家这一目标上，也都一致。

正如前中央农村政策研究室主任杜润生所说：这是很好的现象，这表明我们党的理论思维相当活跃。一个党，一个民族，如果没有自己的理论思维，一定会衰败下去。

讨论的核心是如何看待和理解民主社会主义、科学社会主义以及中国特色的社会主义。在讨论中人们对瑞典式的社会主义——民主社会主义争诉纷纭。瑞典模式当然不是可以照搬的公式，但按照中共中央所提“三个创新”(理论创新、制度创新和科技创新)之精神，一切人类政治文明发展成果，我们都应该借鉴吸收。进一步了解瑞典的过去和现状对我们不无裨益。正因如此，中国经济体制改革研究会副会长杨启先先生的一篇有关瑞典的“考察纪要”引起了人们的兴趣。

这是一篇迟到的“考察纪要”。一九八五年，杨启先先生以国家体改委代表团副团长的身份对瑞典的经济状况进行了考察。一九八八年底又应瑞典社会民主党和奥地利社会党的邀请，对两国考察了半个月。一九八九年初回国后起草了一份“考察纪要”，可是由于国内形势的变化，未能印发。最近，作者又重新整理成文，刊登在《经济观察报》上，现摘录如下：

一篇迟到的“考察纪要”

◎ 杨启先

通过认真回忆，现将这两次考察中的种种见闻，归纳为以下几个方面，择要加以整理成文，以供对此比较关心和有兴趣研究的人士参考。

关于瑞典社民党和瑞典社会的性质问题

长期以来，我们一直认为，瑞典社会民主党是一个修正主义的政党，瑞典社会是一个同西方资本主义国家一样的资本主义社会。因此,在考察中,我们曾经非常直率地提出:他们究竟是一个什么性质的党和什么性质的社会?他们明确地回答:时至今日,他们自己仍然认为,是一个社会主义的政党和社会主义社会。其主要理由是:

从瑞典社民党的历史看,在一八八九年成立时,他们就没有自己的党纲党章,而完全是一字不变地采用了当时由恩格斯创立的德国社会民主工党的党纲党章。他们散发的修改党纲的宣传资料中仍然载明:瑞典社会党的理论基础是多元的,但主要是马克思、恩格斯主义;阶级基础是广泛的,但主要是工人阶级。只不过是明确了,工人阶级不仅包括蓝领工人,也包括白领工人。这主要是因为,随着社会生产力的发展,白领人员的比重越来越大,为了扩大党的基础,明确规定,白领工人同蓝领工人一样都是工人,只是分工不同。

为此,他们还特地邀请我们参观了他们的党史展览馆。从展览馆内的照片陈列次序中可以看出:第一位是马克思,第二位是恩格斯,第三位是拉萨尔,第四位才是瑞典社民党最早的领导人布蓝亭。奥地利社会党展览馆中的照片排列就更有意思,除了前三位同瑞典一样以外,第四位竟是列宁,第五位才是他们党的最早领导人。我们不禁提问:为什么还有列宁?他们答复说:我们坚持反映实际,因为在历史上曾经信奉过一段列宁主义。我们问他们为什么后来不信奉了?他们说:列宁主义太残酷了,革命时要牺牲许多人,革命成功后又要镇压许多人,会大量流血,所以后来就改了。

瑞典社民党的一些理论研究工作者特别强调说:他们所讲的社会主义是有条件的,即在前面必须加上“民主”两个字,完整地说应该是“民主社会主义”。如果不加“民主”两个字,他们宁肯你说他是资本主义,也不愿你说他是社会主义。因为那种社会主义,是代表苏联式的社会主义,对人民没有吸引力。

关于瑞典的经济性质

瑞典经济的性质,用他们的话来说,既不是完全的资本主义经济,也不是完全的社会主义经济,而是一种混合经济。所谓混合经济,就是在所有制上,实行公有制与私有制混合;在分配制度上,实行按劳分配与按资分配混合;在经济运行方式上,实行国家宏观调控与市场经济混合。其中,最核心的是所有制的混合,因为,只有做到了所有制混合,才有可能做到分配制度与经济运行方式的混合。据他们介绍,瑞典社民党在一八八九年成立时,瑞典还是当时欧洲最落后的国家之一,人称“海盗之国”,即居民多为海盗和西欧国家流放的罪犯及其后裔,连最起码的普选权都没有。到一九二〇年选举,社民党的议席超过保守党,组成联合内阁上台执政,就有条件推行党纲中规定的经济纲领,开始用收购赎买的办法,在全国搞起来了一大批以国有制为主的公有制企业。但由于没有能够解决公有制企业如何管理好的问题,很快就导致了企业活力下降,效率效益不高,经济出现了困难。在一九二四年的选举中,社民党的选票大幅下降,随即被迫退出内阁,把党的执政权也丢掉了。

在这种情况下,他们才冷静下来认真总结经验教训,经过全党上下讨论,得出了一条十分重要的结论。就是:瑞典社民党是一个社会主义的政党,必须坚持搞社会主义,但搞社会主义,所有权的社会化,不是一个根本问题，根本的问题在于分配的社会化。即对社会财富如何进行公平分配，来保障工人阶级和劳动者的利益。与其搞大量的公有制企业，国家投资很多，付出精力很大，但效率效益普遍不高，创造不出很多财富，要公平分配没有强大的经济和物质基础，那还不如除必须由国家兴办的以外，不搞那么多公有制企业，鼓励支持非公有制发展，让私人企业去创造尽可能多的财富，由政府合理分配来满足劳动者的需要更为有利。对于私人企业在发展中可能出现的种种问题与弊病，可以从两个方面加以克服和解决：一是通过工会势力在基层进行必要的斗争；二是通过议会立法从上层加以限制。并且根据这一结论，修改了原来的党纲党章，从而得到了广大人民的支持和拥护。到一九三二年大选重新掌握议会的多数而上台执政，一直连续执政四十四年，在此期间，他们把瑞典从一个欧洲经济最落后的国家，发展建设为世界上人均国内生产总值占第二位的经济发达国家（第一位为瑞士）。到二十世纪八十年代末九十年代初，其全部国民财富的社会化分配部分，按国家财政收入占国内生产总值的比重计算，达到了百分之五十七至五十八。从而有条件把瑞典建成一个世界上社会福利最多的国家，使分配社会化的理论在实践中运用到了淋漓尽致。

关于瑞典的分配原则

瑞典的分配原则，据他们介绍说，是既要有利于充分调动和发挥各方面的积极性与劳动效率的提高，又不能让分配差距过于悬殊。其主要的做法是：在初次分配中始终坚持效率优先原则，即对劳动多、贡献大的人，必须做到多得；反之，只能少得。但在再分配中，要进行合理的调节，以做到最终分配的差距不致过大。因此，至今他们全国除了极少数优秀企业家，如沃尔沃汽车公司的老总那样的人物，年收入可达上百万克朗以外，绝大多数人实际收入的差距都不是很大的。如政府最高领导人的工资比一般职工的工资，在税前的差距可能达四五倍，但税后往往只有两三倍。特别是他们除工资以外，并没有其他级别津贴和职务消费，应该说这个比例是很小的。所以，他们在介绍时说，瑞典的收入差距在世界各国中可能是最小的；一般所谓的城乡差别、工农差别和脑力劳动与体力劳动的差别，在瑞典可以说已基本消除。对此，开始我们还半信半疑，但经过到几类居民的家中实地观察以后，感到确实已大致如此。如：

我们曾经造访过一家所谓最低收入的家庭，丈夫是一个小学负责修桌椅的，妻子是负责管理教室钥匙和开门的。因为都是勤杂工，只能领取国家规定的最低工资，月薪各五千多克朗，相当于一千五百美元左右。但由于这个工资档次可以免交所得税，加上还有一部分多子女补贴，所以生活得也很不错。一家人住在斯德哥尔摩市内一栋五层带电梯的公寓里，四室一厅，最小的一个女孩还不到两岁也有自己的单独房间，每月所需支付的房租占工资的比例不大。

我们也曾应邀造访过一个所谓较高收入的家庭，是瑞典哥德堡省政府的办公厅主任，相当于我们一个大省的秘书长，一家住在哥德堡市郊一栋别墅式的小洋房里，上下两层带部分地下室至少有四百平方米，还有两三亩地的一块绿地和花园。按理，他家的生活应当比上述工人夫妇宽裕得多，但实际情况却比较狼狈，不仅家里不很整洁，陈设也比上述家庭好不了多少。主要的原因，就是他的工资虽然较高，月薪达两万克朗，但纳税比例也很大，交了百分之四十五的所得税以后，只剩下一万一千克朗，实际收入就基本上与上述夫妇的总和持平。由于他的妻子跟别人走了，家务没有人照顾，本想雇一个女佣也雇不起。因为按国家法律规定，雇一个人每月至少要支付给五千克朗的最低工资，这样他只能剩下六千克朗，生活并不宽裕。

在许多国家中往往盛行的等级特权、不正之风和腐败现象等，在瑞典虽然不能说完全没有，但所见所闻确实不多。为什么瑞典的社会能够做到比较公正？

关于瑞典的福利制度

瑞典的社会福利，人所共知，在世界各国中是最多的。即除了同其他西北欧国家一样，都有法定的四大保险——退休养老、公费医疗、失业和工伤以外，还有这样那样名目繁多的各种社会福利项目，以致人们把他们形容为“从摇篮到坟墓”都有福利的国家。根据我们考察所了解的一些事例看，可以说确实是“名不虚传”。如：

在养老方面：一个劳动者如果退休了，不仅可以依法定期领取足够生活的退休金；而且，年老了生活自理困难，还可以住进国家办的养老院，除了可以免费就近享受各种医疗护理外，其生活条件不比我们现在的三星级宾馆差。

在失业方面：一个劳动者如果失业了，不仅可以定期领取法定的失业救济金，而且可以免费通过国家举办的职业介绍所，在全国范围内帮助其介绍新的工作。如果新的工作岗位同其技能条件不符，可以免费参加国家组织的各种培训。如果新的工作岗位同其现在的居住地不在一地，国家还可以资助部分搬家费。

在教育方面：不仅人人都可以享受终身免费教育，而且法律规定，从幼儿园到中小学，只要有一个外籍子女在上学，学校就必须为其配备一位“母语”教师。当然一般不是专职的，但每月必须为其讲一定时间的“母语”课。大学教育，从入校到毕业，虽然有一定学年，但法律规定，只要学生认为找不到比较合适的工作，不愿离校，就可以继续免费读下去。因此，据他们讲，现在每个学校几乎都有一批连续读了七八年甚至更长时间的老大学生。

在生育方面：一个妇女生了孩子以后，不仅可以享受长达一年半的带薪假期，其中一年为百分之一百，半年为百分之九十，而且在第十八个月时，如果检查确认又怀孕了，还可以继续享受百分之九十的带薪休假，一直到孩子出生，重新享受十八个月的带薪假期。同时，夫妻双方可以协商，如果女方工作比较重要，不能或者不愿在家休息这样长的时间，也可以由男方代替在家休假。

在监狱方面：对于被拘留者或者正在服刑的犯人，不仅一切生活开支国家全部供给，而且每月还要发给一笔虽然不是很丰厚，但也不是很少的现金津贴。

正因为有这种“从摇篮到坟墓”的社会福利，使全国每个公民的基本生活，在任何情况下都能够得到必要的保障。因此，瑞典的社会风气普遍良好，生活安定，秩序井然，真有点“道不拾遗、夜不闭户”的样子。当然，任何事物都有“两面性”，瑞典的这种“从摇篮到坟墓”的福利，从我们接触和听到的一些情况看，至少也带来了以下两个方面的问题与矛盾。

一是这种高福利制度，是靠高税收来支撑的。这势必在一定程度上影响企业和劳动者的积极性。有一些高收入的居民，如上世纪八十年代初瑞典有一位世界著名的网球运动员博格，因不满瑞典的累进税率太高而不愿继续在瑞典居住，跑到英国定居去了。

二是这种高福利制度，很容易被人钻空子，利用它来获取自己本不应得到的利益。如上面讲到过的，在我们造访那户所谓最低收入的工人家庭时，就发现了这方面的一个问题，即这家人已经有了三个女孩，但女主人又怀了一个孩子。我们感到很奇怪，就向男主人提问说：在你们瑞典，女人不是不愿意生孩子吗，为什么你们已经有三个女孩，你的妻子又怀孕了？是不是瑞典人也有些重男轻女，想再生一个男孩。他答复说，不是！因为在瑞典男女都一样，是完全平等的。我们又问，那为什么还要生呢？他竟答复说，我早核计好了，我妻子在家生孩子最划算。这不仅因为，生了孩子有一年半的带薪假期，满十八个月时如果又怀上了孩子，还可以继续带薪在家休假，等于我妻子长期都可以休假在家，管理种种繁杂的家务；而且瑞典政府鼓励生育，对多生孩子实行累进补贴制度，多一个孩子每月至少将多得一千多克朗的补贴，还免交所得税，这样可以明显增加我家的收入。当我们又问他：那对你有没有什么损失呢？他开始说：没有！待想了一会儿才说，也有！那就是不能到比较远的地方去旅游，因为带上老婆和一大堆孩子不方便。

在这方面，我还曾经看到过这样一则报道：就是在上世纪九十年代初，原苏联东欧国家发生政治剧变以后，经济下滑，就业不足，生活普遍比较困难。有少数年轻人就利用欧洲国家互相间边境检查比较松的条件，偷偷跑到瑞典去，故意犯点小错误，进拘留所或监狱呆上一段不长的时间，不仅生活问题解决了，出来时还可以带一些美元回家。说明这种太多太高的社会福利制度，也还有合理调整改进的必要。

关于瑞典的社会公正

瑞典的社会，从我们在考察中了解和接触的种种事实来看，可以说是比较公正的。在许多国家中盛行的等级特权、不正之风和腐败现象等，虽然不能说完全没有，但所见所闻确实不多。为什么瑞典的社会能够做到比较公正？主要是：

一、完善的法律制度，有效限制了种种社会不公正现象的发生。例如：

法律曾经明确规定，除国王以外，任何人包括首相在内，外出时都不能配带警卫。正因为如此，在一九八八年底我们去考察前不久，瑞典首相也是社民党的主席帕尔梅，于下班后偕夫人乘地铁到斯德哥尔摩最热闹街区的一家电影院看电影，看完出来顺人行道步行回家，正准备进入地铁站时，被一个来历不明的凶手枪杀了。从此以后，才修改法律，规定首相外出可以带警卫。我们去时看到，人行道上的血迹还在，还不时有人把鲜花放在有血迹的地上，以示哀悼。

法律还明文规定，全国只有议长、首相、外交部长、国防部长等少数几位领导人，由国家配给公务专车，其他人一律乘公共交通工具或用自己的车代步。这不仅大大减少了政府部门的人员编制和经费开支，而且也杜绝了利用公车办私事的种种不正之风。

法律还具体规定了各个级别的领导人，在对外公务交往中可以接受礼物的限额。这一条，我们曾经有过一次亲身体验。一九八五年，我第一次随体改委代表团去瑞典考察，对方主要的接待单位是工业部。在我们会见工业部长（一位女士）时，礼节性地送给她一对北京出产约七八英寸高的景泰蓝小花瓶，作为纪念。她打开包装盒看后很惊讶地说：真美！但随即叹了一口气又说：很可惜我不能拿回家。

二、公开的舆论监督，有力地制约了种种社会不公正现象的滋长和蔓延。我们一九八八年底考察瑞典时，正赶上瑞典社民党一位中央执行委员（相当于我们的中央政治局委员）、也是当时全国工会主席的女儿，在不应该分给住房的条件下分到了一套住房，被舆论曝光了，并公开批评这位工会主席是依靠社民党执政的特权搞以权谋私。为此，社民党中央专门召开了一次记者招待会向舆论公开解释和表态，并由工会主席在会上据实说明，这件事事先他并不知情，是他女儿自己搞的。当然，他也有教女不严之责，一定尽快督促女儿把这套房子退出来，其问题按法律该怎么办就怎么处理。从而才把这一事件基本“摆平”。

三、政党之间的激烈竞争和党的生存危机，迫使各级领导与公职人员，必须以平等的态度对待群众和以公正的原则处理社会事务。

瑞典在政治上实行的是所谓西方式的民主制度，政党之间竞争十分激烈，不仅能否上台执政取决于群众的选票，党的生存在很大程度上也取决于选票。因为，他们国家财政对各个政党都没有无条件的拨款，政党的经费来源，除党员交纳的党费和其他自筹以外，较大一部分要靠政府按照其进入议会的议员人数定额拨给的费用。一个政党如果没有民众的较多选票，进入不了议会，就没有这笔资金，是很难长期存在的。因此，无论他们的主观愿望如何，在各项活动中，都势必力求保持一种富而不奢、平等待人和社会公正的形象。例如：瑞典社民党，虽然是一个多次上台甚至一次连续执政四十多年的大党，但他们的中央机关，在我们去访问的上世纪八十年代末，还只有六十多位工作人员。一个哥德堡省的省委，工作人员只有五六个人。当我们代表团去该地访问时，从介绍情况、交流会谈、带领参观、导游一直到司机的任务都由一个人全包了。而且据该人士讲，哥德堡省委所属有三四百个支部，都分散在各个社区（因他们法律规定，党的组织是不能进入企业和单位的），他们每个月至少都要去一遍，了解情况、指导工作或传达上级党的指示，所以非常繁忙。

在一九八五年我随体改委代表团第一次去瑞典访问时，也是在哥德堡。正逢一个星期天，该省的省长和议长，在邻近挪威边境的一个山顶城堡里共同设宴欢迎我们，场面虽较正规，但吃的却很简单。而且吃完饭后在城堡内一个广场招待我们听刚从莫斯科演出归来的交响音乐时，从我们代表团全体成员到省长、议长，自始至终也没有摆一个座位，而只是同一般游览的群众一起，站着听一个多小时。特别是在归来的路上，当我们的汽车正准备上船过渡时，前面一辆车突然打不着火了，坐在车门口的议长（还是个腿瘸的人）和省长，一句话没讲率先跳下车去帮助一起推车，一直到汽车发动了才上车。其情景颇令人感动。

对于如何保持这种良好的社会形象，他们的领导人在生时很重视，在逝世以后中央对后事的处理也很注意。如前面讲过一九八八年被刺杀逝世的帕尔梅，他生前不仅是瑞典的首相、社民党主席，而且是社会党国际的主席，在欧洲和世界上都有比较大的影响，在国内也有颇高的威望，对社民党和国家的贡献都不小。但在遇刺逝世后，既没有给他建立什么纪念堂、纪念馆或纪念碑之类，也没有给他修豪华的坟墓，而只是将他的骨灰埋在被刺街道附近教堂后面的一个公墓里，地上没有任何建筑物，只有一块约四平方米用黑色大理石铺成的平面墓地，上面竖立着一块约一米高有帕尔梅签名的鹅卵石。据说这块鹅卵石原在帕尔梅的家乡，因为帕尔梅每次回家乡竞选时，都要站在上面发表竞选演说，故移此以作纪念。

关于瑞典式社会主义对人类发展的历史性贡献

多年以来，对于瑞典式社会主义，我们不仅一直视为异端，持严厉批判的态度；而且时至今日，在一般人的心目中，仍然是肯定的少，否定的多。其实，这是不够公正的。如果实事求是地加以分析，我们就不难发现，除了其在政治上的是非，暂时还难以作出一般都能够接受的结论外；在经济上，马克思主义的社会主义所要求的——无论是促进社会生产力发展，促进人民生活提高；还是实现分配公平、社会公正、保障工人阶级和劳动人民的应有利益等方面——不仅同苏联式的社会主义一样，成就巨大，而且可以说前者比后者做得更好。对此，我们不但可以从前文所述的种种事例中得到理解，而且可以通过两国家经济发展的对比得到证明。

瑞典和苏联，在本世纪初，都是欧洲比较落后的国家。瑞典社会民主党与苏联共产党，开始上台执政、推行社会主义的时间差不多。前者为一九二一年，后者为一九一七年；前者为间歇执政，但主要时间都执政；后者为连续执政，从来没有间断过。但到上世纪七八十年代，可以明显看出，瑞典的经济发展水平比苏联要高得多，人民生活要好得多。进入二十世纪九十年代以后，因为苏联发生了政治动荡，党和国家解体，经济出现停滞甚至下降，这种差距更进一步扩大。

瑞典式社会主义，还有一种重要的历史性贡献是，其社会影响具有很强的连续性，它所推行的一套行政公开、分配公平、社会公正的政策，不仅对促进社会进步起了显著的作用；而且其发展的势头，一般不会因为执政党的更迭或领导人的改变而受到根本的扭转或夭折。瑞典式社会主义的一系列政策因为有着广泛的群众基础，是受到大多数人民拥护的，一经实行，是很难再按传统资本主义的方式重新改变的。同时也可以证明，为什么欧洲、特别是北欧各国的社会党，都能够先后通过选举上台执政，推行他们的社会主义；而且几十年来，由于其执政的次数颇多，时间较长，对这些国家的经济社会发展，都发挥了不可忽视的良好作用。

* * *

通过这次访问，对瑞典社民党和奥地利社会党的情况有了较多较深的了解，我们都感到收获颇大。但是，对于瑞典式的社会主义与苏联式的社会主义究竟有什么异同，对于第二国际与第三国际、修正主义与列宁主义、瑞典式社会党与苏联式共产党的关系，究竟应该如何分析与认识，也感到有些迷惑和难解。

以上回忆供读者把它当做一种素材来研究参考。

进入二○○七年后，不少中国人最关心的话题是什么？——股市！

这简直是一个全民炒股的时代。至五月份，证券账户开户总数超过一亿一千万户。单月开户也超过了历史纪录，比去年同期几乎增长了十倍。媒体上充斥着“保姆炒股”、“农民工炒股”，甚至“和尚炒股”的报道……美国经济权威格林斯潘也受到了震动，公开表态：中国股市近期上涨势头肯定难以持续。

股市的起伏牵动着几亿人的心。然而，股市是充满风险的。每一次股市崩盘都是触目惊心的！《中国新闻周刊》发表的蒋明倬撰写的《疯狂股市的代价》，记录了世界上几次股市崩盘的情景，颇有参考价值。不知，这些材料能否帮助人们免于贪婪的诱惑，使那注定要发生的悲剧，来得慢一些，来得不要那么惨烈。

疯狂股市的代价

◎ 蒋明倬

股市里只有两种情感——希望和恐惧。问题只是，当你该恐惧的时候你却满怀希望；而该满怀希望的时候，却又十分恐惧。

在牛市来临的时候，坊间流传的多数是让人啧啧称道的股市暴富神话，这样的神话广泛的流传燃起了更多人的希望，而另外一种情绪——恐惧却慢慢地被淡化。唤醒历史上那些令人恐惧的时刻，也许才会让更多的满怀希望的人不至于滑向疯狂……

纽约一九二九年大崩盘

一九二九年十月二十四日，星期四。

一九二九年大恐慌的第一天，也给人们烫上了关于股市崩盘的最深刻的烙印。

那一天，换手的股票达到一百二十八万多股，而且其中的许多股票售价之低，足以导致其持有人的希望和美梦破灭。

但回头来看时，灾难的发生甚至是毫无征兆的。开盘时，并没有出现什么值得注意的迹象，而且有一段时间股指还非常坚挺，但交易量非常大。

突然，股价开始下跌。到了上午十一点，股市陷入了疯狂，人们竞相抛盘。

到了十一时三十分，股市已经完全听凭盲目无情的恐慌摆布，狂跌不止。自杀风从那时起开始蔓延，一个小时内，就有十一个知名的投机者自杀身亡。

随后的一段日子，纽约证券交易所迎来了自成立一百一十二年来最为艰难的一个时期，大崩盘发生，而且持续的时间也超过以往经历的任何一次。

而那些活着的投机者，接下来的日子也是生不如死，小弗雷德·施维德在《客户的游艇在哪里》讲述的一九二九年股市崩盘前后的一个故事，成为那一时期投机者的经典写照。

1929年10月24日，大量市民聚集在纽约证交所对面的金融大厦附近，面对股市崩盘，众人束手无策

一个投资者在一九二九年初的财产有七百五十万美元，最初他还保持着理智，用其中的一百五十万购买了自由国债，然后把它交给了自己的妻子，并且告诉她，那将是他们以后所需的一切花销，如果万一有一天他再向她要回这些债券，一定不可以给他，因为那时候他已经丧失理智了。

而在一九二九年底，那一天就来了。他就向妻子开口了，说需要追加保证金来保护他投到股市上的另外六百万美元。他妻子刚开始拒绝了，但最终还是被他说服了。故事的结局可想而知，他们以倾家荡产而告终。

实际上，这种遭遇不仅仅降临到普通的缺乏理智的投资者身上，即使是一些睿智的经济学家也没有逃脱噩运。二十世纪最为著名的经济学家——凯恩斯，也在此次危机中几近破产。

像其他人一样，凯恩斯也没有预料到一九二九年大崩盘，而且还低估了这次危机对美国和世界经济的影响。凯恩斯积累的财富在一九二九年崩盘时受到重创，几乎变得两手空空。

后来凭借着敏锐的判断力，到一九三六年的时候，他靠投资股市把财富又增长到了五十万英镑以上（相当于现在四千五百万美金）。但是在一九三八年的熊市中，他的资金又缩水了百分之六十二。一直到他一九四六年去世，一九二九年的崩盘都是他心理上抹不掉的阴影。

尽管股市暴跌最初影响到的只是富人，但这些人是一个至关重要的群体，其成员掌握着大部分消费收入，构成了最大部分的个人储蓄和投资来源。因此，股市崩盘导致美国经济失去了由证券投资盈利形成的对支出的支撑。

股市崩盘以后，控股公司体系和投资信

托的崩溃，大幅削弱了借贷能力和为投资筹措资金的意愿，这迅速转化为订单的减少和失业的增加。

从一九二九年九月到一九三三年一月间，道琼斯三十种工业股票的价格从平均每股三百六十四点九美元跌落到六十二点七美元，二十种公用事业的股票的平均价格从一百四十一点九跌到二十八美元，二十种铁路的股票平均价格则从一百八十美元跌到二十八点一美元。

受股市影响，金融动荡也因泡沫的破灭而出现。几千家银行倒闭、数以万计的企业关门，一九二九至一九三三年短短的四年间出现了四次银行恐慌。尽管在泡沫崩溃的过程中，直接受到损失的人有限，但银行无法避免大量坏账的出现，而银行系统的问题对所有人造成间接冲击。

大崩盘之后，随即发生了大萧条。大萧条以不同以往的严重程度持续了十个年头。从一九二九年九月繁荣的顶峰到一九三二年夏天大萧条的谷底，道琼斯工业指数从三百八十一点跌至三十六点，缩水百分之九十，到一九三三年底，美国的国民生产总值几乎还达不到一九二九年的三分之一。实际产量直到一九三七年才恢复到一九二九年的水平，接着又迅速滑坡。直到一九四一年，以美元计算的产值仍然低于一九二九年的水平。一九三〇至一九四〇年期间，只有一九三七年全年平均失业人数少于八百万。一九三三年，大约有一千三百万人失业，几乎在四个劳动力中就有一个失业。

更严重的是，股市崩盘彻底打击了投资者的信心，一直到一九五四年，美国股市才恢复到一九二九年的水平。

一九八七年：大恐慌再临

一九八七年十月十九日，又是一段美国股市的黑色记忆，这一天美国股市又一次大崩盘。

股市开盘，久违了半个世纪的恐怖重现。仅三小时，道琼斯工业股票平均指数下跌五百零八点三二点，跌幅达百分之二十二点六二。

这意味着持股者手中的股票一天之内即贬值了二成多，总计有五千亿美元消遁于无形，相当于美国全年国民生产总值的八分之一的财产瞬间蒸发了。

随即，恐慌波及了美国以外的其他地区。十月十九日当天，伦敦、东京、香港、巴黎、法兰克福、多伦多、悉尼、惠灵顿等地的股市也纷纷告跌。

随后的一周内，恐慌加剧。十月二十日，东京证券交易所股票跌幅达百分之十四点九，创下东京证券下跌最高纪录。十月二十六日香港恒生指数狂泻一千一百二十六点，跌幅达百分之三十三点五，创香港股市跌幅历史最高纪录，将自一九八六年十一月以来的全部收益统统吞没。与此相呼应，东京、悉尼、曼谷、新加坡、马尼拉的股市也纷纷下跌。于是亚洲股市崩溃的信息又回传欧美，导致欧美的股市下泻。

据统计，在从十月十九日到二十六日八天内，因股市狂跌损失的财富高达二万亿美元之多，是第二次世界大战中直接及间接损失总和三千三百八十亿美元的五点九二倍。美林证券公司的经济学家瓦赫特尔因此将十月十九、二十六日的股市暴跌称之为“失控的大屠杀”。

一九八七年十月的股市暴跌，首先影响

到的还是那些富人。之前在九月十五日《福布斯》杂志上公布的美国四百名最富的人中,就有三十八人的名字从榜上抹去了。十月十九日当天,当时的世界头号首富萨姆·沃尔顿就损失了二十一亿美元,丢掉了首富的位置。

更悲惨的是那些将自己一生积蓄投入股市的普通民众,他们本来期望借着股市的牛气,赚一些养老的钱,结果一天工夫一生的积蓄便在跌落的股价之中消失得无影无踪。

股市的震荡刚刚有所缓解,社会经济生活又陷入了恐慌的波动之中。银行破产、工厂关闭、企业大量裁员,一九二九年发生的悲剧再度重演。

比一九二九年幸运的是,当时美国经济保持着比较高速的增长,股市崩盘并没有导致整体的经济危机。但股灾对美国经济的打击仍然巨大,随之而来的是美国经济的一段长时间的停滞。

日本股市梦魇

在一九八七年十月十七日美国"黑色星期一"过后,率先恢复的是日本股市,并且带动了全球股市的回升。

此后,日本股市一直呈上升态势,但另外一个噩梦般的恐慌却在酝酿之中。

一九八九年十二月,东京交易所最后一次开市的日经平均股指高达三万八千九百十五点,这也是投资者们最后一次赚取暴利的机会。

进入二十世纪九十年代,股市价格旋即暴跌。到一九九〇年十月份股指已跌破二万点。一九九一年上半年略有回升,但下半年跌势更猛。一九九二年四月一日东京证券市场的日经平均指数跌破了一万七千点,日本股市陷入恐慌。八月十八日降至一万四千三百零九点,基本上回到了一九八五年的水平。

到此为止,股指比最高峰期下降了百分之六十三,上市股票时价总额由一九八九年底的八百三十万亿日元降至二百九十九万亿日元,三年减少了三百三十一万亿日元,日本股市的泡沫彻底破灭。

股市泡沫的破灭带来的后果是严重的。一方面证券业空前萧条。一九九一年股市大幅下跌以来的两年中股票市场的交易量只有以往的百分之二十。主要靠赚取交易手续费生存的二百多家证券公司全部入不敷出,且经营赤字越来越大。一九九二年不少大公司的赤字高达四百亿日元以上。

对外资本交易方面,由于对外证券交易额减少,出现长期资本收支盈余,日本戏剧性地变为了资本输入大国。

另一方面由于股市疯狂上涨,吸引企业都转向直接融资,银行被迫以风险大的企业和非银行金融机构为主要融资对象,从而间接地导致了银行业的危机。

泡沫破灭后,日本经济形势急转直下,立即呈现设备投资停滞、企业库存增加、工业生产下降、经济增长缓慢的局面。影响所至,连房地产也未能幸免。日本房地产价格在一九九〇年达到了耸人听闻的高位,当时日本皇宫地块的价格相当于美国加利福尼亚所有房地产价格的总和。泡沫破灭后,日本房地产价格跌幅近半才刚刚开始稳住,整个国家的财富缩水了近百分之五十。

当年资产价格的持续上涨激发人们借贷投机的欲望,日本银行当初急切地给房地产商放贷终于酿下了苦果。房地产泡沫的破

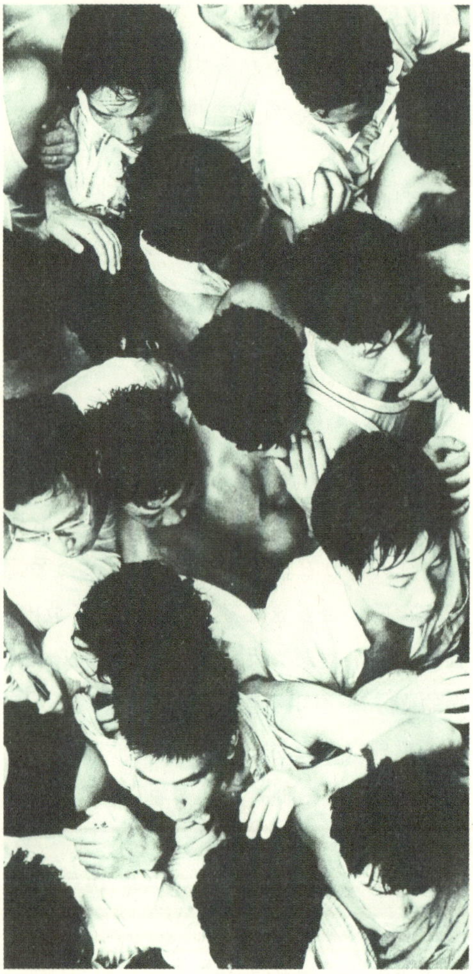

1992年深圳特区，8·10股市风波时深圳股票交易所门口的股民

灾和不良贷款不可避免地增加，使日本银行背上了沉重的包袱，引发了通缩，使得日本经济经历了更持久、更痛苦的萧条。

日本经历了长期熊市，即使在二〇〇五年的反弹之后，日本股市离它的历史最高点还有百分之七十之遥。

中国式股灾

目光放回国内。虽然与西方发达市场经济国家相比，中国股市发展历程较为短暂，但依然经历了两次惊心动魄的股灾。一次发生在一九九六年。一九九六年国庆节后，股市全线飘红。从四月一日到十二月九日，上证综合指数涨幅达百分之一百二十，深证成份指数涨幅达百分之三百四十。证监会连续发布了后来被称作“十二道金牌”的各种规定和通知，意图降温，但行情仍节节攀高。十二月十六日《人民日报》发表特约评论员文章《正确认识当前股票市场》，给股市定性：“最近一个时期的暴涨是不正常和非理性的。”涨势终于被遏止。上证指数开盘就到达跌停位置，除个别小盘股外，全日封死跌停，次日仍然跌停。全体持仓股民三天前的纸上富贵全部蒸发。

另一次发生在二〇〇一年。当年七月二十六日，国有股减持在新股发行中正式开始，股市暴跌，沪指跌三十二点五五点。到十月十九日，沪指已从六月十四日的二千二百四十五点猛跌至一千五百十四点，五十多只股票跌停。当年百分之八十的投资者被套牢，基金净值缩水了百分之四十，而券商佣金收入下降百分之三十。

与国外股灾相比，中国股灾的发生原因不尽相同，但都有一些共性：股市的走势大大脱离经济的基本面，因此注定难以持续，一有风吹草动，便全线溃败，而股市中人则投机心态过盛，或风雨将至仍勉力为之，或追涨卖跌全凭感觉，终不免悲剧收场。

这些年，博客逐渐成为生活中经常听到的一个名词。

blog的全名应该是 Web log，中文意思是“网络日志”，后来缩写为 Blog，而博客(Blogger)就是写 Blog 的人。可以理解为博客是“一种表达个人思想和网络链接，内容按照时间顺序排列，并且不断更新的出版方式”。博客(Blogger)这个概念也可解释为使用特定的软件，在网络上出版、发表和张贴个人文章的人。

这类人习惯于在网上写日记。Blog 是继 Email、BBS、ICQ 之后出现的第四种网络交流方式，是网络时代以超级链接为武器的网络日记。

一个 Blog 其实就是一个网页，它通常是由简短且经常更新的帖子所构成，这些张贴的文章都按照年份和日期顺序排列。Blog 的内容和目的有很大的不同，从对其他网站的超级链接和评论，有关公司、个人、构想的新闻到日记、照片、诗歌、散文，甚至科幻小说的发表或张贴都有。许多 Blogs 是个人心中所想之事情的发表，其他 Blogs 则是一群人基于某个特定主题或共同利益领域的集体创作。

博客作为一种新的表达方式，它传播的不仅蕴涵着你的情感，还包括你大量的智慧、意见和思想。某种意义上说，它也是一种新的文化现象。中国的博客是从二〇〇二年开始发展的，如今规模将突破一亿大关，成为全球博客发展最活跃的国家之一。以下选摘的是几篇博客上的文章——

“国际儿童节”并不国际

Blog：http://blog.sina.com.cn/funv 父女博客

今天是六月一日，国内的孩子们都放假欢度“国际儿童节”。可在美国，俺家十一岁的闺女还得照常上学。因为美国压根儿就没有“儿童节”一说。这多少让人觉得有点意外。美国不是自诩为“儿童的天堂”吗？怎么也不给孩子们定一个节日？美国人的回答同样出人意料：美国的孩子们天天都过节，所以就没有必要设立专门的“儿童节”了。

我原以为，“六一”既然是“国际儿童节”，那么这一天应该是全世界孩子们的共同节日(国内一些媒体的报道就这么写的)。但事实并非如此。我在课间问了来自韩国、墨西哥、秘鲁、德国的同学，才知道他们的国家也有“儿童节”，但都不在六月一日。比如，墨西哥的“儿童节”是四月三十日，秘鲁的是四月二十八日，德国的是九月二十日，韩国的是五月五日。中国“儿童节”仅仅是孩子们放假，而韩国的“儿童节”是全国公众的假日，连大人都放假，家长们可以带着孩子们出去游玩。

那么，哪些国家的“儿童节”和中国一样是在六月一日呢？从网络上查到的资料，目前能够确定的只有俄罗斯、朝鲜、波兰、阿尔巴尼亚、罗马尼亚和前东德。显然，这些都是传统意义上的“社会主义阵营”国家。

再看看六月一日国际儿童节的来历，就不难理解为何只有“社会主义阵营”的国家在这一天过“儿童节”了。据来自官方网站的资料，“一九四二年六月，德国法西斯枪杀了捷克利迪策村十六岁以上的男性公民一百四十余人和全部婴儿，并把妇女和九十名儿童押往集中营。为了保障世界各国儿童的生存权、保健权和受教育权，一九四九年十一月，国际民主妇女联合会会议决定以每年的六月一日为国际儿童节。”当时正值冷战初期，莫斯科会议作出的决议肯定不可能得到西方国家的响应，而积极响应的只会是社会主义阵营的国家。

所以，准确地说，六一“国际儿童节”只是部分社会主义国家的节日。

新股民传奇

Blog: http://blog.sina.com.cn/Pengpaidexin 澎湃的心的博客

小新刚开户来到股票市场。

小新在门口买了一张证券报，这时有个人说：“嘿！新股民吧！”

小新愣了：“你怎么知道？”

那人说：“报纸没有多少新闻，老股民哪有买的！”

小新进了大厅，这时人已经很多了，他站在人家身后看电脑，有人跟他打招呼：“喂！新股民吧！”

“你怎么知道？”

“老股民都早来占机器，哪有你这么晚的！”

中午，小新到外面买了一个盒饭，卖盒饭的说：“新股民吧！”

“你怎么知道！？”

“老股民哪有买盒饭的，都是三点以后回家吃的。”

小新觉得被人说了一上午新股民，有点烦了，暗下决心，一定要好好学，争取早日成为老股民。

下午了，小新决定买个股票，他看好一个叫申华控股的，上个月还八块多，现在才四块多，他刚想买，边上有人：说“嘿！新股民吧！”

“你怎么知道！！！？？？”

“老股民哪有买除权股票的！”

快收市了，小新终于决定买个股票，他买了一百股600839。

不想被人看见了，那人说：“嘿！新股民吧！”

“你怎么知道的！？！？！？”

“老股民哪有买长虹的！”

收盘了，营业部有股评，小新在认真地听，有人说：“哟！新股民吧！”

“你怎么知道的！！！！”

“老股民哪有听股评的。”

小新彻底晕了，不敢骑车，只好推着车往回走，一老头回过头打量他片刻，“年轻人，新股民吧？”

小新只感觉自己像是光着身子在街上走，无地自容了。老大爷笑着说：“老股民哪有穿着绿衣裳来证券部看股票的？瞧，你那挎包上居然印着一头熊！！”

奢侈的两重天

Blog： http://ichich.bokee.com/ 贼有灵的博客

很久以前，我曾经读到过安妮宝贝的一段文字。她买了一盒哈根达斯，用干冰包裹起来，坐在出租车里，小心翼翼地捧着，然后不停地流泪，悲伤地想：那个爱我的人到哪儿去了？彼时，我是一个靠家里供钱读书的穷学生，出租车都很少打，更不要说去买哈根达斯那样“昂贵而美丽”的食物。

若干年后，我辗转到了美国，站在食品店冷藏柜前发呆。原来哈根达斯在这里卖得如此便宜，三美元多一大桶，买两桶的话还有优惠。即使换算成人民币，它也称不上昂贵。既然不昂贵，姿色也就大减。它与一堆杂七杂八的我没有听说过的冰淇淋推推搡搡地挤在橱窗后面，如同遭遇战乱流落风尘的宫女。而陪我购物的美国友人的一句话粉碎了我最后的幻想：“哈根达斯？那是什么东西？我从不吃这个牌子。”

我在这种若有所失的感伤情绪中展开了在美国的生活，逐步接受了一连串新的打击。比如，有朋友托我买 CK 的内衣。然后我发现 CK 在这里大约只相当于班尼路在国内的地位。不，准确地说，GAP 才是班尼路，CK 的品位稍微高那么一点。再比如，有朋友托我买倩碧的黄油——倩碧一直以黄油的畅销而引以为自豪。果然，畅销得像大宝，便宜得也像大宝。

我脆弱的心灵在备受打击之后终于痛定思痛。我想说的是一个经济问题，即，美国人的生活成本为何这样低？

我们不妨来看一看，他们的生活成本究竟有多低。美国劳动者(注意不是全体国民)的人均年收入是四万美元，税后到手一个月也就两千多美元。在北京，一个刚工作的年轻人，月薪大概也就是三千元人民币。

那么，同样的收入水平，在不同的国家，可以维持什么样的生活？

首先来看食物。美国的食品卖得很便宜。我昨天的购物清单是芒果、苹果、香蕉、生菜、小萝卜、酸奶、麦片、番茄酱、大米，一共是二十一元美金。假如是二十一元人民币，你在北京的超市里可以买到什么？也许只有两个芒果。

我询问过很多朋友，单身或者夫妇两人的家庭，一个月的食物支出，包括下馆子，大约也就是两百多元。这只占个人月收入的百分之六左右。而在北京，你去一趟家乐福出来，恐怕就得两百多元。

其次看衣服。这一点更让人气愤。一个国内来的 MM 深有感触地说，在国内时逛一次街买一次衣服就要一千多元；在美国，除非你买 LV 或 ARMANI 这样一线的牌子，否则，若只是 CK、DKNY 之流，想一次花掉一千块还真是不容易。当然他们的房子还是很贵的。大家的花销，基本都用在养车和供房子上。

东西方，奢侈品的两重天，也许，这就是全球化的效果。

媒体上不时有一些值得关注的信息，现摘录若干，以飨读者——

中国人的钱为什么这么多

很多人都弄不清楚，怎么现在有一部分中国人这样有钱：买房、买车、买奢侈品……《证券市场周刊》刊登陈志武的文章对此做了分析——

中国从二十世纪九十年代中期开始，特别是一九九八年之后，让企业资产、土地和各类自然资源、劳动者未来收入流，都可通过产权化、证券化或者金融票据化转变成流通的资本，把死资产和未来收入流变成可以花的钱。一个国家已经资本化或能被资本化的财产和未来收入流越多，它的“钱”自然就越多。

我们知道，一个国家的核心资本源有三方面，第一是土地和自然资源，第二是企业财产和未来收入流，第三是社会个人和家庭的未来劳动收入。把这些资产、未来收入流转变成“钱”或“资本”的前提是这些资本源能被买卖，最好是能自由买卖。

我国于一九九〇年推出股票市场，当时还围绕股份制和产权开展了激烈的讨论。当然，在明晰了产权制度的同时，企业产权还必须从国有转变成可以私有，否则，就不能真正做市场化的交易，从而就不能被资本化。从二十世纪九十年代初到现在，一方面国有企业不断民营化，私有经济不断发展，另一方面股市也在发展，这两方面大大强化了中国经济资本化的能力，境内外股市共为中国经济提供了二十万亿元的资本。这二十万亿元资本代表什么呢？其中一部分是这些公司有形资产的价值，比如厂房、设备等，相当于公司的账面价值或说净资产，反映公司过去的投入，但这只是公司市值的小部分，更大部分市值是公司未来收入的折现，是对未来收入的资本化。

第二个资本源是土地、自然资源和房地产。在一九九八年之前，由于住房和土地属国有不能交易，这块财富巨大但是死的。从一九九八年开始，土地以两种方式资本供房地产开发或工业建设，这是土地的直接货币化，本身还没资本化。其二，在住房私有并可交易的情况下，房产可拿来作抵押借贷，通过住房按揭贷款，将房产所占用的土地、房子本身的资产以及业主自己的未来劳动收入作金融资本化。

第三个资本源是众多个人的未来收入流。虽然住房按揭贷款已将劳动者的部分未来收入资本化，但那只是一小部分，中国的个人收入资本化空间还很巨大。其他消费信贷还在起步阶段，有待进一步发展，如汽车信贷、信用卡借贷、学生信贷等都可看成是将个人未来收入流提前资本化的金融契约，这些工具当然也增加中国的资本供应。

高等学校负债累累

投资9亿元的北京一所大学的教学大楼

南方某高校令人叹为观止的一所建筑

国家教育部一位司长最近测算出一个数据，公办高校的贷款总额应该接近4000亿元。

此前两个数据已经在海内外引起了爆炸性的轰动。

据《2006年：中国社会形势分析与预测》社会蓝皮书透露：高校向银行贷款总量约在1500亿至2000元之间。

厦门大学邬大光教授带领他的学生调查了二十多个省的逾百家学校得出的数据是：公办高校的贷款规模在2000亿到2500亿元。据参加调查的一位教师说："即使教育部和各省教育厅的领导也未必掌握高校贷款的真实数据，这个数据只有各个高校的财务处长们掌握，汇总他们的数据才是真正真实的数据。"

那么，高校贷款的规模到底有多大呢？如何揭开这个数字谜局呢？

始于一九九九年扩招引发的高校贷款风潮从二○○三年陆续亮起了"红灯"，这在业内已经是公开的秘密：从一些支离破碎的公开资料就已初现端倪。

据国家审计署的审计数字：至二○○三年末，教育部等中央部门直属的清华、北大等十八所高校负债72亿元，其中基本建设形成的债务占82%。

正是由于这种大手笔的借贷，我国大学校园近几年发生了"翻天覆地"的变化。据统计，在过去三年，我国高校的校均建筑面积在不断提高，二○○四年，全国校均建筑面积是26.6万平方米，二○○五年是28万平方米，二○○六年是30万平方米。

近期出版的《2006年：中国教育的转型与发展》教育蓝皮书向社会传递了这样一个信息："高校急速扩张所引发的贷款黑洞正成为社会关注的热点。"

据参加调查的教师分析，"按原来的设

想，大学贷款的主要依据是扩招和高收费，而现在高校的学费已经超过了老百姓承受的极限，不可能再增加；而依靠学生数量扩张的扩招模式也很难持续下去。”但是，根据国家发布的《全国教育发展规划第十一个五年计划》，中国未来的高等教育发展目标是：到二〇一〇年，高等教育毛入学率要达到25%~27%左右，在校生要达到2900万左右，而二〇〇六年的毛入学率仅为21%。根据这一发展目标，目前高等教育的发展规模与该目标尚有700余万的差距，似乎在数量扩张方面尚有很大“潜力”。

显然，再通过学生数量的扩张和高收费的办法还贷已经成了一条“死胡同”。

我国肺癌死亡率三十年增加500%

卫生部公布的二〇〇六年城乡居民主要死亡原因，恶性肿瘤超过脑血管疾病，成为中国居民的首要死因。据全国30个城市和78个农村县死亡原因统计，二〇〇六年城市居民死于恶性肿瘤的比率比上一年上升18.6%；农村居民因恶性肿瘤死亡的比率比上一年上升23.1%。

新中国成立以来，卫生部门分别在一九七五年、一九九二年和二〇〇二年进行了三次较大规模的针对恶性肿瘤的死因调查。全国肿瘤登记中心一位见证过一九七五年那次全国范围的死因回顾调查的老同志说，周恩来一九七四年夏天得知自己得的是膀胱癌后，推己及人，想到普通癌症患者的痛苦，指示卫生部对全国癌症发病死亡状况做一个调研。卫生部组织人员从一九七五年全面开展全国人口死因调查工作，于一九七八年全部完成。

这次调查的范围涵盖了除台湾省之外的所有省、市、自治区的395个城市和2392个县(旗)合计8500万人在一九七三年至一九七五年三年期间恶性肿瘤病例和人口资料。没有调查的只有西藏阿里地区和四川西藏边境的35个县。调查抽样人口之多、覆盖之广泛，迄今仍没有被超过。后来的两次抽样调查都是在这次调查的基础上，在死亡率高、中、低的地区选取样本。

三次调查的结果显示，上世纪七十年代中期，中国恶性肿瘤的死亡率是99.5/10万；九十年代初达到124.46/10万；二〇〇二年提高到148/10万。三十年间，中国恶性肿瘤死亡率上升了近50%。

有些癌症的死亡率更是增长了500%以上，比如与环境污染、化学品使用关系密切的肺癌，上世纪七十年代中期男性肺癌死亡率为6.82/10万，女性为3.20/10万，在恶性肿瘤中排名第四；九十年代初增加到男性死亡率29.70/10万，女性11.72/10万，排名第三；到二〇〇二年则增加到男性35/10万，女性14/10万，成为中国死亡率排名第一的恶性肿瘤。三十年里，年均增长26.9%。

中国将出现劳动力短缺现象

现在，如果还有人要说中国广袤的农村有取之不竭的劳动力，将会遭到人口学家和经济学家的双重反驳。

三十年前，中国开始实行严格的计划生育政策。其结果简而概之，就是中国计生委进行工作总结时的一句口号："计划生育三十年，人口减少三个亿"。但英国《经济学人》杂志指出，计划生育的成功其实是把双刃剑；中国在这三十年中可能少了三亿张嗷嗷待哺的嘴，但也少了三亿劳动力。

一份联合国的预测表示，到二〇一五年，中国劳动年龄人口比例将停止增长，届时中国劳动年龄人口将达到十亿人左右的峰值，随后即开始逐渐下降。中国人口与发展研究中心所预见的中国人口变化趋势与之类似。该中心称，到二〇一三年，中国劳动年龄人口占总人口比例将达到百分之七十二点一的峰值，而劳动年龄人口总数的峰值将出现在二〇一六年，届时将达到九亿九千七百万。

由此产生的劳动力现实是，二〇〇六至二〇一〇年期间，非农产业的用工人数还将持续增加，中国的劳动力供需很快就将出现缺口。中国社会科学院人口与劳动经济研究所所长蔡昉说。他和同事们使用三个经济增长率设想值（百分之十的高增长率、百分之九的中等增长率以及百分之八的低增长率）以及两个就业弹性指标，测算出六种劳动力供需局面。

"自二〇〇四年以来，无论出现上述哪种劳动力供需局面，中国每年新增就业人口的净增长量都低于新增加的劳动力需求量，随着时间的推移，两者之间的差距还将逐步扩大。尽管随着农业生产率的提高，农业部门将持续释放出多余的劳动力，但具体到不同的地区、行业和工种，劳动力短缺的现象预计仍将不时出现。"中国社会科学院人口与劳动经济研究所长蔡昉如此勾画我国的劳动力供应前景。

逮捕许世友

◎ 姚金果　苏　杭

张国焘是中国近现代历史上一个特殊的人物，他的一生从崛起、辉煌，到挫折、堕落，充满了跌宕起伏、曲折坎坷。最近出版的由姚金果、苏杭两人合著的《张国焘传》（陕西人民出版社出版），试图通过大量材料，尽可能客观地再现张国焘的一生。这是目前所能见到的最为完整的有关张国焘的传记。

此书向读者介绍了一九三七年在延安展开的对张国焘的批评过程中，出现的一些插曲——

原在保安的红军大学，一九三七年一月随党中央迁至延安后，根据国内政治形势的变化，将校名改为“中国人民抗日军政大学”，简称抗大，由林彪任校长，刘亚楼任教育长，莫文骅任政治部主任。

批判张国焘路线运动在抗大开展以后，抗大发生了四方面军高级干部许世友等人准备拖枪出走的严重事件。这个事件不仅在当时引起了轰动，而且多年后的今天，仍然众说纷纭。

据《追求》一九九二年第二期发表衡学明的《许世友蒙难记》一文所载：

在抗大开始有组织地揭批张国焘之后，四方面军学员被整得灰溜溜的，抬不起头来。许世友见下面干部非常宗派，看不起四方面军的同志，心里非常生气。可是他强压怒火，依然抱着“只要你不说到我头上，我就不管”的超然态度。但他最终还是没能做到这一点，他不同意那些说张国焘是逃跑主义的观点，更不能容忍那些对四方面军的无理指责。在抗大一队的批判会上，有人又把张国焘的问题与四方面军扯在一起，他再也坐不住了，径直走到队前放了一炮：“怎么能说张国焘是逃跑主义呢！中央就没逃跑？中央红军不也从中央苏区撤出来了吗？如果说逃跑，应该都叫逃跑。中央有，中央红军有，四方面军有，所有红军都有！打不过敌人了，换个地方再打嘛，怎么叫逃跑呢！四方面军撤到川北，部队不是发展了吗？这样的逃跑，有什么不好！有人说张国焘搞分裂，我不那么看，我就知道有人一夜之间走没了。怎么跑了的不是搞分裂，没跑的倒是搞分裂，真让人想不通……”他发泄着自己心中的不满。这时，有人坐在队列里高呼：“许世友，你这是反对中央！”“不许你胡说八道！”“你是托洛茨基！”“你是土匪！”喊声打乱了许世友的发言，气得他暴跳如雷：“我反对中央？我是托洛茨基？我是土……”他说不下去了，双手紧捂胸膛，口中喷出一道殷红的鲜血……

许世友住院了，但抗大的斗争会一天比一天开得厉害。这时，四方面军的营、团、师、军级干部来看他，没有一个不哭的。过去都是老同事，都感觉到没有出路，对许世友的影响很大。当初，是他力排众议，坚决把红大和党校学员带到了保安，没有想到会出现这么一种结果。一连三个不眠之夜，他想起了当初对大家的许诺："到中央去看看，不好再说嘛！"现在该怎样办？

一天上午，詹才芳、王建安、吴民安等人来看望他，各人又是泪流满面。他说："你们就知道淌眼尿，哭有什么屁用？！""被人家捏在手心里，咋办呢？""此处不留爷，自有留爷处。我们走！""走？到哪儿？""回四川找刘子才！他们还有一万多人，又是我们的老部下，巴不得我们去哩。在这里天天说我们是反革命，还要枪决。我们到四川去打游击，叫他们看看我们到底是不是革命的，愿去的就走，不愿去的也不要告诉中央。"大家举手赞成。

计划在秘密进行中。到第三天时，已有二十多名团级干部、两名营级干部、六名师级干部、五名军级干部愿意走。许世友说："当时，我们决定不带张国焘、何畏、周纯全，因他们都要骑马。我们准备步行七天七夜，到四川汉中靠巴山会合刘子才再说。一切计划都是我作的，路线也是我画的，还有给毛主席的信都在我身上，准备四月四日夜十时出发。"这一天是个星期日，夜间十点正是人们熟睡之机，他不想伤害那些把守城门口的哨兵，决定从北城墙下的一个下水道出城。

转眼到了四月四日，准备出走的学员悄然整理行装，采购食品。许世友不动声色地从医院回到抗大，选派了吴世安和两名警卫员携枪出城，准备夜间在北门外接应。一切都进行得非常顺利。但在关键时刻，王建安变卦了，致使这一计划败露。

此文发表后，引起一些当事人的注意，莫文骅在《炎黄春秋》一九九三年第七期发表文章，对衡文的一些说法予以反驳，他写道：

这次教育，完全是正面学习，没有搞任何的过火斗争。当然，斗争中可能有个别过火言论，但都及时纠正了。没有说什么"土匪"、"枪毙"的，更没有动手打人，因为这是党内思想斗争。……"抗大"没有对张国焘面对面的斗争。他是红军总政治委员。"抗大"无权把他弄去斗争，就是中央扩大会议，对张国焘也只是背靠背批判，他没到会。……至于"托洛茨基"这个词，当时没有用过。只在"七七"抗战后，"抗大"才用这个词，这是三个月以后的事啦。是批"张慕陶"，不是批"张国焘"，大概误传了。……由于张国焘统治四方面军多年，又一直挂着马列主义知识分子的招牌，长期在四方面军内实行愚民教育，甚至伪造列宁的指示，说什么"两个工农分子监视一个知识分子"、"最落后的地区可以建立根据地"等等。所以四方面军的一些干部出于对党的朴素感情，对张国焘还有些盲目迷信，把他看做四方面军的化身和代表，不能把张国焘的错误和四方面军广大指战员的英勇奋斗区别开来，对"抗大"进行的批判张国焘错误的学习讨论产生了反感和不满情绪，而且他们对抗日民族统一战线路线不满。于是，在"抗大"发生了一件很严重的事情。

如果事实确如莫文骅所说的那样，那么，下面这种说法就更值得注意了。

詹才芳的女儿詹杨曾出版了《战将的足迹——詹才芳将军的故事》一书。詹杨在书中说，她为了澄清这一事件的真相，先后访问了洪学智、陈再道、徐深吉、李中权、肖全夫、张贻祥等老将军，他们“毫无顾忌地从各个侧面反映了事情的来龙去脉”。那么，詹杨经过访问，所了解到的事实是什么呢？她这样写道：

在此期间（即批判张国焘期间——引者），有个别人没有按照中央的《决定》去做。在批判张国焘时，把四方面军的干部，尤其是高级干部说成是“张国焘的人”，是“张国焘的应声虫”……这大大激怒了许世友等同志。许世友、王建安、洪学智、詹才芳、桂干生、詹首奎等在下面议论，认为有些违背中央的《决定》的精神，搞派性，搞山头主义。还说什么“我们中央”、“他们四方面军”怎么怎么。大家更加气愤。

当四方面军干部受到压力后，许世友带着情绪发牢骚道：“我们是中央的干部嘛！为啥把我们说是张国焘的人？！”“在延安呆不下去，没啥了不起的。回鄂豫皖或川陕根据地，打游击去！”其他同志也有类似的语言。当时，谢富治等人听到后，立即向抗大个别领导打了小报告，说“他们当中没有一个好人”，又说“他们马上要把队伍拉走”，“要搞武装暴动”等等。有人听信了这些扩大事实的汇报和捏造的谣言，竟立即采取了紧急措施，把许世友和詹才芳他们都抓了起来。这就变成了“反革命事件”。

洪学智将军在回顾此事时，曾这样说：“那时候说‘到鄂豫皖打游击’这话，本是发泄一下不满，结果给汇报成了我们‘马上就要出发了’、‘拉队伍走’、‘带枪走’……还说我们已‘建立了反革命组织’了呐……真是胡诌！”

徐向前元帅在《历史的回顾》一书中这样写道：“其实，这是个冤案。起因在于抗大清算‘国焘路线’，矛头指向四方面军的学员，整得好苦，引起强烈不满情绪。”

事情的真相究竟如何，还有待于新的资料的公布。但不管怎样，“抗大”还是把许世友等人抓了起来，并进行了审讯。据莫文骅回忆，事情的经过是：

四月三日是星期日，天气晴朗，学校放假休息，教职员、学员们大多到延安城内，到宝塔山和清凉山等地去玩了。莫文骅因为有些事要做，没有外出。上午十一点钟左右，校党总书记邓富连（现名邓飞）突然跑来找莫文骅，他神情紧张，上气不接下气，急急忙忙地告诉了莫文骅一件意外的事情。原来，他刚刚接到第二队的党支部书记、校党总支委员谢富治的报告：在“抗大”学习的少数四方面军的军、师级学员，由于不满意抗日民族统一战线，又受张国焘拒不承认错误的顽固态度的影响，对党中央开展批判张国焘错误的斗争心怀不满，由学员许世友领头，王建安、洪学智、陈再道、詹道奎、朱崇德、刘世模、詹才芳等十多名军师级干部参与，密谋带领每人身边的武装警卫员共二十多人，携枪逃跑。他们准备当晚午夜举事，杀死×××，然后从北门城边墙脚下的水沟爬出去（因为城门有卫兵），到山中去打游击。这是他们平时就侦察好的。水沟能同时爬出两个人，可以避免被城门口和墙上的哨兵发觉。

王建安（军长）是参与者，后来他觉得这一行动太不应该，认识到党内矛盾可以在党内解决，何必用暴力？况且又要杀死某某，这不是叛变革命吗？这是非常危险的行为，政治上没有前途，人身也不保险。所以他决定不走了。上午，当许世友问他准备情况时，他说有病不走了。但他们逼他一定得走，否则采取强制措施。这样，王建安感到两头为难。走了不合适，不走又怕有意外危险。经过仔细考察，不得不亲自向谢富治揭发了事变阴谋。

当莫文骅听邓富连讲完这件意外事后，心情也非常紧张。他决定让邓富连留下，注意继续了解情况，观察动静。他自己便去找刘亚楼、傅钟等校领导。跑了几处都没找着，于是只得直接去找林彪校长。他向林彪详细报告了此事，林彪听后，要他先回校，不动声色，注意了解新的情况，并做好防备。而林彪自己则先向毛泽东主席和中央报告后，再回校处理。这样，莫文骅便急忙回校向保卫科同志及身边人密告了此事，并布置好一切，以防万一。

不久，林彪回来了，马上召集刘亚楼、傅钟、莫文骅、邓富连、谢富治及保卫科同志等开会，宣布党中央、毛泽东主席的决定，立即将许世友等一伙人逮捕，以防止事变的爆发引起恶劣的后果。于是，当天下午四时，学校吹响了紧急集合号，召集学员在各队开会，高干的第一二队学员也到各自教室开全体会议。第一队由党支部书记胡耀邦主持，第二队由队长倪志亮主持，由傅钟、谢富治分别向第一、第二队宣布了许世友等人密谋拖枪逃跑和中央的逮捕决定。宣布前，陕甘宁边区保安处长周兴，已派人把两个队的教室包围起来，各队把参与密谋的人一一点名叫了出去，由保安处人员捆绑起来押走了，一共抓了有十多人。与此同时，由邓富连带几个人到学员宿舍，收了所有的手枪。

六月六日上午，最高法院召开特别军事法庭公审许世友等人拖枪逃跑一案。由各机关团体代表约一百五十人参加。审判长为董必武，书记为周景宁，陪审为雷经天、周兴等四人。由国家检察机关代表傅钟报告被告人许世友等人的犯罪行为。许世友等人供认：因对抗日统一战线发生怀疑，企图拖枪逃跑，去打游击，承认这是一种反革命行为。法庭经过审理，认为他们过去对于革命有过功劳，决定从轻判决：判处许世友一年半徒刑，其余分别判处一年、八个月或六个月不等。当时的《新中华报》于六月九日曾对判决许世友等人作了公开报道。没过多久，党中央又决定对所有参与事变的人进行特赦，予以释放，重新安排了工作和生活。

那时，张国焘在延安。事情发生后，“抗大”震动很大，议论纷纷。学校在城隍庙门口坪里开大会，向全体教职员、学员进行传达解释。中央要张国焘去给大家，尤其是四方面军的干部讲一次话，希望他能作自我批评，启发四方面军同志认清他的错误，站到中央方面来。张国焘迫不得已由朱德总司令、林彪陪同到会讲了话。他对自己的错误和许世友等人的犯罪行为一字不提，却哼哼哈哈、不痛不痒地说什么“如果问题不能在抗大解决……每个同志都有权将问题向上级党部和中共中央提出，甚至向共产国际控诉”。

此后，全校就此事开展了大讨论，大家列举了大量事实，愤怒地揭发了张国焘的军阀主义、逃跑主义、反党反中央的罪行，也批判了许世友等人的罪过。

事件发生后，中央首先考虑张国焘是否是幕后操纵者。因为正在批判张国焘运动中发生此事，而且平时张国焘与四方面军的干部又有许多接触。鉴于张国焘过去的行为，中央有这种考虑也在情理之中。根据中央指示，董必武、李克农、杜理卿等人负责审理与事件有关的人。他们与被捕的四方面军干部一个个谈话，详细询问事情的来龙去脉，结果证明与张国焘没有关系。

中韩建交内幕

◎ 谭　静

一九九二年五月十三日，几位韩国人秘密来京，住进钓鱼台国宾馆东南角偏僻的十四号楼，一住三四天，像关禁闭一样，大门不出二门不迈，劝他们到院子里散散步，都被他们拒绝。他们就是以韩国外务部大使权丙铉为首的韩中建交谈判代表团。

中韩建交问题提上日程后，双方商定建交问题首先由双方外交部大使级代表牵头组团，负责具体商谈。韩国总统卢泰愚责成外务部组成谈判班子，准备与我国谈判建交。当时，在汉城的台湾"大使馆"对业已出现的形势异常敏感，到处刺探韩方的动静，于是总统府青瓦台下令，与中方谈判一事必须"绝对保密"，这成为谈判班子一条不可动摇的纪律，每个人必须严格遵守。

韩方谈判班子由七个人组成，个个精明强干。据说，他们直接受青瓦台领导，外务部除长官外对此几乎一无所知。自班子组成那天起，他们就搬出外务部，在离青瓦台较近的地方租了几间办公室秘密入住，一待就是两三个月。他们每个人都属外务部内不同的单位，有的还属其他部门。每个人都编造了不同的理由暂离所属单位。有的以身居农村的老父病重，需回乡照顾为由，向外务部请了假；有的人在尚不知自己已是谈判班子成员的情况下，早晨上班时，在外务部门口被莫名其妙地"绑架"到另一秘密地点去上班。他们同样瞒过了家人。建交后我随丈夫赴任汉城后，一个偶然的机会听权丙铉大使夫人说，那时她全然不知丈夫去了何处，直到有一天她洗衣服时从权大使衬衣口袋里发现一张去北京的机票，才猜出个大概来，但她始终没再问什么，并一直默默地替丈夫保守着秘密。

中韩建交谈判共进行了三次，前两次都在北京。韩方人员第一次来京是白天到达的。大概他们担心易被人察觉，第二次即选择了夜航飞机。谈判期间他们从不与外界接触，怕外人发觉蛛丝马迹，泄露出去，无法向青瓦台交代，所以每次谈判结束后立即离京。几位韩国朋友那时从未欣赏过钓鱼台的美景，更未能去北京什么地方逛一逛，他们现在说起这件事还遗憾不已。

我方谈判班子也是七人组成，由张瑞杰

大使牵头。我们一行于六月十九日傍晚抵达汉城，与韩方进行第三次也是最后一次谈判。下飞机后本以为权丙铉大使在机前迎接，但未见到他，走进候机大厅仍未见他人影，边纳闷边走出大厅，仍不见他前来，心里有些埋怨。正在这时，韩方礼宾人员引导我们到一个拐角处去乘汽车，汽车上下来几个人，为首的就是权大使。我们还没来得及和他握手，就像被绑架一样，被他们拉上汽车。到车上权大使才向我们解释说，他们不敢进机场，是因为怕暴露目标，只好将汽车停在这个不易被人发现的墙旮旯等我们。大家看着他学捉迷藏的样子，笑得前仰后合。

到达驻地时，我顿时眼前一亮，“喜来登华克山庄”几个大字闪耀着迷人的霓虹彩灯，这不正是一九八五年中韩两国刚刚开展国际多边活动后，我随核学会代表团来汉城参加亚太地区核能会议时下榻的饭店吗？我心里正为这个巧合高兴时，汽车却经过饭店门前拐进了一条僻静的小路，在一座别墅前停下。韩国人称这是该饭店的一个“别庄”，因与饭店隔开，周围静谧，利于保密，我们真为韩国人的精心安排所叹服。进住后，我们七个人同样被他们“禁闭”在这里，不能出大门一步。只有在最后一天去机场途中到游人不多的汉城南山上“放了放风”。

每次会谈双方都是摆开阵势分坐在长桌两边，我方的“阵势”，不过是张瑞杰大使前面有几页发言提纲，其他人前面有几张白纸便于记录而已。对方则是名副其实的“阵势”，只见权丙铉大使每次都抱一大包文件放在脚底下，便于随时查阅，其他人也各自提一兜文件。会谈开始后，张瑞杰大使总是一次说清我方立场，简明扼要，其他人很少再作补充。而对方的人因来自不同部门，对一些问题的立场观点不尽相同。当权丙铉大使发言后，分坐在他左右的那些人一会儿这个送上一份文件让他看某一段落，一会儿那个又递上一个条子，在他耳边嘀咕几句，有时闹得他不知所措。事后他开玩笑说，我真羡慕张瑞杰大使，他胸有成竹，别人也不干扰，我则是前后左右都有顾忌，有时真是无所适从。

中韩建交谈判进展顺利，韩方人员的情绪从最初的紧张逐渐变得轻松。在京期间，他们每晚都向钓鱼台服务人员要茅台酒，一则借酒表达他们高兴的心情，二则借酒消除他们“被关禁闭”的寂寞。夜间我们在楼下常常听到楼上“咚咚咚”敲地板的响声，第二天一问才知，原来是茅台酒喝得尽兴之时权大使带头跳起舞来。

权大使在一次答谢宴会前，几次邀请我的先生、当时主管韩国事务的亚洲司副司长张庭延出席，还通过我做工作。按当时的情况，两国尚未建交，除谈判人员外，官方人士避免出面。但经不住韩方以诚相邀，同时也为做韩方的工作，张庭延副司长与权大使见了面，并出席了宴会。席间，大家用韩语交谈，不时用茅台酒制造热烈友好的气氛，这就更拉近了双方的距离，甚至当权大使得知张瑞杰和张庭延年长他几岁时，他就开始以“兄长”相称。我们与权大使从那时起就从谈判对手变成了好朋友。

（摘自《外交官》）

旧书摊捡出的“文革”信函

◎ 王金昌

说也奇怪，一些曾被各单位视为“秘密”的档案材料，这些年竟会出现在北京、上海及其他一些城市的旧书摊上。人们在那儿买到过历次政治运动中一些人的“检讨”；买到过党内会议的记录；买到过许多珍贵的照片……

这也有好处，一些珍贵的历史资料由此得以保存下来。北京潘家园就是这样一个地方，王金昌先生经常光顾那儿，从那里收集到许多历史人物的书信、文稿、日记等有价值的资料。一九九二年，他在如今潘家园地摊的停车场，当年的潘家园书摊买下了一箱有关摄影家吴印咸的材料。其中有吴印咸“文革”初的检查；“揭发”和“批判”刘少奇、陆定一、周扬、林默涵及其同行等材料；写给江青、于会泳、浩亮、刘庆棠等人的信；写给胡耀邦等领导同志的信……《中国作家》今年第五期刊登他撰写的文章，介绍有关情况。

吴印咸像

吴印咸一九〇〇年生于江苏省沭阳县，一九二二年毕业于上海美专。一九三五年便正式担任了电影摄影师，拍有《风云儿女》、《马路天使》等影片。一九三八年和进步的电影工作者袁牧之等人一道奔赴延安。一九三八年八路军总政治部成立“延安电影团”，吴印咸担任摄影工作后又担任了该团的领导工作。

解放后，吴印咸先后出任东北电影制片厂厂长、北京电影学院副院长、中央五七艺术学校副校长、国务院文化组成员、文化部电影局顾问。

吴印咸在“文革”中也有着一段心酸史。

吴印咸作为二十世纪三十年代的电影人，“文革”一开始就受到了批判。在他的资料中就有检查“之一”至“之五”的材料，主要检查他的白专道路、名利思想、教育思想、家庭出身、同事关系。当然，也有写二十世纪三四十年代电影人的证明材料，如许幸之、徐肖冰、钱筱璋、田方,还有“揭发”和“批判”他人的材料。

有些证明材料还比较客观，比如田方。吴印咸在“有关田方的材料”中说:我认识田方是在上海天一影片公司,那时田方是天一的演员,我在天一做布景工作。……我于一九三八年秋到延安后,才知道田方已先到了延安。田方是一九四五年下半年从延安到东北的。一九四六年四月在东北局决定和领导下,田方与钱筱璋、许珂等到长春接收伪“满映”,他们把“满映”全部电影物资、技术设备及愿意跟共产党走的制片人员,在发动伪满映的职工和当时党的地下工作者的协助下,在几天之内就把这些人与物迁出了长春,运到了解放区,是有功的。

在一九七〇年元月中央“五七”艺术干校成立之前,吴印咸应该是受批判和批判别人的。

吴印咸从艺术干校副校长到国务院文化组成员,他这个二十世纪三十年代的电影人不得到江青等人的许可是不可能的。吴印咸在延安给江青照过不少相,也教过江青照相。就因为这个缘故,吴印咸可以直接见到江青。也正因为这个缘故,吴印咸在江青面前也更加小心翼翼。从吴印咸给江青的信里可以说明这一点。

吴印咸一九六八年四月二十二日给江青写信,反映近年从他处借走毛泽东主席照片情况:

江青同志:

向你汇报一件事情。

去年十月间,中央办公厅警卫局的高连仑、刘殿良两同志来电影学院并到我家说:“中央文革派他们来了解毛主席照片借出情况。”通知我写借出情况,并要我登记我所有

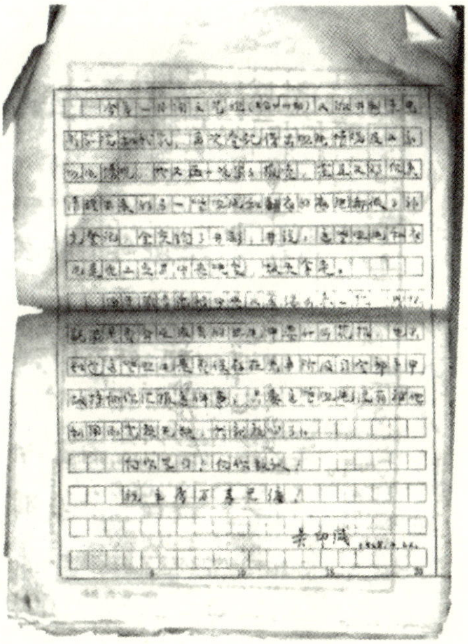

吴印咸写给江青的信

毛主席照片的数量,我也给他看了我多年来珍藏的在延安所拍的主席照片。三天后他们来取了清单和借出情况,并说:照片先封存是否上交等待中央文革决定处理。十月三十一日高与另一同志来说:“戚本禹决定要把这些照片一律上交。”我就给他拿走贴有毛主席照片的相册，其中包括《毛主席相集》(肖像、讲演、剪集等三种)、《毛主席与江青同志》、《毛主席与战友》……等十五本及重复而未贴本的大小照片共计一千零一十六张。

今年一月文艺组(王宝功时期)又派井彩来电影学院和我家,再次登记借照片情况及上交照片情况，我又再一次写了报告,并且又将后来清理出来的另一些照片和翻底的底片都做了补充登记，全交给了井彩,并说：这些照片和底片是否上交等中央决定,故未拿走。

由于戚本禹被中央文革端出来之后,我

怀疑威是否会在取去的照片中耍什么花招，也不知道这些照片是否保存在无产阶级司令部手中，故特向你汇报这件事，只要这些照片没有被他利用而完整无缺，我就放心了。

向你学习！向你致敬！

祝主席万寿无疆！

吴印咸

一九六八年四月二十二日

还有一封是吴印咸写给于会泳的信。

事情是这样的：一九七三年十一月，中央五七艺术学校的缪森林、苗正明、张瑞坤、王俊之四人建议开办录音专业，他们写信给校长于会泳。因在信中提及："今年四月份，我们听说由于中央首长的指示要办电影录音专业"，"我们听了传达江青同志关于师资等十点指示"……

"中央首长"和"江青同志"这样的字眼使于会泳惊慌失措，马上批示给吴印咸：

我和浩亮同志看了这封信认为：(一)信中所说"中央负责同志指示办电影录音专业"这句话是从何处来的（我们从未听说过）？(二)信中说的"江青同志关于师资等十点指示"是指什么？……

吴印咸报告给于会泳：

一、关于四人报告中所说的"中央首长指示办录音专业问题"，这是他们得知艺校要办录音专业后的猜想，并无实际根据，已向他们解释清楚；二、关于四人报告中所说的"江青同志关于师资等十点指示"是指江青同志在十月二十九日关于艺校招生、师资进修、批判无标题音乐、艺校学习汇报演出、侯永奎和张世霖的安排、外国表演团演出消毒、文艺评论、校舍建设等的指示，我们在传达时曾归纳为十点指示……

粉碎"四人帮"之后，吴印咸遇到了前所未有的尴尬局面。用吴印咸自己的话说："领导不理睬，工作条件一点不给，写作没有助手，拍摄没有物质保障，整日生活在希望等待而现实却是绝望的矛盾中，真是痛苦极了。"

吴印咸，这个新中国电影摄影的奠基人之一，他的作品《艰苦奋斗》、《组织起来》、《进军南泥湾》、《前线观察》，还有那幅不朽杰作《白求恩大夫》，至今闻名遐尔。然而，这样一个当年受毛主席、周总理尊重的技术专家，行政八级的副部级干部竟然因为自己使用多年的白郎尼卡相机"经常出故障，曾多次修理"，"希望将库存的哈斯白莱特相机给我使用"，给领导写了四次申请报告。在第四次报告的结尾，吴印咸深情而又无奈地写到："我的心情是要长征，继续革命。但我毕竟是七十八岁了，如果没有组织上给以条件，还能做点什么呢？这就是我要争取相机的补充理由……"这是一九七八年五月二日。

吴印咸在万般无奈之下，又给胡耀邦同志写信。胡耀邦很快作了批示，但"未见文化部有任何反映"。吴印咸于一九七九年四月二日又给胡耀邦同志写了信：

耀邦同志：

去年三月给您写的信，虽然您批示，但至今未见文化部有任何反映，更说不上解决。

我现在的处境是：领导不理睬，工作条件一点不给，写作没有助手，拍摄没有物质保障。整日生活在希望等待而现实却是绝望的矛盾中，真是痛苦极了。

我今年已经七十九岁了，自己总想趁现在头脑尚清楚，腿脚还灵便的时候，为党做点工作。现在不比青壮年时期，一年二载，对我是多么宝贵，而且我要求的并不高，只是要点工作的条件，至于我有多大的问题，我

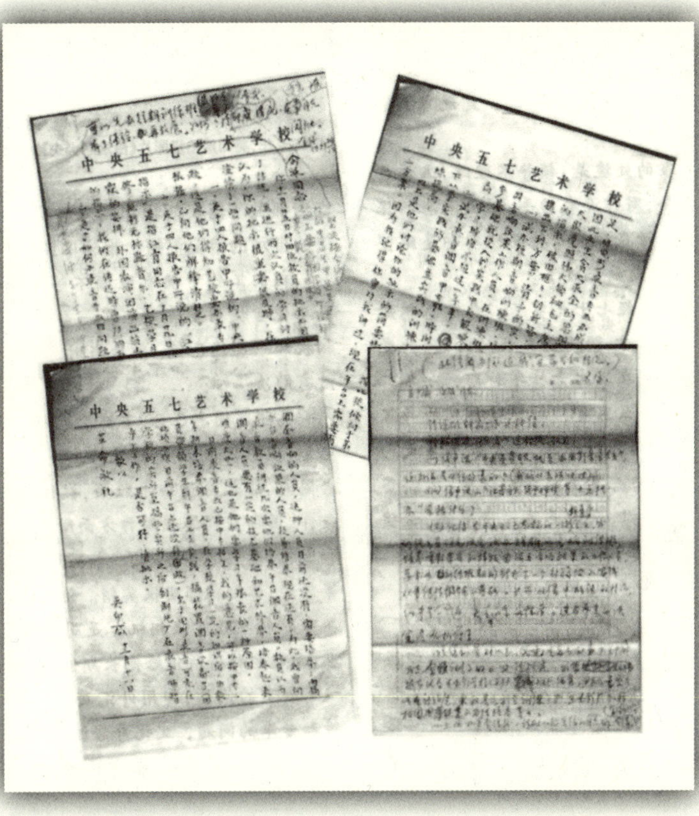

吴印咸给于会泳等人写的信及于会泳等人的回信

在今年一月里给您的信中，已经全部汇报了。所以，我还是再次请求您，希望得到您的帮助。

此致

敬礼！

吴印咸

一九七九年四月二日

从我收集的吴印咸的资料中，发现有一份文化部党组一九八一年十二月向中共中央宣传部汇报关于落实胡耀邦同志对吴印咸同志信的批示的情况报告。报告中说：

我们工作中确有照顾不够的问题，如去年他曾提出要点外汇买一台135小型照相机和一些滤色镜。因为当时外汇有困难，没有解决……

吴印咸同志已有八十多岁了，他长期从事电影、摄影工作，是有贡献的。对于这样一位老同志，我们应该给予照顾，提供一些优越条件。吴印咸同志在写作方面所需要的经费和器材，我们过去都办了。如买照相纸、胶卷等费用，都由我部实报实销。他用的一部赫森布拉特120式照相机，是司徒副部长批准，由电影科研所借给他长期使用……

剩下的问题，即用外汇买照相机、滤色镜和专车的问题，文化部经过研究决定：照相机因他买了，可以不再解决了……

尼克松为什么在中国街道上见不到人

◎ 周大伟

一九七二年二月二十一日，美国总统尼克松访华，这是中美两国关系史上重要的一页。事后尼克松在回忆录中写道，那天在北京的街道上“几乎看不到什么人，大街上完全是空空荡荡”。这是怎么一回事？《法学家茶座》刊登的周大伟撰写的《走近中国：美国总统的奥德赛》对此作了解释。

一九七二年二月二十一日，美国总统理查德·尼克松一行将抵达北京。

美国《时代》周刊在一九七二年三月八日那一期的封面故事是：Nixon's China Odyssey（尼克松的中国奥德赛）。现代英文中的奥德赛（Odyssey）一词源于古希腊神话，是浪漫冒险的象征。在美国媒体看来，尼克松的这次中国之行多少有点神奇和冒险。白宫发言人也称这次旅行为“登月之旅”。言外之意，他们的总统像是要去一个与人世隔绝的地方。在尼克松的回忆录《在竞技场上：胜利、失败和重新崛起的回忆》中的第一页，他像是写日记一样开始描述这次“奥德赛”之旅：

中国，一九七二年二月二十一日

在北京，从机场到政府国宾馆这一路，简直有些怪诞。

在我担任副总统和总统期间，我曾经对梵蒂冈、克里姆林宫、东京日本皇宫、凡尔赛宫和威尔士宫等进行过官方访问，但我几乎从未准备过首次以一个美国总统的身份去访问中华人民共和国。一九六四年，我在卡拉奇见到巴基斯坦总统阿尤布·汉，他当时刚刚从中国访问回来。他极力鼓励我到中国去。

尼克松 1972 年在北京长城

我问他中国给他留下的最深的印象是什么？他回答说：“人，几百万人在大街上挥动着巴基斯坦和中国的国旗并在鼓掌和欢呼雀跃着。”

中国政府的豪华轿车里的窗帘紧闭。我透过狭窄的缝隙向外窥视，除了看到每隔百米设立的岗哨外，几乎看不到什么人，大街上完全是空空荡荡。

1972年2月21日尼克松抵达北京

此时此刻，北京市成千上万的男女老少都在哪里呢？对尼克松而言，直到他临终前，这始终是个没有被完全破解的谜。

此时的中国，正处在一个极为尴尬和荒诞的年月。偌大的一个中国，像是一个高度封闭的城堡。

尼克松来到北京之前，各级领导似乎如临大敌。学校的老师们反复告诉我们这些天真无邪的孩子们：美国人这回是真的要来了。我们从来就讨厌美国人，但这次是他们找上门来的，不是我们邀请来的，这无疑是“毛主席革命外交路线的伟大胜利”。但是，据可靠情报，尼克松的随行人员不少实际就是美国中央情报局的特务，大家一定要提高警惕，不可掉以轻心。

在尼克松到达的前几个星期的时间里，各级领导就开始向普通的男女老少们训导如何“不卑不亢”地回答美国人可能提出的“别有用心的阴险问题”，诸如“你们的林副主席哪里去了”、“你们喜欢去美国吗”、“你们吃得饱穿得暖吗”。

依照上级的指示，在尼克松率领的美国代表团访问北京期间，所有机关、学校等单位要延长正常的学习和工作时间，未经特殊批准，任何人不得在八点钟前下班或放学回家。于是，出现了尼克松的礼宾车队经过北京时大街上空无一人的情景。

尼克松访华的那几天，为了要让美国人看看我们的“市场繁荣和物价稳定”（这是那几年的官方流行词汇），专门从全国调来了大量的鸡鸭鱼肉蛋菜，堆满了北京商场往日空空的货架。因为大多数人没有机会上街采购，所以不可能造成抢购现象。但是尼克松刚离开北京，货架上马上又被腾空了。

一位当年红得像影视明星一样的外交部礼宾译员章含之在她后来的回忆文章中说：“这是改变世界的七天。北京的冬天很冷，但是没有人感受到寒意。”这句话固然富有诗意，但有些华而不实。其实，对于大多数中国的普通人而言，尼克松的到来，其实倒是使本来就高度禁闭的社会增添了更多的紧张和恐惧。他们如同一群本来还可以有限度地外出吃草的羊群，此刻要被服服帖帖地圈在栏杆里了。

在我从小接受的红色教育里，美国从来就是我们仇恨的敌人，而美国总统无一例外全是罪魁祸首。直到现在我还记得，在我姐姐的同龄女孩子们跳橡皮筋时唱的流行歌谣里，一位美国总统

尼克松访华时与毛泽东会见

的形象被践踏得何等悲惨：

一二三四五，
上山打老虎，
老虎不吃人，
专吃杜鲁门，
杜鲁门他妈，
是个大傻瓜，
……

在尼克松访问北京的纪录片中，我特别注意到，在天坛公园里，政府特意安排了女少先队员们欢快地跳橡皮筋的场面。尼克松夫妇还在那里充满温情地注视着。不过，影片的画面中显然没有播出这些女孩子们跳跃时使用的歌谣。

尼克松离开北京后，到了中国最大的工业城市上海。

在中国人眼里，上海人做事情似乎总是比中国其他地方的人显得精细和独到。尼克松到上海时，上海人没有采取像北京市那样的坚壁清野的做法，而是真正做到了既不卑又不亢。余秋雨在他的《借我一生》一书中，对这段历史有着叙述。据他回忆，尼克松到达上海之前，类似他的父亲这类有问题的“打倒对象”，在尼克松到上海期间必须接受单位的控制，其他人相对比较自由。但他的母亲则和很多成年人一起被派去“占领南京路上的每一个窗口”。政府的理由是：“尼克松的车队要经过南京路，一要防止有人向尼克松开枪，二要防范有人与尼克松车队联系，车队里有大量的美国特务。”因此需要像调防一样将别处的居民派到南京路的每一个窗口。这样做不是出于对他们的信任，而是看中了他们对南京路的陌生。因为陌生会构成安全制衡。

余秋雨的父母在那一天同时出门上路了，是因为尼克松的到来。

在欢迎姿态方面，上海人更是别具匠心。南京路两边的窗户只准许打开三分之一，其他的三分之二要关闭。打开的窗口旁边要特意安排人向尼克松的车队挥手示意。但是不能把手伸出窗外，这样会显得过分热情，因为他们是帝国主义分子；但又不能不挥，因为他们是毛泽东请来的贵客。余秋雨的母亲回忆说：“居民委员会主任已经做过示范，不伸手臂，只伸手掌，小幅度地慢慢摇摆。面部表情不能铁板，也不能太高兴，而是微笑。”

那天下午，尼克松的车队注意到南京路上窗户旁边摆手微笑的人们了吗？尼克松本人和他的随行人员对南京路的观感如何呢？似乎没有人知道。

看到的并不一定真实

《阿基米德视幻觉游戏》([英]甘尼·莎孔恩等著　中国友谊出版公司出版)是一本有趣的书。书中收有一百五十幅迷惑人的视觉图像，不仅让人领会幻觉谜团，甚至让人的理智思维出轨。

自古以来，人类就认识到了我们所直接看到的东西并不一定是真实存在的东西。这一观点以柏拉图的洞穴理论为代表。柏拉图说：人类就像一群被困在洞穴中的囚徒，手脚被绑着面朝洞穴墙壁，不能回头看外面真实的世界，看到的只是外界物体投在墙壁上的影子，而不是物体本身，但却误把这些影子当成了一种真实的存在。

你看看，图中的这堆杆子，哪些摆在上面，哪些摆在下面？看了半天，你会得出结论：这些杆子是不可能存在的！

那么，什么是看，什么是视觉，我们的视觉经验又是什么？其实，视觉是人类所进行的一种最具创造性的活动；看，是人类大脑在画布上对世界的一种描述。

人的视觉有时还带有一定的欺骗性，一些幻觉会让我们怀疑和质问生活中一些现象的表象。幻觉或是视觉错误常会欺骗人类的视觉系统而呈现出实际并不存在的，或是对存在事物歪曲后再呈现的视觉。据专家们分析，幻觉可以分为物理幻觉、生理幻觉和认知幻觉。物理幻觉是指光线在进入人类眼睛前的物理现象引起的幻觉，如海市蜃楼、彩虹等；生理幻觉是指一种特定的刺激作用于眼睛或大脑而产生的幻觉，例如，颜色、亮度、倾斜度等等；认知幻觉是指不同层次的认识过程中所产生的假象。

幻觉现象已被研究了千年，人们也发现了幻觉的用处，也就是说欺骗人的眼睛可以成为生活中艺术、技术和娱乐各领域的一种生活方式。许多年来，不少科学家、心理学家留下了很多令人产生幻觉的图画，现从此书中选录若干，以飨读者。

这是几幅令人感到闪动的视觉图形。

当把颜色相反的同心圆或是同心椭圆相结合时，就会产生一种很有趣的视觉效果。改变背景图中线条的粗细会产生神奇的变化，如上图所示。

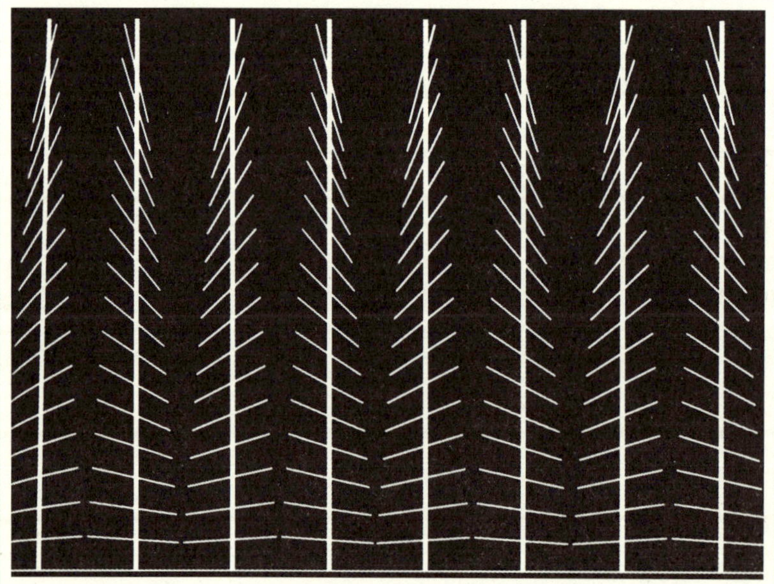

这些线段的顶端是不是有些弯曲？不，这只是幻觉。

无论你走到哪里，这张脸上的眼睛好像都一直在盯着你。

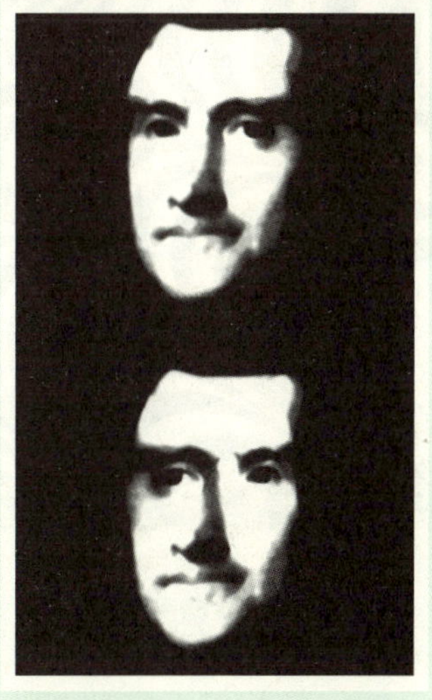

其实，这种效果是由脸的模糊性造成的。事实上，我们已经对单向的脸(右上图)的额头部分添加了对称的部分。这个修改的结果(右下图)就成了双向的脸了。我们判断人物眼神的方向是根据画面组合的情况而看出来的。在这幅图中的一张脸上，有两种组合的可能。

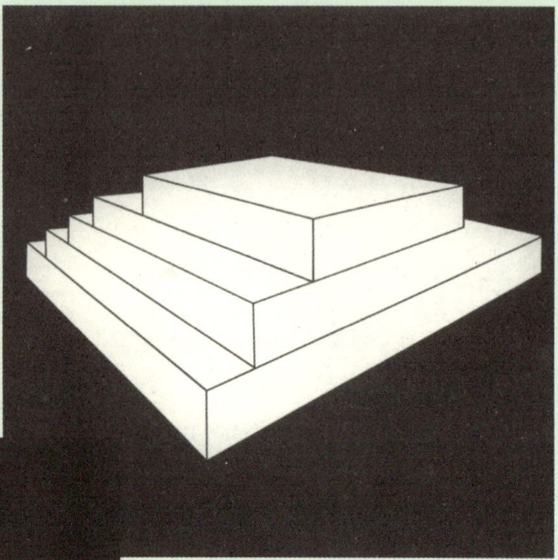

以上这些图中的阶梯都是不可能存在的。

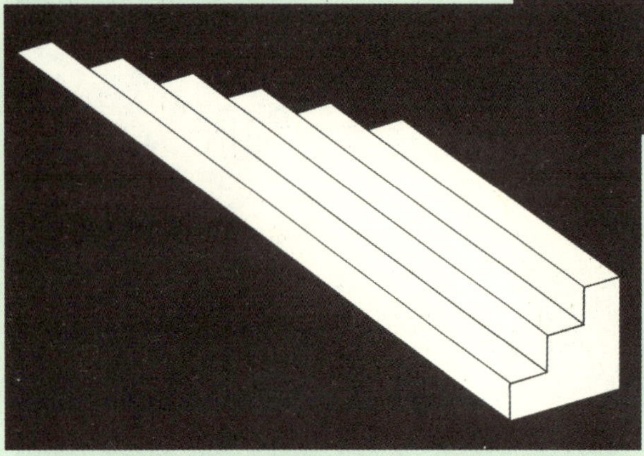

请仔细看看这幅图。你有没有看到一些聚合的晃眼的振动点？不！其实你并没有看到什么东西，而只是视觉系统周围限制的特点造成的幻觉。

吴敬琏父女对话

◎ 吴晓莲

当代中国出版社出版的《我和爸爸吴敬琏——一个家族鲜为人知的故事》是近期较受人关注的一本书。这本由吴敬琏的女儿吴晓莲撰写的新书，让读者看到女儿眼中的吴敬琏是一个什么样的人。现将书中父女俩的一段对话摘刊如下，以飨读者。

吴敬琏和他的女儿吴晓莲

我：心平气和地讲，您如何评价自己在中国经济改革、经济发展中的贡献？

爸：我会说，在各种人里面，我们比较正确。而要说我们真去做了什么事？恐怕难说，因为那完全是某种机遇。

我：您不认为今天中国在经济改革方面的成绩有您的贡献？

爸：当然有贡献。但我只能说，在经济学家里面我犯的错误最少。但是做决定的主要是政治家，不是经济学家。

我：您把您自己看成一个学者，但是因为一些契机，您的一些看法被政治家采纳了？

爸：对。但是也有一些没有被采纳。

我：在中国的历史上，知识分子处在一种可悲的地位，无论他们的思想多么透彻，看法多么正确，但在权力面前他们只能依赖侥幸。用到他们的时候还赐他们做些事情，不用他们的时候，挨整、挨阉、挨杀都有可能。

爸：是啊，但是我们现在做的事情就是要改变这种状况。

我：咱们回去继续讲学术。那天我让您评价您的两个女儿，你说“基本满意”。那现在说说您对自己的评价。您至少不觉得自己虚度了人生吧？

爸：那没有，我觉得像我这样的教育背景和在这样的环境下，我可能已经做到拔尖了。但是，要是说到经济学理论，我没有办法跟那些经过严格理论训练的人比。

我：比如？

爸：比如钱颖一、许成钢、陈志武、白重恩，还有另外一些。李山也不错，但他现在不搞理论了。

我：您怎么就知道他们在理论上比您行呢？

爸：因为他们常常能用现代经济学的源流来把事情说得很清楚。

我：您对于生老病死怎么看？怕不怕？

爸：好像是的。好像还看得不是很开。

我：还是解不开对这个世界的留恋？其实我觉得，死了，就像去一个陌生的地方，对那个地方的事一无所知，自己一个人就上路了。跟我当年来美国也差不多。

爸：对于在这个世界上没有做到的事就觉得不甘心。

我：您还有什么没做到的呢？

爸：也不知道。

我：这么说吧，如果有这么一件事，您此生不能做就会不甘心，那是什么？

爸：就是眼前这点事。

我：您真觉得，中国现在还有完全回到过去计划经济的危险吗？

爸：现在中国有希望，但是也还没有完全走出有可能回去的危险。

我：您一生最大的成就是什么？

爸：说不上来。

我："吴市场"算不算？

爸：那个对中国的经济改革大概是有帮助的。

我：您一生中最不成功的事是什么？

爸：那要分阶段，改革前做的事没有一件是成功的。

我：您一生里做过的最令您歉疚的事是什么？

爸：批孙冶方是我做的最错的一件事。还有，爷爷奶奶被错划"右派"时，我也写过揭发。当时在经济所的批判会上，动不动就挨一顿批，那自己就赶快洗刷，说我也参加批判。

我：您最大的优点是什么？

爸：认真。

我：您最大的缺点是什么？

爸：那就多了。比如，我不够用功。

我：什么，您认为自己还不够用功？！您被我妈妈给洗脑了吧？您现在除了工作，还干什么呢？

爸：我兴趣太广泛，比如有时候就爱看看闲书。还有我睡觉也睡得比较多。

我：没有张卓元张叔叔睡得多吧？

爸：张叔叔是晚上不工作。可他起得早，动作也快。我跟周叔莲比，就不算用功的。

我：假如现在咱们手里有一根魔棒，一挥之下您可以任意改变，难道您真的要改掉您兴趣广泛这一点？

爸：这我不能肯定，可是我每次看到邬家培，就觉得自己不如他搞经济学精力集中。

我：你对中国的改革前景怎么看？

爸：我一方面持谨慎的乐观态度；另一方面又常常有危机感。可能我们这一代知识分子都这样——危机感伴随着使命感。

我：爸爸，我希望您能够达观。达观之下，乐观、悲观都随其自然了。

被封杀的文化部长王蒙

花城出版社出版的《大块文章》是“王蒙自传”的第二部。王蒙自己说：我在第二部自传中是有不少“干货”的。

以下摘录的是王蒙介绍自己当了文化部长后，在上海受到记者封杀的一段经历。

一九八六年十一月，我上任(指担任文化部长)后约半年，到上海参加作协召开的关于中国当代文学的国际讨论会。参加者主要是一些外国的活动于文学领域的汉学家，其中有瑞典的马悦然教授，苏联的费德林教授，英、法、意、日、澳大利亚的一些专家等。此会早就计划要开了，有关外事部门一直未批，我一担任部长，此事批下来得也就快了些。

会议在上海的宝山举行。我坚持与与会作家同住一个旅馆，只以一名作家的身份参加。而另外委托文化部主管外事的副部长刘德有以部的名义举行一次招待会祝贺此会的闭幕。

会议完全交由作协主办，主要是作协外联部组织，包括名单，我的一个特点就是不愿意介入太多的具体事务。会后戴厚英等还有一些旁人著文对于会议没有邀请她或他对我表示不满意，其实我并没有过问会议组成人员的名单制定工作，当然，即使我过问了也没有把握一定会邀请她。这件事和任何一件文艺方面的事一样，缺少公认的如同奥林匹克竞赛一样的入围标准。

会议碰到一个麻烦，经费太少，捉襟见肘。作协外联部的负责人邓友梅告诉我，会议如果只承担与会正式成员的伙食住宿等，就勉强可以维持下来，但一些媒体的记者来得很踊跃，你邀请了的，他来了，你没有邀请的，他也来了。还有我们的一些作家头面人物，如刘××，自带了两位女记者来。特别是遇到一些如开幕式招待会、宴请等标准高的膳食，实在负担不起与会记者的入席。作协方面提出拟请记者另行用餐、标准低一点，我未有异议。

孰知这是犯了忌的。我国的记者不是个体户不是所谓自由职业者，他们的习惯是受到会议的良好待遇，他们也会尽力报道会议的有关消息做好宣传。

果然，只一个开幕式没有请记者同志一起出席宴会，就引起了较强烈的不高兴。当天晚上一些媒体同志到我的宿舍来找我，我的秘书挡驾挡不住，我被叫了出去，我表示我已相当疲劳，并正有别的事情在处理，有什么事第二天再说，记者同志你一言我一语，我无法脱身，我的态度也渐趋急躁，直到近乎大叫起来，完全失态，完全丢人，完全失败。

我也服了，果然，此次会议虽然开得不错，媒体上是一句不提，封杀得十分彻底。还有一些人在境内外写文章，将此事与反右前夕的“左叶”事件相比。左是当时(一九五七年)的一个领导干部，说是他对记者态度不好，说过：“是我重要还是你们重要？”还有一老文人著文，叫做“一阔脸就变”，算是够恶心人的了。

这当然首先是我的一个修养问题，对于记者同志的尊重问题，我必须接受教训。

如果我是做官当老爷，如果我干脆不懂不搞文学创作，如果我一张口全部是《人民日报》社论上的话，如果我只有一个身份就是官儿，如果我只擅长传达文件与作批示，那么，第一，我不可能参加会议的全过程，最多参加一个开幕式讲几句大面上的话就行了。第二，我不可能与众人住在一起，不可能敞开室门任由同行同业与兄弟行业的人投诉。第三，不必直接面对那么具体的事务，如作协开幕式宴会的规格与邀请人员。第四，不论什么事，我根本不要表态，不是说的作协吗？好，转达给作协就是了。哪里会自取其辱呢？

官有官的做法，(专)家有(专)家的当法，民有民的方略，你接受了官职明明是老八了，却又要酸如老九，你不是自找麻烦吗？

我想起文怀沙先生的一个说法，说到一个大家都敬爱的领导同志，说他没有架子，文老喝道：“没有架子怎么行呢？”

我是彻底服了，对于任何人都是不能够怠慢的。不但记者，对于任何人都不能怠慢，领导决定你的浮沉，售货员决定你需要的商品的品质，邮递员管你的信件，司机管你的交通……记者决定你的公众形象。我记住了早在新疆便知道的箴言：一粒沙子也会迷住你的眼睛，一粒石头也能绊你一跤。第二，改革是改革，国情是国情，你必须服从自己的国情。第三，你已经当了官啦，法兰西的谚语，有两种职业当一天就会被人记一辈子：部长和妓女。你半推半就，你一心不失文人本色，然而你的责任在那里，不找你找谁去？

我类似的做得不漂亮的事还有很多。催促一位老局长的工作引起了反感与抗议。想为文化产业与文化市场说两句话，却得罪了老文艺战士。征求意见，征求意见，越没完没了地征求意见，越是有意见。我来了文化部，但放不下作家的身段，英若诚到了部里则仍然坚持他的表演艺术。有一次去香港、上海等地演《茶馆》，走得时间偏长，我说也不是不说也不是，左右为难。

从整个中国来说，这一段是最强调干部的专业化的，成败得失，值得总结。不过至少在文艺界，早已不那么强调专业化了。

谢晋父母之死

◎ 陆寿钧

中国电影诞生一百年了！

在电影界工作了四十余年、创作和编辑过许多电影文学剧本、与许多电影演员、导演有很深交往的陆寿钧先生，以一本沉甸甸的小册子——《影像人生》(上海三联书店出版)奉献给这一纪念日。

这本书虽不厚，但作者很看重这本书。他说："笔下每一个字都是心头意愿的流露，我有一种使命感！"书中记叙了一批风华正茂的电影工作者的最后岁月，印证了一段惊心动魄的历史。以下是从该书中"谢晋的父母之死与谢晋的电影"这一章中摘录的一个片断——

我还没有听说过，哪一个电影人因拍电影而株连到父母并导致父母自杀的？中国没有，全世界也不会有！可是，史无前例的"文化大革命"产生了史无前例的悲剧。谢晋拍电影，惹上了祸，发生了他父母死于非命的悲剧。也由于这场悲剧的产生，使谢晋以后的电影才更有生命力。

"文革"过去三十年了，谢晋从不谈自己和家庭在"文革"中所受的苦，从不谈他父母之死。

与谢晋一起创作《舞台姐妹》的著名剧作家王林谷先生生前曾告诉我不少有关谢晋的情况。他说，谢晋的母亲是大户人家出身，嫁到谢家来时，传说运送陪嫁物品的队伍有一里长。她生有谢晋兄弟姐妹四人。而谢晋也有四个孩子，大的是个女儿，"文革"前作为知青到新疆去支边。老二是个男孩，聪明能干，老三、老四也都是男的，却是低能儿。"文革"一开始，谢晋最放心不下的就是这两个孩子。有一天，谢晋约了王林谷悄悄躲到近郊七宝古镇去喝酒、吃羊肉，他们吃不透"文革"将会向什么方向发展，而谢晋谈得最多的也是这两个孩子怎么办。当谢晋知道自己将被隔离审查的最后那个星期天，他带着两个弱智儿子到公园玩了一整天。他年轻时喜欢踢足球，他带了一只足球，让两个孩子在草地上踢着玩。两个孩子显现出了难得的快乐，而谢晋则坐在一边默然流泪。以前他忙于自己的事业，很少带他们出来玩。而现在他又被自己的事业所累，每天挨批斗，并将被隔离审查，以后这两个残疾孩子又将怎么办？

谢晋的夫人徐大雯一直在上影当教师、做图书资料工作，她从不抛头露面，从不插手谢晋的工作，基本上不接受记者的采访。

由于谢晋不愿谈及"文革"中自己和自己家庭的遭遇，我突然想起，找徐老师去，碰碰运气。我直截了当地对她说："让我到谢晋创建的巨星影业公司工作时，总经理向我交待了任务，要我除分管剧本外，还要对谢晋作一些研究和宣传。今天，想请你谈谈谢晋。"她没有拒绝。

讲起"文革"中的遭遇，徐老师欲哭无泪。

谢晋在"文革"前毛泽东《有关文学艺术的两个批示》下达后，就因《舞台姐妹》的问题而遭到了批判。瞬时间，他就像"瘟神"一样，人们都开始疏远他，连昔日跟他拍戏受他培养的"学生"也反目成仇。谢晋要比别人更早地感受到一场暴风雨的来临。他自认，逃过了"反右"这一关，却逃不过现在这一关了。

"文革"一开始，谢晋就被关入了"牛棚"。从被批判到被斗争，而且常常还是"武斗"，他不知遭过多少回打，因身体壮实，还能忍受。他唯一欣慰的是晚上还可以回家。而徐老师则相反，晚上让她去电影局看门房值班，白天在家休息。夫妻俩虽不照面，老人与孩子总算还有人可以照顾。

但有些事还是难以照顾到的。

有一次，谢晋在厂里被批斗完了回家，见一群孩子围在垃圾箱前打闹，他走近一看，只见自己的两个傻儿子被孩子们塞进了垃圾箱，他忙把他们拉出来。他们满头满脸都是垃圾，连嘴巴里也被塞满了垃圾。儿子智能低，搞不清怎么一回事，见到父亲忙着朝他傻笑。谢晋知道，是他连累了他们，也被当做小牛鬼蛇神"扫进了历史的垃圾箱"。此时、此地、此境、此情下，谢晋这个硬汉子也忍不住流出了泪水。

随着运动的越来越"深入"，形势对谢晋一家来说变得更为恶劣了。谢晋从半隔离升级到全隔离，他完全失去了自由，再也不能回家了。这样，家庭的全部重担和全部苦难完全落在了徐老师的身上了。她一天到晚都处在一种心惊肉跳的精神状态之中。

谢晋的母亲以前一直是家庭妇女，不明了社会上的事，加上早先因受过精神刺激，忍受力更差，常常精神恍惚地自说自话："那怎么办？那怎么办？"徐老师总是这样安慰她："婆婆，别怕，我们都没做过坏事。问心无愧。一切都会过去的！"

但那时却很难过去……

谢晋的父亲是一所中学里的会计，本无什么辫子可抓，却因他是谢晋的父亲，学生们也天天斗他，还打他。学校里斗过后还要到家里来斗，当着谢晋母亲的面打他。老人默默地忍受着，谢晋母亲却急了，待徐老师回来后，婆婆告诉他："红卫兵打你公公，叫他跪下，左面一记耳光，右面一记耳光，他块头大，吃不消，怎么办？"

怎么办？能叫徐大雯怎么办？她只好再拿出那句话去安慰婆婆："别怕，我们都没做过坏事。问心无愧。一切都会过去的！"

谢晋的父亲实在过不下去了，他暗暗决定一死了事。他之所以一直等着，并不是放心不下儿子谢晋。当初谢晋要去读剧专从艺，他是坚决反对的。谢晋是瞒着他跑出家门的。他反对谢晋从艺倒不是能预料到会有今天，而认为从艺没出息。让他始料不及的是，谢晋从艺有了出息，有了成就，却反而落到如此下场。他老了，已无能为力了，却还要受儿子的株连。他临死前是不是还在埋怨儿子当初没听他的话？无人能知。但他最喜欢的也是唯一能为他传宗接代的大孙子现在正在外面"串连"，他一定要等大孙子回来见上一面再死。让大孙子为他送终也可能是他唯一的欣慰，也是生前唯一的一个愿望了。

一天夜里，在读中学的谢晋的大儿子终于从外地回来了。他没有资格当红卫兵，也没有资格外出串连，他是混着出去的。他放心不下在新疆支边的姐姐，他是去看姐姐的。看过姐姐他放心了，就回来了。这是一个非常懂事的孩子。

祖父见了他后显出从未有过的高兴，用双手从头到脚地抚摸了他一遍。这可是他们谢家的命根子啊！谢晋的父亲生有两女两子，谢晋的一个弟弟"文革"前得病死了。谢晋被关起来了，生死未卜。谢晋的三个儿子中又只有这一个能延续谢家的血脉。老人的全部寄托都在他的身上。这种老观念，你再"破四旧"，你再"大批判"，也是破不了、批不走的。他见大孙子安全回家了，心里的石头就落了地，世上的牵挂没有了。他该走了，该脱离苦海了。

这天夜里，他在给老伴吃了两片安眠药后，自己便吞下了一瓶安眠药坐在椅子上"长眠"起来。他不愿跪着生，但求坐着死！他没留下一个字、一句话。这是位有学问、经历又丰富的老人，他明白，如果留下真实的遗言，将不利于子孙。而留下些可以减少子孙麻烦的违心话，又有辱自己。还是什么都不留下的好。一个凡人，死了就死了。

徐老师是这样向我叙说当时的情景的："那天晚上，我照例在电影局值班，忽然大儿子打电话给我，说爷爷坐在椅子上不动了，真怕人！我叫他不要怕。不要惊动祖母。快去通知里弄干部。我马上请假回来！"

不要惊动谢晋母亲，因为她与老伴同住一室，怕她受不住这个刺激和打击。快去通知里弄干部，因为他们一家是专政对象，发生一切重大问题都必须向里弄干部汇报，不然会节外生枝的。

而此时，徐老师首先得哀求着去请假，好不容易获准，急急赶回家里后，忙给婆婆再吞下两片安眠药，让她快快入睡、睡熟。然后，设法把早已断了气的公公安放在床上。她对我说："是我与大儿子硬把他抬上床去的。这么大的块头，好沉，死了的人更沉。我们不知哪来的力气。"

处理完了这些事后，她又忙给上影厂工宣队打电话，报告了家中所发生的事，恳求能让谢晋回来处理后事。工宣队的头头们经过讨论后给了她如下的回答：可以考虑放谢晋回来，但如果出了什么事的话，必须得由徐大雯负责！这时的徐老师，只要谢晋能回来，她什么都会答应下来的。

谢晋接到这个噩耗时，他的反应如何，因他始终没有说过，所以，谁也不清楚。但大致的反应还是可想而知的。他急匆匆赶回家里，已是后半夜了。他到家后的反应，徐老师记得很清楚：他垂头站在父亲的遗体前，一句话也没有，一滴泪也没流，就这样默哀了很久很久……

躺倒着的已经结束了让人宰割的人生，站着的人却还要继续让人宰割自己的人生；躺倒的或许是为了让站着的少受些累，站着的却已变得一切都麻木起来……

这件事，给谢晋的大儿子留下了不可磨灭的印象，那是真正不可磨灭的！他后悔自己回来了，如果他仍在外面流荡的话，祖父可能因一直没有了却心愿会苦苦地等待着、等待着。苦难与不幸有时会熬得过去的！可他也想念祖父啊，渴望回到老人家身边。于是，一桩悲剧就这样发生了。

可他的两个低能弟弟对这件事全无印象，他们还是睡他们的觉，吃他们的饭，生活在自己傻乎乎的世界中。人有时傻一点也好。

在谢晋父亲死后的次年，谢晋的母亲也从自家住的楼上跳下自尽了。这位一向安分守己的老妇人，也对人生感到了绝望，或者说不愿再让儿子受累。

徐老师是这样为我叙说这件事的："我婆婆自杀时，我在永福路五十二号门房间看门。里弄干部打电话通知我后，我又马上报告了上影厂的工宣队，希望能让谢晋再回一次家。这个请求勉强得到了同意。当我与谢晋回家时，婆婆的尸体还躺在楼下的泥地上。人们都围着看，什么表情也没有。一位好心的邻居用一床棉毯把她盖着。谢晋一声不响地跪下，用双手轻轻托起母亲的遗体，一步步走上了五楼的家里，又轻轻把她放在床上。一切悄然无声，怕惊醒了母亲似的……然后，又低头站在母亲的床前，默哀了很久很久……"

徐老师说："谢晋那时一点表情也没有，一滴泪也没有。人到最伤心时是绝对不会掉泪的，连表情都凝固了……

他父亲火化时，只有我们夫妻俩和大儿子去送行。还有一个亲戚，他说他属于'无产阶级'，不怕连累，帮我们张罗了简单的丧事……我们的大女儿在新疆，回不来；老三、老四两个儿子傻，怕吓了他们，其他所有的亲戚都有各种难言的理由，而没能来……这是世界上最冷清的丧事了。对这些事情，老谢在"文革"后从未谈起，他也关照我，别再提了。他说："文革"中死的人多了，刘少奇主席也被害死了，彭老总、陈老总、贺老总不也照样被害死了，何况我们老百姓。历史就是这样的残酷无情，摊上谁谁倒霉！我觉得老谢说得对，所以我们都不谈这些往事，今天可是例外！"

谢晋真的把父母之死都忘记了吗？不！

从某种层面上讲，他对过去的往事记得比谁都清楚，永远记在心里。与人不同的是，他把自己的难忘感受都融到了他的作品之中。我认为，谢晋一生中最深刻的作品是他"文革"后所拍摄的《天云山传奇》、《牧马人》和《芙蓉镇》，他把政治运动对人的灵与肉的摧残与扭曲刻画得入木三分，他衷心地希望这样的历史不再重复！

如果没有这段经历的话，谢晋很难拍出这样深刻的作品。

我曾问过谢晋一个问题："为什么"文革"前不少与你齐名的同辈导演，"文革"后拍的片子相比之下，总少了点光彩？"

他这样回答我："他们都是我的好朋友，也不比我少才华。我认为，可能他们在'文革'中吃的苦没有我多，所以在'文革'后我们看问题就不完全一样，有些题材他们不敢搞、不愿搞，也曾劝我别搞。我想，总要对得起受苦受难的人民，尽量说点真话。只有真话，实事求是的真话，才会从平淡中闪光彩。"

梁漱溟与冯友兰的最后晤面

梁漱溟和冯友兰是我国现代非常有影响的两位学者。对于他俩的最后晤面，坊间有种种传说。《三联生活周刊》刊登的由梁漱溟儿子梁培宽口述写成的文章《逝去的儒者》，提到了这次见面，现摘录如下——

一九六六年八月的一天，一群红卫兵跑到父亲家里抄家。一声令下，把梁家祖辈留下的书籍和字画，以及父亲自己保存的一些名家，如蔡元培、梁启超的手札，统统堆到院里付之一炬。抄家的一个月后，在没有一本参考书的情况下，凭着记忆，父亲动手写作《儒佛异同论》，全文四万字完成后，又接着改写《东方学术概观》。一些书稿被抄走后，他曾给毛泽东写信，要求发还。信中说：不发还此书稿，即不可能读写，无异于宣告我的死刑。信发出去后如石沉大海。过了很久，终于收回若干被抄走的日记手稿。

一九七三年十月开始的“批林批孔”运动又将父亲卷入了一场巨大的政治漩涡。父亲与绝大多数中国老百姓一样，并不清楚这场运动的政治背景。在政协学习会上，人人要“表态”，唯有父亲一直沉默不语。可是“不表态”就是一种“表态”，沉默是不允许的。会议主持人三番五次“动员”，要他亮明自己的观点。因为只要他一张口，批判的靶子就有了。因要求保留意见不被允许，从一九七四年一月开始，父亲动手写文章阐述自己对孔子的看法。他本并不打算对外公开这篇文章，“以免有碍当时的政治运动”。无奈形势逼人，不由他完全做主。

一九七四年二月，父亲用了两个半天约八小时，在政协直属组做了《今天我们应当如何评价孔子》的长篇发言。在那“批孔”的狂潮下，他仍然捍卫孔子，替儒家思想辩护，无疑是件触犯众怒之事。父亲公开讲过“我的态度是不批孔，只批林”，这引起了对他的大会小会不断的批判。一九七四年九月二十三日，历时半年多的批判告一段落，主持人问他有何感想，父亲回答：“三军可以夺帅也，匹夫不可夺志。”主持人勒令他做解释。父亲说：“‘匹夫’就是独人一个，无权无势。他的最后一着只是坚信他自己的‘志’。什么都可以夺掉他的，但这个‘志’没法夺掉，就是把他这个人消灭掉，也无法夺掉！”我知道，在父亲内心深处，一直以“不容自昧”作为自己自律的底线。所以即便面临当时的政治高压，他依然具有那种“虽千万人，吾往矣”的勇气，面对一切可能发生的种种结果。

一九七三年，冯友兰先生发表“批孔”文章，父亲看到后，以为不值一读，对冯先生的“转变”极不以为然。父亲与冯友兰先生的关系，始于北大。一九一七年父亲为在北大哲学系读三年级的冯友兰讲过《印度哲学》，也可以说是老朋友了。一九八五年十二月四日，北大为冯友兰先生举办九十寿辰庆祝会。冯先生的女儿宗璞代表冯先生电话邀请父亲参加其家宴，被父亲拒绝。事后，父亲给冯友兰写信，说明拒不参加是“因足下曾谄媚江青”。又经过一番周折，同年十二月二十四日，宗璞陪冯友兰先生来父亲住处与其会面，这也是他们最后一次晤面。双方均未再提批林批孔的事，也更未涉及有关“谄媚江青”之事。只是宗璞以晚辈身份半解释半慨叹，说了一些，“我们习惯于责备某个人，为什么不研究一下中国知识分子所处的地位，尤其是解放后的地位”，“中国知识分子既无独立的地位，更无独立的人格，真是最深刻的悲哀！”

与冯先生最后一次晤面的情形大体如此。可令人遗憾的是，《梁漱溟问答录》一书将此事误说为一九七四年，并称当时冯先生“悄悄地”去向父亲去诉苦等等。这样一来，事情的真实面貌便变了样。结果是冯先生家属不满，并招了许多议论“最后晤面”的文章，浪费人们的笔墨与时间。

钱锺书改诗

二〇〇七年二月《天津老年时报》登载了一篇魏邦良题为《胡乔木的另一面》的文章。在提到胡礼贤下士及其与钱锺书的关系时，讲了这样一件事：胡乔木很赏识也很倚重钱锺书，曾三顾茅庐请钱锺书担任社科院副院长。一九八二年夏天，胡乔木请钱锺书为他改诗，钱锺书真改了，而且改了很多，这样一来，胡就很不高兴了，他把改过的诗作给李慎之看，说：“我做旧诗总是没有把握，因此要请锺书给我看一看，改一改，不料他给我改了这么多，你看怎么办好？”后经李慎之斡旋，钱锺书意识到自己改“错”了，就给乔公去了封信，说：“我恍然大悟，僭改的好多不合适，现在读您来信，更明白了。我只能充个‘文士’，目光限于雕章琢句；您是‘志士仁人’而兼思想家。我上次的改动就是违反了蒲伯的箴言……”文章作者在讲过这件事情之后议论说：“看来，胡乔木的礼贤下士是有限度的，有前提的，这个前提就是不影响不损害他‘志士仁人’而兼思想家的身份。”

不光彩的“世界第一”

◎ 袁庭栋

我们经常为能争得“世界冠军”而欣喜万分，可是并非所有的“世界第一”都是光彩的。在吸烟领域，我国有多项指标稳坐“世界冠军”的宝座。

人类吸烟大概有一千五百多年的历史，而烟草传到中国不过三百余年。在短短的三百多年，我国烟民、烟产量等七项指标都跃居世界首位，成为世界上第一吸烟大国，拥有三亿多吸烟爱好者。袁庭栋所著的《中国吸烟史话》(山东画报出版社出版)一书，是目前国内唯一一本研究吸烟的专著，以下内容均摘自此书——

我国有很多项经济指标在世界上名列前茅，但位居世界第一者并不多。可是我国在吸烟领域内却有多项指标(以下的各种全国性的统计数字均未含港台地区)在全世界稳居冠军宝座：

烤烟种植面积世界第一。据一九八九年统计，已达2300万亩。一九九二年更达2521万亩，超过计划面积28%。一九九三年更高达2600万亩，超过计划面积31%，已经挤掉了粮田1150万亩，相当于挤掉了全国人口一个月的口粮。

烤烟产量世界第一。据一九九三年统计，烤烟收购量为250万吨左右，超过全世界烤烟总产量的三分之二。我国烤烟生产已连续九年产大于销，压库严重，河南等省已发生大规模毁烟现象。

烤烟增产速度世界第一。一九八二年收购量仅为173.8万吨，以后以每年12%的速度持续增长。

卷烟产销量世界第一。据一九九三年统计,年产卷烟3336万箱(每箱五万支)。自一九八〇年起,产量与销量均稳居世界第一。全世界生产的卷烟有三分之一是被中国人吸掉的。

卷烟增产速度第一。一九五〇年仅为160万箱,一九七九年增至1302万箱,以后每年以10%的速度持续增长。自二十世纪五十年代至今,我国人口增加不到两倍,可卷烟销量猛增二十倍。

吸烟人数世界第一。据国家统计局一九九三年四月公布的"中国烟草消费市场专项调查"的最新统计材料,全国十五岁以上人口中,吸烟人数已达2.9885亿人,总吸烟率为34.9%。

吸烟人数增加数量世界第一。上述统计材料表明,我国烟民人数从一九八六年至一九九三年共增加4800万。据美国的世界观察研究所提出的报告,我国烟民在二十年中翻了一番。在全世界新增烟民中,我国占了一半。

对于以上多项世界冠军的桂冠,是应当自豪呢,还是应当自警呢?

下面,我们再看看在浩浩荡荡的吸烟大军之中若干更具体的情况。

据一九八四至一九八五年的一项抽样调查,我国十五岁以上总人口中,男性的吸烟率高达61%,女性也有7.04%。这其中,农村吸烟率又高于城市。

城市中吸烟率最高的是干部,为44.37%,其次是工人,为33.77%。全国各大城市中,天津吸烟者比例原来居全国之冠,全市成年人吸烟者为42.8%(一九八七年五月公布资料)。一九八八年,上海统计为42.98%,跃居全国之冠。

知识分子中吸烟者不少。据一九八四年至一九八五年的调查,科技人员的平均吸烟率为30.79%,其中男性吸烟率为49.34%,女性吸烟率为3.3%。医生的平均吸烟率为29.5%,其中男性吸烟率为56.74%,女性吸烟率为0.88%。教师的平均吸烟率为28.36%,其中男性吸烟率为50%,女性吸烟率为2.92%。以上数字虽然低于全国平均数,但由于医生、教师吸烟对病人、学生的健康不利,教师吸烟更会在青少年中产生不良影响,所以这种数字是令人担忧的。

女性吸烟者增加较快,是近年来出现的新现象。据有关部门对城市十七个部门的一千多名女性的调查,事实上有过吸烟史的高达三分之一,其中有百分之八已经吸烟成瘾,有70%的人虽未成瘾,但常常"吸着玩",逢场作戏,有15%的女性认为吸烟"有气派",想学会,目前还未成瘾。

最值得注意的是我国青少年的吸烟现象日益严重。据一九八四年的抽样调查,我国的吸烟者中,有71.8%是在青年时期(十五至二十四岁)学会吸烟的。在大学生中,男生的吸烟率,西安为80%,长沙为62%。中学生的情况更令人不安,估计全国已有吸烟者五百万之多。据北京市朝阳区一九八八年的调查,高中男生吸烟率为39.9%,初中男生为27.3%,职业高中则高达77%,比一九八二年的调查结果增加了一倍。据南京市一九八九年春天的调查,中学生的吸烟率已由一九八七年的9.3%猛升为30%,其中十三岁以前开始吸烟的占23.5%,十五岁开始吸烟的占39.3%。

上面所作的一些数量上的分析,是我在一九九三年根据当时从各方面收集到的一些数字作出的。十几年过去了,当我在重新修订本书的时候，我可以向关心我国吸烟现状的朋友提供几个最新的数字：在二〇〇六年，我国烤烟种植而积为1572万亩（晒晾烟种植面积也在下降，但具体数字不明），烤烟收购量为210万吨，卷烟生产量为4043万箱，卷烟生产企业为31家，卷烟品牌为203个，卷烟所含烟焦油含量已从过去的平均每支30毫克以上下降到13.6毫克。这种情况表明，我国烟草的种植面积有所下降，可是烟草生产总量与卷烟生产总量并未下降。我国在烟草生产量、卷烟生产量、卷烟消费量上都占世界总量的三分之一左右，仍然稳居世界第一，只是卷烟的质量有所提高，烟焦油的含量有所减少。从烟民的情况看，变化并不大。目前我国有烟民3.5亿左右（十八岁以下的烟民约有一亿），也就是说，我国人口总数只占世界的五分之一，可是烟民数量却要占到世界的三分之一。我在过去所总结的"我国在世界烟坛上的七项冠军"的状态仍然未有改变。

关于如何对待吸烟这个问题，在我国有一个很明显的矛盾现象：经济部门在大力发展烟草工业，卫生部门在尽力控制吸烟。在报刊上，经济版在报道烟草工业一片繁荣的大好形势，科技版在宣传戒烟的好处与方法。这种现象，已有较长的时间。所以，我们有必要对这一现象作一点考察。

早在一九七九年，国务院就已批发了由卫生部、财政部、农业部、轻工部联合发出的《关于宣传吸烟有害与控制吸烟的通知》。

国家并未提倡吸烟。出现烟草行业高速发展的原因并不是由于我国人民的富有，而正是由于不富有。在国家还不得不允许烟草行业发展的情况下，有关地区与有关部门为了获取较大的经济利益，在国家尚未制定戒烟法的情况下，利用人们对吸烟危害的不足认识，才使得烟草行业得以大力发展。

下面是一些颇能说明问题的数字：

目前，我国种烟面积只占耕地总面积的0.8%，可是种烟草与制造卷烟的税收，则达国家财政总收入的10%，河南省烤烟种植面积只占总耕地的2.1%，而烟草经济的总收入占全省财政总收入的33%。昆明市一九九二年全市财政收入为21亿元，其中烟厂收入就占18亿元。

我国各种农作物的经济收益中，每亩烟草的收益是棉花的四倍，小麦的四点五倍，大豆的七点三倍，玉米的八点四倍。正由于这种原因，我国不少农村弃粮种烟。如湖南省在一九四九年之后才试种烟草200亩，至一九八八年已达150万亩，增长七千五百倍。

早在一九八六年公布的一九八四年全国两百家资金利税率和人均利税率最佳企业中，资金利税率的冠军是上海卷烟厂，人均利税率的冠军是广州卷烟二厂，两项冠军均为卷烟厂所独占。不仅如此，还有更惊人的数字：在资金利税率的前四十家企业中，卷烟厂独占三十家；在人均利税率的前四十家企业中，卷烟厂独占三十四家。根据新华社公布的材料，一九八七年全国烟草行业实现税利达170亿元，超过传统的税利大户钢铁行业与石油化工行业，跃居全国各行业提供财政积累的冠军。一九八八年增至210亿元，一九九〇年增至270亿元，一九九二年增至305亿元，连续六年稳居全国各行业税利第一大户的地位。在全国上缴利税最多的十大企业中，人数不多的玉溪烟厂与上海烟厂竟与鞍钢、大庆油田等特大企业并列。经过了十年的发展，在二〇〇三年我国的税收百强之中，烟草企业仍然占据34家，纳税950亿元。这其中，上海烟草位居全行业之首,全国第二。这一年,云南全省财政收入的70%仍然来自烟草。

正是由于上述原因,我国烟草行业还在不断发展,虽然近几年烟叶与卷烟生产的发展速度已经有所减缓，但是在全国各行业中,仍然仅次于石化行业而居于利税大户的亚军。

上述情况充分说明,我国烟草行业的繁荣,是我国现行政策出现矛盾的结果:卫生部门从人民健康利益出发,大力宣传和控制吸烟;财政部门与轻工部门从国家财政收入的利益出发,又不得不支持烟草经济以收取高额的利税。

但是,在烟农种烟可发财、烟厂造烟可发财、公司卖烟可发财的现实之中,有三个问题很值得引起政府主管部门以及众多吸烟者的重视:

首先，在政府增加部分利税收入的同时,由于吸烟引起的疾病缺勤、夭亡、医疗费用、水灾损失等等所造成的经济损失,是无法统计的。原世界卫生组织总干事马勒博士曾撰文指出，通过烟草获得的经济利益,小于由于烟草造成的经济损失。据美国官方公布的数字，一九八四年美国烟草销售额为287亿美元，但与香烟有关的疾病和死亡所造成的损失却达537亿美元,是政府烟草税收入的五点八倍!在我国目前还缺少全国的统计数字,但各地报告的火灾起因,吸烟不慎从来是位居前列。一九八七年的令人心悸的兴安岭大火,五个起火点中就有两个是由吸烟引起,这难道能够视而不见吗?

第二,在目前的卷烟市场上,由于吸烟者的增加和价格的上涨,烟民们为吸烟而付出了巨大的经济代价。据统计,一九八八年广东全省在吸烟上花掉15亿元，可是吸烟者的很可观的一部分钱财并非都为国家积累作了贡献，而是为少数“烟霸”、“烟倒”、“里外通”等各式走私集团和造假烟集团发横财作了贡献。

第三,近年来,从各种渠道进来的“洋烟”愈来愈多,价值愈来愈高,其中主要是美国货与香港产品。由于有一半以上是走私运入的,故而数字很难估计。有几位海外华人中的有识之士指出:二十世纪三十年代,美国生产的香烟有一半销往中国,目前这股势头正在“死灰复燃”,这些香烟有不少是在本国禁止销售,而又舍不得销毁的产品;多数是烟焦油含量高，在本国不准销售的产品。以我国为主的亚洲市场对美国卷烟的需求量近几年直线上升,美国卷烟制造商在国内的销售虽然逐年减少,但却因向亚洲大量倾销卷烟而大发横财。著名的万宝路卷烟的生产厂家莫里斯公司，每年纯利上升30%左右。面对美烟大量向亚洲倾销的现实,一些正直的美国国会议员已经起来大声疾呼,指责美国在向亚洲“输出死亡”。

美国记者眼中的中国

今年春天，第九十一届美国普利策新闻奖揭晓。《华尔街日报》凭借关于中国经济的系列报道获得最佳国际报道奖。

普利策新闻奖被全美甚至全球媒体从业人员誉为新闻界的“奥斯卡”奖。认为它代表了“美国最负责任的写作和最优美的文字”，获得该奖是美国记者梦寐以求的终生奋斗目标。

这次获奖的中国经济的系列报道共十篇，分别为：《不当房奴——中国中产阶级的心声》、《中国汽车业发展令决策层喜忧参半》、《“长江女神”芳踪已逝》……现将其中的一篇转刊如下——

“长江女神”芳踪已逝？

◎ Shai Oster

上个月，瑞士人奥古斯特·弗鲁格(August Pfluger)率领一支由中国、日本、瑞士及美国科学家组成的考察队开始搜寻白鳍豚的下落。白鳍豚是一种生性害羞、视力极差的淡水哺乳动物，数百年来在中国传说中一直被誉为“长江女神”。

二十世纪九十年代早期，科学家们就曾估计，当时长江里仅剩约二百头白鳍豚，在穿梭于长江水道的货船和渔船的夹缝中苦苦生存。而到一九九七年人们最后一次亲眼目睹白鳍豚时，科学家们再次估计，这种动物最多就剩下十七头左右了。

科学家们说，如果白鳍豚果真已经灭绝的话，那么它将成为过去三百年来消失的为数不多的几种大型水生哺乳动物之一。二十世纪五十年代，加勒比僧海豹因为人类的过度捕杀而灭绝。其他几种水生哺乳动物也曾一度濒临灭绝，却幸而最终又从死亡边缘爬了回来。从大多数推算结果来看，中国的白鳍豚也已被逼到了绝境。

“这样的大型哺乳动物从我们的眼皮底下消失可不是件小事。”来自美国的生态学

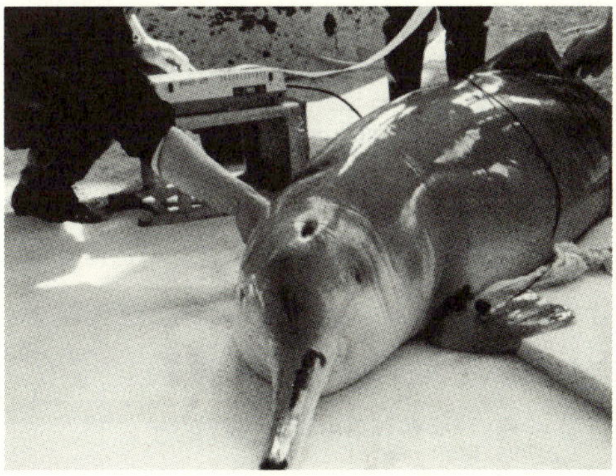

垂死的白鳍豚

家鲍勃·皮特曼一边用望远镜搜寻远处的水域一边如此说道。

白鳍豚的境遇凸现了中国为其经济的急速发展所付出的昂贵代价，伴随经济高速发展的是空气和水域的严重污染。白鳍豚这种长吻似剑、具有神奇声纳系统因而能在浑浊江水中自由穿行的大型水生哺乳动物，由于缺乏政府的有力保护和国际社会的足够关注，眼下看来已经沦入万劫不复之境。

“没人关心这种动物——我们也许是疯子。”四十二岁的弗鲁格一边说一边在他那艘锈迹斑斑的船上展开了一面印有他的白鳍豚基金会字样的旗帜。

为了这次活动，弗鲁格召聚了一批来自东西方的科学家，其中包括美国商务部属下美国国家海洋及大气管理局的海洋生态学家皮特曼，还有中国知名的白鳍豚保护专家王丁。

从上世纪七十年代末以来，中国经济的年增长率一直高达百分之十左右。然而，经济高速发展的副作用就是对自然环境的严重破坏：中国三分之一的土地遭受酸雨的侵袭，三亿多人口喝不上洁净的饮用水，还有超过一半的水域被严重污染。在世界自然保护联盟濒危物种红色名录上，中国有四十七种濒危动物榜上有名，其中包括扬子鳄和中华鲟。

联合国环境规划署今年十月宣布将长江和珠江入海口列入“死亡区”，因为那里的水无法为鱼类生存提供充足的氧气。

“白鳍豚是一种美丽的动物，位列食物链的顶端，并且亲近人类。如果长江无法养育白鳍豚，那里也就不适合人类生活了。”王丁望着沿江不断排出污染废物的工厂说。

几千年前，长江堪称东方的亚马逊，诸如扬子鳄、大象、鲟鱼及大蜥蜴等野生动物十分丰富。科学家们认为，白鳍豚最早约在二千万年前进入长江，属于最古老的海豚类动物。白鳍豚的进化环境与其他海豚或鲸类哺乳动物完全不同。在浑浊的长江中，白鳍豚的视觉功能逐步退化，视力几乎为零。

白鳍豚依靠自身高度发达的声纳系统来寻找食物和躲避障碍物，就像蝙蝠通过声波反射来确定物体的位置一样。而其他海豚类哺乳动物在利用声纳系统的同时，也依赖视力来辨别方向。

关于白鳍豚的最早记载要追溯到两千年前，晋朝学者郭璞对中国最古老的辞典《尔雅》作注时详细描述了白鳍豚。后来，这种神奇的动物不知不觉间进入了爱情故事，摇身一变成为美人鱼一样的美丽女子的化身。因此渔人都将它称作“长江女神”，还说它能预测坏天气。

西方人直到一九一八年才知道白鳍豚的存在，当时一个传教士的大儿子射杀了一头白鳍豚。这个名叫查尔斯·荷伊的十七岁少年和他父亲把白鳍豚的头骨送到了史密森研究院，科学家们认定这是一个新的物种。

瑞士科学家乔吉奥·皮利里于上世纪七十年代晚期来到中国开始对白鳍豚进行深入的研究，直到此时，人们才开始对白鳍豚有所了解。

随着中国经济的蓬勃发展，白鳍豚的数量急剧下降。它们喜欢栖息的沙洲没有了，河道也被炸毁了。白鳍豚和渔民争食，经常陷入渔民的鱼网。船只的马达声也令它们茫然。在“文化大革命”那个混乱年代里，一些饥不择食的渔民甚至捕杀口味并不好的白鳍豚为食。

在经历了几十年的封闭之后，中国逐步

向外界敞开了大门，而此时，白鳍豚也已陷入了困境。一九七八年，中国政府决定成立科研小姐，专门研究这一濒危物种，这个组织目前的主管人就是王丁。

王丁在中国被称为“白鳍豚先生”，他是从一九八〇年开始喜欢上这种动物的。当时，渔民把一头受重伤的白鳍豚送到了武汉的中国科学院水生生物研究所，交由他照料。王丁和他的同事把这头名为“淇淇”的白鳍豚放养在一个鱼塘里，帮它敷用一种传统中药药膏，逐渐使它恢复了健康。王丁和同事们继续照料淇淇，直到它于二〇〇二年七月寿终而死。“失去它就像失去了家里的亲人一样。”王丁说。

弗鲁格见到王丁后被他对事业的热忱所深深感染。白鳍豚的处境岌岌可危，弗鲁格认为人们为拯救这种濒绝动物所做的努力还远远不够。他认为造成这种局面的原因之一是中外科学家在如何保护白鳍豚的问题上意见不一致。中国科学家希望把白鳍豚从受到污染的长江转移到相对独立的保护区内，就像对待大熊猫那样；而许多西方学者认为转移栖息地会使白鳍豚受到致命伤害。

曾有一头白鳍豚和几头体型较小的江豚一起被转移到了相对封闭的保护区，结果江豚活了下来，而白鳍豚却死了。

时光流逝。到二〇〇四年，渔民们几乎已经见不到白鳍豚了。弗鲁格开始组织中外科学家搜寻它们的下落。

在接下来的几个星期里，研究人员将轮流搜索江面寻找白鳍豚的踪影。如果能发现十头以上的白鳍豚，他们将讨论下一步的行动计划。但是目前看来希望渺茫。船上的大多数科学家担心他们一头也看不见。

多年来，皮特曼一直在全世界的江河湖海里搜寻珍稀的海豚和鲸类物种。他说：“这次行程将是最艰难的一次。预想中的几近灭绝的现状使得发现白鳍豚的几率变得微乎其微。我之所以来是要向它们致以最后的敬意。”

相关链接

什么是普利策新闻奖？

普利策新闻奖是美国新闻界一致公认的最高奖项，也是全球热点问题的晴雨表和风向标，影响波及全球新闻界，为世界所关注。它使新闻记者赢得传奇般的地位，人人都以能获得此项殊荣为自己终生的职业追求。它已成为一个记者所希望获得的最高荣誉之一。同时，一些获奖者表示他们把得到此项奖看做是获得攀登另一座高峰的动力，获奖也是一种责任和力量。

新闻奖在普利策奖中占有较大比重始于一九一六年。最初，只设四项新闻奖：公众服务奖、最佳新闻报道奖、最佳新闻写作奖和新闻史奖，至今已扩大到十四项。

自一九一七年以来，普利策新闻奖对美国政治、社会生活产生了深远而巨大的影响，普利策新闻奖获奖名录几乎囊括了二十世纪美国最杰出的新闻记者和最优秀的新闻作品。

今日大寨

◎ 张　凡

提起“大寨”，中年以上的中国人，可说是无人不知。当年“农业学大寨”是一条妇孺皆知的口号。上世纪六七十年代，大寨的与天斗、与地斗的奋斗精神，成为全国的榜样。村里的党支部书记陈永贵，虽不识字，还被委任为国务院副总理。

半个世纪过去了，今日的大寨怎样了？《凤凰周刊》发表的《大寨修了一座庙》对此作了介绍，现摘录如下——

“工业学大庆，农业学大寨”曾是风靡一时的口号。作为二十世纪六十年代的农村典型，大寨的辉煌一直持续到中国改革开放前。

但五十多年后，这里的山头建起了一座庙。

令人惊奇的是，这样一座宏大的名为普乐寺的寺院是在一年之内建成的。投巨资三千万元修这座寺院的，则是大寨当家人郭凤莲的长子贾小军。

寺院在清晨七时开始演奏佛乐的时候，山下的大寨村里的小商店里也按时响起了“伟大领袖毛主席”、“太阳最红、毛主席最亲”的歌声。

半山腰，大寨形象代言人，中国前副总理陈永贵的半身石像默然而立。他一手开创的大寨，此时已天翻地覆，不复当年。

寺院在大寨最高峰虎头山上，一座三重院门的寺院已经基本成形。

“现在已经投了三千多万，估计下来得差不多一个亿。”一位忙碌着的工作人员说。

二〇〇七年五月二十四日，农历四月初八，佛诞日。

在普乐寺尚未完全完工的大殿前，举行了盛大的开光仪式。场面相当隆重，来宾名单中，有中央某些部门的，也有省、市、县等各方面的头头脑脑。

大寨村党支部书记郭凤莲在开光仪式上发言称，这是一件非常大的好事。

在最初的介绍中，大寨称普乐寺是原址修复。当地人说，原本山头有座小庙，但远没有这么大。现在的普乐寺，是方圆百里最大也最有气势的寺院。大寨的导游小姐们也在喇叭里加入这所庙的介绍，称其“气势恢弘”。

另一则关于普乐寺的神话也被考证出来，称远古时，在昆仑山一只黄老虎和东海一条白龙在这里发生了争斗，导致民不聊生。观世音菩萨为民造福，给白龙黄虎划了界，从此人们在虎腰龙背上开发了层层梯田，安居乐业。

这样的故事似乎合情合理，唯一令人不解的是，曾经在虎腰龙背上带领百姓开发层层梯田的大寨偶像陈永贵换成了观世音菩萨。

正在修建的大寨虎头山上的普乐寺

普乐寺的毁灭与重建与陈永贵倒有一些联系。一九六三年的一场大洪水将大寨村冲得七零八落，山头的普乐寺同样毁于一旦。大洪灾成就了陈永贵，这位劳模提出了："不要救济粮，不要救济款，不要救济物资"的口号，大寨在这一年因为抗灾自救成为中国农业的一面旗帜。此前在政治上已经开始走上坡路的陈永贵在这一年开始飞黄腾达。

普乐寺曾经是当地人求风祈雨的地方，郭凤莲亦坦言此庙当年十分灵验。但此后敢于"斗天地"的大寨更为相信的是陈永贵的斗志。破损的普乐寺其时无人修补，亦无人理睬。

"铁姑娘"郭凤莲们则出现在大寨最险恶的狼掌窝，他们三次修建梯田的故事后来成为报章津津乐道的事迹。破旧立新，普乐寺被当成"四旧"无人问津。但现在大寨中，却有一些老人说，当年大灾正是因为寺庙无人供奉，以至于有一年三百二十多天无一滴雨。

毁灭与重建的普乐寺，在正史与野史中面貌模糊。但这座寺院引来的疑问，却很多。

"当年毛主席树起的典型，如今怎么盖起了庙？"当地媒体上一位游客的提问或许代表了许多人的疑问。大寨当家人郭凤莲说，这座庙是私人兴建的，不是大寨村建的，和大寨没关系。但这座庙也是大寨旅游的一种延伸，游客在山下看到的是艰苦奋斗，山上欣赏到的是历史传说。

但未修成的普乐寺已经开始吸引信徒们的目光，一位穿着超短裙的姑娘在大清早就跑到寺庙里，烧了三炷香之后，毫不犹豫往功德箱里塞进了二百元钱。

在普乐寺开光仪式上，郭凤莲身边站着的一位年轻人成为关注的焦点。

他就是贾小军，郭凤莲所说的普乐寺投资兴建者。大寨人对其并不陌生。这个出生在大寨的年轻人，另一个身份是郭凤莲的长子。

名为普乐寺管理处的临时办公机构设在山下的大寨宾馆一楼，宾馆的四楼则是郭凤莲的办公室。普乐寺现仍在修建之中，从清徐县请来的主持隔天就得跑到城里去购物，寺庙里还没有准备足够的日常用品。

在虎头山背后的半山坳里，有一座复式二层小楼隐藏在绿树之间。一条水泥铺成的硬化路直通其中，此路只能容纳一辆小汽车勉强通过。贾小军投资普乐寺的天豪经贸实业有限公司就在这里。一条纯黑色的藏獒在大门口盯着前来的人，显示了主人的不同身份。

花了三千万元修建寺庙的贾小军以政协委员的身份参加了正在召开的昔阳县“两会”。大寨当地人称，这个不到四十岁的男人是资产过亿的富翁，没有人对他的巨额投资提出过疑问。

“最开始可能就是来回倒卖东西吧，化肥、家具、汽车、几乎什么都干。”在贾的企业里呆过一段时间的一位大寨人说。大寨同样是贾小军发家的起源地，大寨成立大寨经济开发总公司后，郭凤莲亲任总经理，贾小军则成为大寨集团所属的旅游、宾馆的总经理。在闯荡商海的时候，组成了母子军团，贾小军时常代替郭凤莲出席各种活动。

在大寨，贾小军被视为大寨集团最有力的接班人。贾小军一段时期曾任大寨集团大寨新农业科技有限公司总经理，负责大寨与外界合作并被列入“863计划”的项目。贾小军同时身为亚飞汽车贸易公司董事。一位知情者透露，其属下公司发展的关键一步，是上世纪末以相当低廉的价格购得宣布破产的纺织厂。

贾小军还有一个弟弟贾晓峰在山西省昔阳县。贾氏兄弟的名气一点不比母亲的小。贾晓峰的“峰豪”实业远比其兄刚成立的“天豪”名气大得多，昔阳当地人直接将其公司称为“富豪公司”，因为贾氏兄弟近年来家业已经过亿，成为当地不折不扣的大富豪。

最初，贾晓峰亦在大寨所属企业工作，当年，大寨申奥万里行活动，大寨开设在广州的第一家酒店，都能找到他的身影。

贾晓峰的峰豪实业有限公司坐落在大寨工业园区，距大寨仅有三公里路程。一条从县城通往这里的公路正在修建之中，尘土飞扬中公司却十分显眼。贾晓峰几乎和其兄同时开始了原始积累，贾晓峰的发家是以成立运输车队为始，专门为煤矿拉煤，大寨煤矿是很重要的主顾之一。贾晓峰的公司的经营范围后来扩大到石材加工，甚至涉足当地房地产市场，其企业规模在昔阳亦数一数二。

贾晓峰最大的手笔是买下昔阳县在解放初期开辟的旧机场。这块至少五个足球场大的地方成了石料加工厂。公路东侧，一座新的五层办公楼正在修建中。同时，贾晓峰亦在北京成立了北京威群石材公司，并将所属企业一分为四，成立独立的石材公司、煤炭公司、运输公司、四星级宾馆。

熟悉贾氏兄弟的昔阳人称，两兄弟赶上了上世纪九十年代的好机会。其时，也是郭凤莲重振大寨雄风的时期。

一九九一年，郭凤莲重返大寨，担任昔阳县委常委，大寨村委会党支部书记。大寨“二次创业”由此开始，在大寨迈向亿元村的时候，贾氏兄弟的企业亦逐渐扩大，甚至比大寨的步子迈得更快。

有人戏称，郭凤莲是昔阳最成功的女人，她领导的大寨村在十几年间成为亿元村，经济上远超过陈永贵时期，而她的两个孩子现在也成为千万富翁。

“大寨精神”曾经是大寨的招牌，自从毛泽东在一九六四年称“大寨是中国农村的一面旗帜”后，踏足大寨寻找精神的人就络绎不绝。一九六四年赴大寨参观的人数就达到了六万七千多人。此后的岁月里，不断有人来大寨朝圣、学习，最多的时候，一年有二百

上世纪六七十年代，全国各地的人们都赶到大寨参观学习

多万人拥入大寨，平均每天都有五千人登上虎头山。

现在的大寨，只有在黄金周期间才会有上千人进入，平时只有几十人。大寨村的商店除了卖土特产外，还卖各种大寨纪实、文革秘史、高官风水之类的书籍。一位商贩说，这些都是盗版书，但有一些只有大寨才有。陈永贵的儿媳亦在其故居推荐独此一家的“文化大革命”纪念光盘，其儿子陈明珠则负责给人签名售书。村里的大喇叭响起的时候，人们甚至不再竖起耳朵听里边说什么。

大寨现在富了，二〇〇二年这里成了亿元村，但农业所占比例不足百分之十。大寨跟农业基本失去了关系，年轻人大都外出致富，留下的人则操办“旅游”。大寨人跟上了新潮流，几乎每一股新风气都能迅速到达这个大山深处的小山村。

但越来越多的人说，“大寨精神”找不到了。一位旅客在自己下榻的宾馆里留言称：“没有庄稼，没有梯田，没有风光，关键是没有精神，这里还是大寨吗？”这位试图重新寻找“大寨精神”的客人，失望之情一览无余。

“大寨不是政治，是生产。”面对质疑的郭凤莲说。重返大寨后，“郭凤莲+大寨”的模式重新引起了外界的关注，郭凤莲也成功将大寨的“牌子”挂在羊毛衫、酒、醋等一系列产品上，她直言不讳地说“大寨要吃名饭”。

现在，郭凤莲意识到一个问题。她说：“光吃名饭看来有点空。”这个以农业出名的村子里，现在有很多人都已经不会干农活了，去年村里唯一的拖拉机手因年纪太大，洗手不干了，大寨村不得不从外地请来拖拉机手耕地。

大寨人毫不在乎地兜售自己的历史，与大多数旅游区一样，宰客、粗制滥造的纪念品，喧嚣的兜售是主导，“大寨精神”在成为商品之时似乎越来越失去了本身的气质。

普乐寺，这样一座大庙就此粉墨登场。郭凤莲直言，昔阳民间的佛教信仰还很浓厚，信徒很多，她强调说，人还是有点信仰的好。

海外国宝知多少?

◎古　冬

我国有多少国宝流失海外,数据至今都未能得以理清。此前据中国文物学会统计,从一八四〇年鸦片战争以来,超过一千万件中国文物流失到国外,其中国家一二级文物一百余万件,精品达几十万件,流失的文物大多数藏于民间。联合国教科文组织的统计则是:在四十七个国家的二百多家博物馆中共有中国文物一百六十四万件,而民间收藏的中国文物也有馆藏数量的十倍之多。

国家文物局文物信息咨询中心的工作人员介绍,中国目前就流失海外文物的数量而言并没有一个准确的统计,媒体及网络上流传的说法并不可靠。

据工作人员讲,他们曾向发布这些数字的单位进行查证,但这些部门均表示自己没有公布过这些数字。中国文物信息咨询中心的职责之一是"搜集流失海外的中国文物有关资料,建立专门的信息数据库",但由于资金、技术及人力等方面的原因,数据库至今没有完成。

北京大学考古系教授齐东方说,流失海外文物的数量是很难统计的,仅就海外一些大博物馆的中国文物收藏而言,数量也是无法统计的。一方面原因是这些海外大博物馆的库房数量不对外公布,另一方面由于一些博物馆文物尚未整理,他们可能自己都不清楚文物的数量。

无论具体数字是多少,在海外的中国文物超过一千万件,业界已经达到共识。这一千多万件"海外藏文物"几乎涵盖所有文物种类,包括书法、绘画、瓷器、陶器、雕塑、铜像等各类珍品。

流失文物应该是指一八四〇年鸦片战争后至一九四九年新中国成立前,因战争被劫掠的文物,以及因为盗掘、盗凿、不正当贸易等非法的和不道德的方式流散国外的文物。

在当下的海外民间文物中,很重要的一部分则来自走私。最近几年文物走私情况未见好转,走私已经形成了"一条龙"作业。陕西、山西、河南等几个文物主要省份,有的东西第一天挖出来,第三天就到了香港。

目前实现流失文物回归主要有依法索回、国家购买、民间购买及捐赠等方式。回购是比较常用的市场手段。但无论是国家还是民间,在资金的运作上都显得捉襟见肘。几年前,一件五代时期钱王手简的下半卷在纽约拍卖市场上露面,浙江省博物馆想要购藏与馆藏的上半卷合为一体,但最终因财力所限未能"夺回"。

为了抢救流失散文物,从二〇〇二年

起，国家财政部和国家文物局正式启动了国家重点文物征集专项资金，每年拨付五千万元人民币用于征集流失海外文物，当年就动用经费中的二千九百九十万元人民币，购回流失文物精品宋代米芾手书《研山铭》，成为专项资金的开山之作。但由于资金有限，现阶段中国只能收购少量有代表性的、文物艺术价值极高的珍品，大量文物仍无力收购。在文物无价的国际流通市场，五千万元人民币如同杯水车薪。

近年来的统计数字表明，中国花费二亿多元人民币回收了二百零四件文物。据此计算，回收一千万件就至少需要十万亿元人民币。但国家文物局每年的博物馆征集经费总共不过一百万元，中国现有各级文物部门所属的博物馆约一千二百家，一些国家级博物馆一年也只有少量可怜的几十万元征集费，省级博物馆仅有几万元，这样的经费，连一件像样的明清官窑瓷器都买不到。

流散在海外民间的文物通过回购有可能回流，但文物一旦进入国外博物馆，就很难再追回来。依法讨还，因为可能牵涉遗留历史问题或别国法律限制而变得十分困难。

仅有的《关于禁止和防止非法出口文化财产和转让其所有权的方法的公约》和《关于被盗或非法出口文物的公约》这两个国际公约，又因其本身的不完善，使得讨还难上加难。

虽然众所周知，中国的很多珍贵历史文物是战争期间流出国门的，但界定一件中国文物的来历合法与否是一个棘手的问题。

二〇〇二年，大英博物馆、巴黎卢浮宫博物馆、纽约大都会艺术博物馆等十八家欧美博物馆联合发表声明，反对将艺术品特别是古代文物归还原属国。台湾《中国时报》引述英国大英博物馆副馆长帕奈特的话说，大英博物馆的馆藏文物都是以合法方式取得的，因此不会轻易忍痛割爱，不会退回所谓原属国。

让流失海外的国宝回家，应该说是一件令人称颂的公益事业，但因有些政策不配套，有的民众不理解，一些国宝的回家之路仍然曲折。二〇〇〇年，香港苏富比和佳士德不顾中国政府的强烈反对，将四件一八六〇年被英法联军掠夺出境的圆明园文物十二生肖中的猪首、牛首、猴首及虎首公开拍卖。北京保利集团和北京市文物公司参加竞拍，以高价买回流失文物，虽然结束了国宝流落异国的生涯，但由于成交价过高，一度引起非议。

值得关注的是，来自国内的民间买家则十分活跃，不少藏家愿意花大价钱买好东西，特别是一部分民营企业家。在各类拍卖会上，国内的企业家们出手之迅速、之大方，让外国人都自叹不如。此前有报道说，浙江慈溪徐龙食品集团仅二〇〇四年就三赴海外，购回价值三千多万元的中国文物；而一位专门收藏东汉青铜镜的民营企业家，已拥有镜子四百多块，超过了国内任何一家博物馆。

业内人士普遍认为，和中国历代大收藏家相比，新兴的文物收藏者中，很多人文化底蕴不够，为鉴赏而收购文物者寡，为积累财富甚至炫耀财富而收藏者众。

谎言和欺诈可能伴随我们的一生。重要的是,我们必须积聚足够的智慧识别和抵御它。

华文出版社出版的"汉译俄罗斯心理丛书"中的《欺诈术与欺诈心理》([俄]尤里·谢尔巴特赫著)一书,是一本科学普及读物,作者从一个研究者出发,借用了记者叙事的表达方法,对"欺诈"这一心理现象作了分析。尽管我们许多人今天不时遇到欺诈,但有关欺诈的专著还很鲜见,此书可以给我们增长一些见识。以下内容摘自此书——

"历史"对人们的欺诈

◎ [俄]尤里·谢尔巴特赫

上帝不能改变过去,但历史学家可以。

——塞缪尔·勃特勒

欺诈、造伪、作假——在历史上并不是偶然现象。人类积累的此类现象数量之多,令人不得不考虑该如何应对。

首先,作假的对象既可以是过去发生的事件,也可以是如手稿、钱币、雕塑、日常生活用品等的物质文化载体。其次,可以将历史作假按照故意歪曲历史的人所要达到的目的分类。一些人歪曲事实,希望得到政治资本;另一些人作假只是出于个人利益驱使;第三类人完全出于高度膨胀的虚荣心和出人头地的强烈欲望。其结果,我们原以为的真实历史,原来却是由杜撰、谣言、恶意预谋、模糊传说、阴谋、自我表白与为数不多的真实事实掺和在一起的奇怪的混合物。

如果不是这样,那才奇怪呢!须知,历史是由人写的,而人,正如古人云,总会自觉或不自觉地犯错误。因为无论历史学家如何冷静,他们书写的历史总会被打上个人的烙印——情绪、立场和无意识的好感。因此,留给我们的选择只有收集尽可能多的不同作家关于同一事件的证据,以便今后将它们进行对比,努力找出真实的历史。

历史学家对历史的歪曲有两种:"隐瞒和伪造"。因"隐瞒而撒谎"被认为是欺骗中较"轻"的一种,但是这种修正也导致将现实事件歪曲到面目全非的程度。

著名的法国历史学家马克·费罗写了一本非常有趣的书,书名叫《不同国家的人怎样向孩子们讲述历史》,书中令人信服地展示了不同国家由于领导者的观点和政治利益不同,对历史事件阐释的变化幅度之大会达到何种程度。

通过比较北京和台北的孩子们所用的历史教科书,中国历史在不同的解释中明显的不同。如果说台北的中小学生们对中国皇帝各朝代的阴谋诡计了解得非常清楚，崇拜孔夫子，斥责成吉思汗，那么北京的中小学生们则了解一切农民起义和阶级斗争，认为成吉思汗不是残忍的侵略者，而是将中国与蒙古统一起来的首领，将中国文明带到了西方。

这种选择方法不只是中国的特点。例如，土耳其历史学家们完全“忘记”了一九一五年对亚美尼亚人史无前例的种族灭绝。当时将居住在土耳其领土上一百多万亚美尼亚人一下子全部斩草除根。这一惨无人道的行径几十年来一直向人们隐瞒着，是典型的“隐瞒撒谎”的例子。

马克·费罗在书中列举了大量欺骗历史的证据，它们反映在许多国家中小学教育体系中，而后，这些证据变成了固定的思维模式，沉淀在民族的意识里，并生下根来。

例如，他在书中讲述了波兰中小学历史教科书变化的情况。费罗指出，波兰自加入社会主义阵营之后，中小学教科书里那些关于波兰人与俄罗斯人多年冲突的描写渐渐地消失了，而这些冲突在许多方面构成了两个国家的真实历史。德国人与瑞典人变成了波兰人的敌人，波兰被瓜分和多年的反俄起义在教科书中几乎只字未提。

乔治·奥威尔在“回忆西班牙战争”这篇政论文中写道：

……我发现，人们书写历史不是基于已发生的事件，而是按照不同政党的“学说”演绎而成。

我知道流行这样一种观点，即任何传统历史都必定撒谎。我也同意，大部分历史既不准确也不客观，但今天我们时代的特别目标，就是要摒弃思想本身，还历史以真实面貌。在过去，人们撒谎，或有意或无意，根据自己的好恶忽视某些事件或竭力确定真相，他们自己也明白这样做肯定会犯许多错误，但无论如何还是相信，多多少少会发现一些“事实”。不错，一直积累了相当多的事实，几乎无人与之争论。打开大不列颠百科全书，读一下关于最后一场战争的描述，你就会发现有许多材料采用于德国文献资料。在许多问题上，德国历史学家与英国历史学家意见分歧，但仍然有大量的材料可以说是中立事实，没有人为此而认真争论。极权政治剥夺了这种和谐的可能性，而这种和谐的基础是建立在一切人皆属于同一生物物种之上的。纳粹学说极其顽固地否定这种统一形式的存在。比如说，根本就没有科学，只有“德国人科学”、“犹太人科学”，等等。所有这种说法的最终目的就是为一种制度辩护，在这种制度下，领袖或领导集团不仅可以确定未来，还可以决定过去。如果领袖宣布“这件事从没有发生过”，那就意味着它就没有发生。如果他认为，二乘二等于五，那就是五。这种前景的现实比炸弹更让人恐惧，因为前景不是虚构的。要是我们回忆一下最近几年有幸观察到的一切就能明白这一点。

应该真诚地承认，奥威尔的上述议论在许多方面也适合苏联历史学。只是在苏联历史学中，最重要的不是种族，而是阶级分类的方法。但是方法无关紧要，无论是前一种方法，还是后一种方法，教科书中剩下的只有那些顺利写进统治学说的事实。常言说得好：“如果事实不能纳入理论范畴，那对于事实更糟糕。”人们对托洛茨基在苏维埃俄罗斯历史中的作用评价就是这种自由解释历史事件的例子。他就像“一个终身漂泊的船长”，一会儿出现在教科书中，一会儿又从里面消失了。托洛茨基作为十月革命主要领袖之一和红军的组织者被精心地隐去了，并最终干脆从国家的历史中“掉落”了，剩下的他只是作为反对运动诸多组织者之一的角色。从二十世纪三十年代到五十年代期间，最高领导者像巨人统治着侏儒一样，凌驾于所有历史事件的参与者之上。他去世二十年之后人们突然发现，原来开垦处女地、恢复国民经济和高加索的国防却是由那个长着蓬松胡子的上校政治指导员一手操办的。

今天，我们又观察到类似的现象。只是托洛茨基的角色现在换成了戈尔巴乔夫——没有特别理由人们都极力不再提他。这位“改革之父”对于当今俄罗斯统治者们来说是不需要的了，他们努力尽快忘记这位给他们带来掌权机会的人。其实，长期和有组织地隐瞒或歪曲任何个人在历史中的作用，会在群众意识中产生新的虚假观念，并扎下根来，而失去事实的真理，会慢慢地枯萎和死亡。

马克·费罗在指出布尔什维克的马克思主义历史观的特点时写道：

俄罗斯的马克思主义者选择了行动的最佳方法：他们不是书写历史，而是创造历史，实现了革命。这样，他们在那些善于思考和正确判断历史发展过程的人们中间获得了威信和声誉。布尔什维克在十月革命后掌握了政权，把自己称为先知：他们的预见是唯一正确的，他们在一切方面都是对的。

曾经，布尔什维克党自认为代表了工人阶级和历史的进步，正是基于其判断正确才取得了政权，该政权建立在其认识绝对正确的基础之上。实际上，必须与党的判断相一致，凡是与党的判断不一致的历史都必须重新审查和修改，因为任何涉及对历史进步的怀疑都会破坏党的路线，动摇党的领导权。

接下来，马克·费罗写道，“在当局意识形态的长期压力下……苏联历史学家们获得了一种特殊的技巧和职业技能，他们可以用那种模棱两可的风格写作，以至于文中表达的某种思想，同时又能读出其直接相反的意义，以防万一。”

笔者知道一位历史学家、教授H先生，他和我住在同一个单元，楼层比我的高。他的博士论文特别不走运。第一稿于一九五六年完成，正如那个年代的惯例，文中渗透着对斯大林在一切重大历史事件中作用的赞美。正当他的论文在最高学位评定委员会接受评审时，批判个人崇拜的苏共二十大突然召开了，自然，他的论文被退了回来重新加工。实际上，这篇论文不得不重做，重新泡档案馆，根据“各族人民领袖”的实际作用对一些事件重新评价。首要位置出现了尼基塔·谢尔盖耶维奇·赫鲁晓夫——这位宇宙空间和处女地的征服者，共产主义建设的鼓舞者。历史学家H先生这篇博士论文重做了六年，直到一九六三年十二月终于通过了答辩，送到莫斯科批准。一九六四年十一月他本应该成为历史学博士，但苏共中央十月全会突然召开了，赫鲁晓夫从一切位子上被赶了下来……这位历史学家整整沮丧了一年，直到再次控制自己，重新拿起笔写论文的第三稿。第三稿中一切桂冠戴给了勃列日涅夫，庆幸的是，列昂尼德·伊里奇在位时间很长，而且H先生终于当上了博士和教授，但他为此付出的代价可想而知。

杀人的科学

◎ 凤 闻

科学不仅仅是推动人类发展的车轮，有的时候，它会带动着人类向下滑动，甚至自我毁灭，例如……

价值三千万欧元的谋杀

亚历山大·利特维年科在接到一个意大利朋友马里奥·斯卡拉梅拉的电子邮件后，就与他在伦敦皮卡迪利广场见了面。他们去了一家日本料理店，利特维年科点了餐，但是马里奥什么也没有吃。会面结束后的晚上，利特维年科开始呕吐，三天后被送往巴尼特医院。一个月后，这位从俄罗斯叛变的前特工抢救无效而死亡，警察除了在他的尿液中发现大量放射性元素钋210之外，还没有找到其他更明确的收获。

利特维年科之死引发了其他人员接受放射性检查。因为在疑似中毒的当天，利特维年科还在伦敦千年饭店与俄罗斯商人安德烈·卢戈沃伊、德米特里·科夫图恩和维亚切斯拉夫·索科连科会面。此外，在他中毒的期间，有一群莫斯科球迷进入英国，并且在利特维年科住院之后离开，警察怀疑他们与这件谋杀有关。为此，英国警方绘出了“钋路线图”，以查明辐射可能会污染到的地带。

让英国警方和民众如临大敌的这种放射性元素钋，毒性和放射性都非常强。但除非是被人体直接吸收，否则不会造成致命伤害。然而一旦被吸收入人体——就像利特维年科那样，钋210所放射的阿尔法粒子会攻击DNA，使组织修复机制崩溃。

在对利特维年科的尸体进行解剖时，工作人员发现他体内的钋210之多，价值高达三千万欧元。所以他的遗体不得不使用特制的棺木制作，以防辐射泄露。此外，据英国健康保护局专家特鲁普教授介绍，用钋210来杀人在世界上可能还是首次出现，而这么大量的钋210，肯定只能来源于国家级别的核设施。英国警方已经将此定位为谋杀，换句话说，这是一次价值三千万欧元的有预谋的谋杀。

比原子弹更伟大的故事？

9·11事件之后，炭疽邮件事件又接连着发生，以至于全美上下谈“炭”色变。然而当调查人员认真追究起来，却得到了一个尴尬的结果。根据《华盛顿邮报》报道，自二〇〇一年以来，这个让全美国人处于惊魂之中的病菌，其实是来源位于马里兰州德特里克要塞的美国陆军生化战研究室。

回溯到第二次世界大战，就在向日本投放原子弹的前几个月，美国宣布开发第二种武器：微生物病毒。当时英国的生物武器开发只有四十五人参与，而美国却多达四千名。一九四五年的《纽约时报》上评论员评论道："在提到战争中的科学故事时，我们这有一个比原子弹更伟大的故事。"这就暗指着生化实验。

德特里克要塞实验室在一九九一年丢失了两打以上的细菌样本。根据当时工作人员以及次年陆军内部的调查报告显示，攻击美国的炭疽病毒正是来源于这些丢失的样本。按照中国的老话，不知是否应该叫做自作自受。但可以想象得到的是，当时的调查人员脸色应该都不会太好看。

虽然根据调查得到了这样一个尴尬的结果，但是惹出事故的生化实验室绝对不仅仅只有美国陆军生化战研究室这一家。纽约曼哈顿的律师迈克尔·卡洛尔在调阅了大量军方绝密档案和已解密的政府文件基础上，通过七年的实地调查研究后发现，在美国纽约旁边的普拉姆岛上的"动物疾病研究中心"，就是二十世纪六十年代到本世纪，美国本土曾经先后莫名其妙出现的莱姆关节炎、变异口蹄疫、西尼罗河病毒等怪异疾病的来源。这个"动物疾病研究中心"的军方代号是257，而它的真实名字是257实验室。

经过调查之后迈克尔·卡洛尔感叹，这个收藏有世界上最危险的多种病毒的实验室，其安全措施还比不上美国普通中学的实验室。按照要求，整个实验室不容许有丝毫裂缝出现，以防病毒外泄。然而在莱姆关节炎大规模爆发两三年之后，安全检查人员发现实验室主楼的房顶居然有多处四分之三英寸的裂缝。

在现实中，普拉姆岛是一片广袤的绿色土地，一个蓝灰色的水塔屹立在其中。如果站在长岛的峭壁上远远看去，普拉姆岛只是一片普通的荒芜的土地。然而这种安静的前提是，岛上的病毒不会大规模泄露，否则按照实验室中所收藏的巨大的病毒数量，它将成为全世界最危险的实验室。

"今天我还活着"

在古巴的哈瓦那有一个博物馆，里面存着各方力量如何暗害卡斯特罗的档案，其中很大一部分是关于美国中情局失败的那些行动。

为了暗杀卡斯特罗，美国中情局开展了包括美人计、刺杀、安置炸弹与下毒等一系列行动。然而在几次暗杀行动失败后，中情局对卡斯特罗的日常行为进行大量的调查和分析。在查到他爱好游泳和潜水后，美国中情局决定在这个方面上做文章。

中央情报局将研制出的一种真菌涂抹在潜水服上，这套衣服经过中情局专家的特别处理，它的内层已经涂上了肺结核杆菌以及能引起皮肤病的霉菌苗，在感染后皮肤会慢慢腐烂掉，最后引发多种疾病而死亡。但是这个刺杀行动依旧失败了，因为安排送给卡斯特罗这件"礼物"的人临时变卦，自己买了一件潜水服送给了他。

没人知道那个人为什么变卦，有人猜测也许是因为他知道内情，但是他不想将卡斯特罗害死。还有人说这个人并不知道内情，他只是认为这件礼品“太轻了”，便自作主张买了另一套更贵重的潜水服。不管怎么说，中情局刺杀的计划失败了。为此卡斯特罗说：“今天我还活着，但过错不在我，而在美国中央情报局……”

一切以国家的名义发生

在朝鲜战争时期，美国中情局希望能掌握到控制人大脑的能力，为此他们展开了一项行动，叫做“蓝鸟行动”。项目负责人谢菲尔德·爱德华兹找到大量的技术人员，并且发现与研制了许多种药物，麦角酸二乙基酰胺就是其中的一种。

麦角酸二乙基酰胺简称LSD，是已知药力最强的迷幻剂，极易为人体所吸收。LSD在肝内代谢，通过肠道排出体外，长期服用LSD不仅会造成记忆力损坏，还会出现相当严重的毒副作用，并且大量地杀死细胞中的染色体。中情局拿此用在试验者身上，并且记录下其结果。

如果不是后来出现的奥尔森案件，中情局这件事情也许不会这么快曝光。虽然在中情局进行实验时已经出现了大量的问题，很多试验者因此丧命。但由于奥尔森自身是试验人员之一，所以引起的影响也最严重。

弗兰克·奥尔森是当时的美国陆军生物中心的医生，也是中情局秘密实验的一个工作人员。一九五三年十一月十八日，一些药物研究人员内部开会。会后，这些研究人员拿出酒庆祝会议的成功，由于研究人员对于LSD性能非常了解，他们认为一小点剂量不足以产生致命的问题，并且研究人员也想亲自体验一下自己研制的药物的效果，然后他们将酒就着一点LSD喝了下去。

一个月后，中情局收到了药物LSD研究人员负责人的报告，宣称：“LSD药物出了问题，可能导致受药者致命。”但这时已经太晚了，奥尔森在回家后就出现了反常行为，中情局将他送到了纽约精神病医院，接着转至疗养院。但是有一天，奥尔森砸完了屋内所有的东西后跳楼自杀。

这件事情在中情局内产生了很大的矛盾，很多人因此开始反对继续进行这种人体实验，但是依旧有人要求将这些实验进行下去。就像当初美国决定建立257实验室时一些科学家所持的态度，德特里克堡实验室的阿尔伯特·韦布博士说：“我个人并不觉得这有什么。人们之间互相残杀已经有几千年了，不论你是用木棍袭击敌人的头部，还是用刺刀从后面攻击，或者让他生病，这并没有不同。再说，他没准早晚也会得这种病。”

张学良的养生八法

◎ 窦应泰

张学良活了一百零一岁！

凭体质，他并不理想，年轻时纵情声色，得过肺病、伤寒病……凭条件，也不如人意，中年后身陷囹圄五十载，长期被秘密幽禁；可是，他历经磨难却得享天年，一生保持了硬朗的体魄。

张学良有自己的一套养生之道。团结出版社出版的《破译张学良的长寿密码》，对此作了详细的介绍，现摘录如下——

张学良的养生之道并非如某些惜命者那样刻意而已，他生活中的很多细节，其实都包含着深刻的养生学问。认真梳理，不外乎如下几法：

一、阳光无价

每天定时到户外晒晒太阳，张学良这一习惯始于一九四〇年。当时他在贵州修文县阳明洞秘密幽禁，此地由于和四川接壤，阴天多雨，这种阴暗潮湿的环境，使此前一直生活在北方的张学良非常不适应。所以一旦有太阳从云隙中露出头，对经常困居斗室的张学良来说就是难得的机会。张学良为此多次向军统人员提出增加户外接触阳光的机会，经他多次力争，最后终于获准每天至少有两小时户外活动，如有太阳还可适当延长时间。只是行动范围有限，以画地为牢为原则，如超出他居住地三里远必须由特务队长刘乙光向军统申请批准方可。

一九六〇年以后，张学良户外活动时间不再受到限制，但他仍然珍惜，只要太阳出来，他就会坐在阳光下，饱享日光的沐浴。张学良有自己的养生原则。在阳光下沐浴不仅可以减少感冒，还有益于皮肤健康。他从一本外国营养学专家撰写的书籍上发现，经常定时接受日光浴的人，一般寿命比不接受足够日光浴的人延长三分之一。阳光与人体长期接触，又能够促进体内维生素D的贮藏。至于阳光对人体骨骼密度增高和老年人骨质疏松症的避免都有极大益处。

二、制怒养神

张学良曾有自我评价："我平生喜欢两句诗：'大梦谁先觉，平生吾自知。'人家来揣测，不如我自己来分析。良秉性躁急，又素乏戒聚涵养功夫，每从事谈陈，动则欲将心事急于一言尽吐为快，因之冲动不已，言词形容恶劣不自知。不但不能下气详为解说，反而言词常变了方向，走出正题之外，反乎初衷，此良生平之最大的弱点，而今仍不能痛

晚年张学良

切其过……”

中年以后，张学良即陷身囹圄，性格似也大有改变。

张学良学会了韬光养晦，退一步他会感到海阔天空，于是他又这样自慰：“我是中国人，我是个丈夫，悲愤是无用的……”张学良从此学会遇怒不怒，开始以冷静心态自我调整激愤的感情。

最初失去自由时，张学良难免也像普通人那样易怒、易躁和发火。后来他开始翻阅藏书，从中得到许多有益的养生知识，特别是中医理论中“多怒则百脉不舒”的医理，尤让他为之警醒。张学良在遭遇不平之事时，常常采取转移怒火的方法，以平息心头积愤。例如他每当受到特务们不公正待遇时，为把积愤和火气发泄出来，他往往会突然唱起京剧来。什么《空城计》，什么《打棍出箱》等段子，随便拣起一段就唱。这样做，既可转移心中的憎恨，又能将胸臆的积火宣泄而出，达到不让积恨埋心底、防止怒气伤肝脏的奇效。还有的时候，特务和宪兵们给他的精神压力过于沉重，张学良就打开收音机听节目、看书，或者想些有趣的事情。总之，以冷静心态防止发怒，已形成张学良幽禁期间的常态，也是他虽置身逆境却始终泰然处之，不生病，不结郁，强身健体的成功经验。

三、以“勿急躁”自警

张学良逆境养生的一个长处，就是他善于让自己的心绪尽量处于安恬的状态。不怒，不烦，不躁。他学会了回避矛盾的自控手法，凡是不愉快的往事，他尽量不想。譬如友人来访时谈到蒋介石的背信弃义，他一般都会淡然处之，把这敏感且又伤心的话题移开，尽量不接触不快之事。

张学良在台湾幽禁时，曾以“勿急躁”三字自警。他把自警之语写在一张大白纸上，悬于壁上。张说：“勿急躁，欲速则不达。古有明训。急则生躁，躁则厌心生。做什么，得一步一步地来；要读的书，得一个字一个字地往下看；有的是时间，急什么?！”

四、凡事戒贪

张学良自警：“贪多嚼不烂。看完这一本书，再看那一本；做完这件事，再想那件事；否则心神奔驰无所得。”张氏这一警语，看来虽是对读书不得过贪而讲，但是，“勿贪”又不完全指读书不过于急切贪婪。更深一层的含义，应与他的养生大有关系。在物质给养方面，张学良也主张勿贪多，少吃比多吃强。他认为：“少吃多得益，多吃不得益。吃得过于多，甚至还有害身体。”正因张学良有这一宗旨，所以他能冷静对待一切给养。

为张学良做寿

张学良晚年身体健康，重要的因素在于他在饮食中奉行“勿贪”的原则。不然，就不会有可以活至百岁的身体素质。中年张学良也一度发胖，忘记了饮食“勿贪”二字。生活在山陬水涯中的张氏，平时饮食难得改善，有时甚至以粗茶淡饭维系。如偶有肉食打牙祭，素以“美食家”著称的张学良，定会大快朵颐。这种情况如果多了，就是对养生学的破坏。后来他在饮食方面也恪守“少贪”原则。一九七〇年后，张学良的饮食习惯随着生活环境的改变逐步得到控制，七十岁后，张学良是一副不易诱发高血压、动脉硬化和心脑血管疾病的好身材，正所谓“有钱难买老来瘦”，是也！

五、三思戒言

张学良在年轻时是表达欲很强的人。当年主政东北，快人快语的张学良，一直受东北军官兵的欢迎，因为他有什么说什么，从不喜欢故作深沉。

幽禁时的张学良开始学会了“戒言”。他的话被身边特工人员监听，所以他必须慎言慎行。这就是张学良不得不戒言的原因。张学良戒言的另一原因，是他来到台湾以后，一位荣民总医院医生为他治病时相赠的箴言：“多言多耗神，寡言益精神。”张学良出于养生的考虑，从此尽量少言、慎言和寡言。在清泉和高雄居住的时候，他每天只有必要的时候，才会对身边人说几句话，而且吐语简练，尽量要求自己不讲废话。

一九九〇年以后，张学良进入人生暮年。这一时期他的自由不再受任何人限制。采访他的中外记者纷至沓来，张学良甚至可与记者随意交谈，时间最长的如和日本NHK广播公司的电视访谈，多达几十个小时；至于对美国哥伦比亚大学口授历史部派出的采访小组，张学良与他们的交谈长达一年之久。这时他的“戒言”明显受到挑战。不过，这是张学良必须要做的大事，破例实属必然。

当张学良对美国人做完历史口述以后，他又一次进入沉默状态，把对世人想说的话一旦变成资料，他就再次“戒言”。特别是在夏威夷定居后，张学良开口说话的机会更为有限。记者的探访基本不得入其门，国内客人来访，他也仅仅礼节性地表达意思。到他人生的最后几年，语言更少，有时在大教堂与人接触，张学良也只是微笑点头，或与客人合影，至于言语已到极为精练的地步。

六、护目益寿

张学良早在贵州时，眼睛就已经发花了。他在给胞姐张冠英的信中提到：“我数年来精神甚好，身体也还不坏，惟独眼睛有点花了。那么，就是所谓过四十岁才觉得老的道理吧！”张学良视力下降的原因，是在菜油灯下读书写字造成的。从那时起张学良就注意保护视力。他的养目疗法，没有先进的医疗器械，而是因地因时制宜，尽量改善视力。

例如闭目养神疗法，张学良不分昼夜读书写字的做法得到了根本改变。他把全部读书时间都放在日光充足的白天，读一两个小时，就闭目凝神，静默不语。在恬静中让眼睛得到充分休息，再让眼球在与阳光不接触的条件下进行旋转。当他睁开眼睛后，极力向远方眺望，以便让视力适应新的环境。

一九四六年张学良到台后，视力有所缓解。除生活环境大有改观外，他遵医嘱所做的护眼操，起到了改善视力的明显作用。在高雄时有位老中医为张诊病，建议他多食生姜以保护眼睛。医生认为生姜辛辣，有刺激心脑血管、促进血液循环的特效。眼得血而能视，有了充足的血液供给，才能彻底改善视力。经过几年的生姜疗法，张的视力果然得到进一步改善。不过随着年龄的增长，张学良晚年的视力仍在不断下降，为保护眼睛，从一九七〇年后，张学良开始戴墨镜以遮蔽较为强烈的紫外线照射，为了护眼，他甚至极少看电视。

上世纪九十年代后，张学良采取不读书、不看报的护眼手段，尽量保持视力。即使他喜欢了解的新闻，也要请秘书为他代读。这时他不仅在阳光下要戴墨镜，即便在室内和客人交谈，也要戴上墨镜，以避免光线对眼睛的刺激。由于张学良晚年采取了强制性的护眼法，所以他的视力才得以维持。虽然一九九七年后白内障发作，不过右眼始终可以视物。

七、感冒事大

家庭医师克威·詹姆斯曾经对张学良和夫人说过：“像你们这些上了年纪的老人每年少得一次感冒，就胜过吃若干补品。因为感冒对年轻人也许不是什么大事，但对于老人却是非常有害的疾病。”

克威·詹姆斯医师这句话，引起了张学良的注意。他年轻的时候多次染患感冒，但那时挺一挺就过去了。而张学良八十岁后染患的几次感冒，回想起来就难免有些后怕，因为每次感冒治愈后，他的体质都有不同程度的下降。尤其是至友张大千的仙逝，对张学良的警示作用更大，张大千的身体本来一直健康，就因为接连几次感冒才引发了其他疾病。一九八三年三月六日张大千得的也是极为普通的感冒，不料竟然引发了三月八日的心脏病突发。一代国画大师就因此病延至四月二日上午驾鹤西去。

克威·詹姆斯医师提醒张氏伉俪：老年人所以要把预防感冒当做头等大事，在于老人的体质已经十分脆弱，各脏腑器官大多处于生理功能减退的时期，这种时候如频繁遭受外寒侵袭，很容易引起内脏病变。克威·詹姆斯医师特别警告张氏夫妇，千万小心支气管的发炎，因为感冒可能首先侵犯的就是支气管，由此而扩及肺部疾病；还可能因支气管病变导致神经系统疾病和心脏病的猝发。

为减少感冒的发生，克威·詹姆斯医生特意为张氏夫妇确定了防病的几个办法。一、节制饮食。二、睡眠时间不宜过久。克威·詹姆斯发现张学良暮年午睡的时间一般较长，有时从中午十二点一直睡到下午四点方醒（而他清早起床的时间是十点）。克威·詹姆斯认为适当午睡是有益的，但如白昼睡眠过多，夜间睡眠可能减少或失眠。克威·詹姆斯希望张学良每天保持一定程度大脑神经细胞的兴奋状态，这样有利防治他的老年痴呆症；三、多饮白开水。克威·詹姆斯了解张学良早年生活习惯，担心他从前喜欢饮咖啡、喝浓茶的习惯，会成为老年时发病的诱因。他多次劝告张学良少饮或不饮咖啡，理由是咖啡虽有兴奋神经的作用，但它对老年人的害处恰好在此，因为强烈刺激可能诱发心血管疾病。家庭医生鼓励张学良改饮白开水，原因是可以稀释黏稠的血液，水的养分也便于正常吸收，有利于健康。

八、有氧运动

张学良晚年已经很少散步，到夏威夷后几乎没有离开过轮椅。

克威·詹姆斯作为家庭医师，当然了解一九九五年后张学良的体质已不适于室外的有氧运动。但他仍然认为，张学良必须要有一定的室外运动，如果他不能运动，至少也要到室外进行必要的活动，不如此就会百病丛生。克威·詹姆斯告诉张学良：老人每天呼吸新鲜氧气不亚于吃补药。每天一小时的室外有氧运动，可让张学良呼吸到比室内高达几十倍的新鲜氧气。这些氧气对他的好处，主要是加快血液循环和新陈代谢，如每天坚持做，他的免疫力就会增强，染上感冒的机会就会明显减少。克威·詹姆斯鼓励张学良加强室外有氧运动的另一个好处，是多吸氧可以促进他体内积存的甘油三酯不断降低。

根据家庭医师克威·詹姆斯先生的意见，张学良在九十六岁以后重新开始做室外有氧活动，尽管这时已经力不从心，体力明显不支，但他仍然遵医嘱坚持做下去。克威·詹姆斯建议张学良在做有氧活动时，一定要改变多年前头脑中形成的固有印象：即一定要在清晨到室外去。克威·詹姆斯的见解与张学良截然不同，他说：每天清晨都准时外出活动并不是有益的事，因为他在多年室外测试中获得一个数据，如：上午六点至九点，室外空气中弥漫着大量对人体有害的二氧化碳。飘荡在空气中的许多有害物质在这个时间段，会通过晨练者的呼吸进入肺部，从而给人体造成危害。特别是一些树林、河边的二氧化碳更多。九点以后可以外出，因为这时太阳升高，大量混杂在空气中的有害物质，会随着阳光下大量叶绿素的生成而遭到驱逐。因此，他建议张学良最好把每天的室外锻炼放在傍晚时分。这时空气中因有大量叶绿素和一些有益人体的氧气正在不断增多，所以在这时去室外做有氧活动最为适宜。即便张学良晚年患了老年痴呆症以后他仍然遵照医嘱到室外去。